디킨즈 초기소설 연구

장남수 지음

UUP

■
- 2021년 12월 07일 **초판 인쇄**
- 2021년 12월 15일 **초판 발행**
- **지은이** 장남수
- **펴낸이** 오연천
- **펴낸곳** **UUP.**(울산대학교출판부) 680-749 울산광역시 남구 대학로 93(무거동) 울산대학교 출판부
- 전화 (052)259-2488 팩스 (052)277-3011 ▪ **홈페이지** http://uup.ulsan.ac.kr
- **출판등록** 제370-1996-000001호(1996.3.13)
- ₩ 13,000

ISBN 979.11.6726.006.2 (93840)

머 리 말

본서는 『피크윅 문서』(*The Pickwick Papers*)부터 『마틴 처즐윗』(*Martin Chuzzlewit*)에 이르기까지 디킨즈의 초기소설에 대한 연구서이다. 『피크윅 문서』 『올리버 트위스트』(*Oliver Twist*) 『니콜러스 니클비』(*Nicholas Nickleby*) 『골동품 가게』(*The Old Curiosity Shop*) 『바너비 러지』(*Barnaby Rudge*) 『마틴 처즐윗』 등의 초기작은, 대국적 사회인식과 그것을 예술적으로 탐구하고 표현하는 형상화에서 뛰어난 성취를 이룬 후기작에 비해, 국지적이고 부분적인 문제를 피카레스크 구성같이 미숙하고 산발적인 형식으로 다룬다는 약점을 안고 있다. 그러나 본서에서는 초기작의 허점에 주목하기보다 후기작의 성과를 예시(豫示)하는 초기작의 이러저러한 면모에 집중하였다. 이는 작품에 대한 평가가 해당 작품이 전체적으로 달성한 예술성을 당연히 포괄하면서도 최고의 성취를 보여주는 부분에 주목하면서 이루어져야 한다고 믿었기 때문이다. 책으로 엮기 위해 두 편의 글은 새로 집필하였고 나머지는 부분적으로 손을 보았다. 많이 부족한 글을 상재하려니 주저되는 마음이 없지 않다. 출판을 위해 애써 주신 울산대학교 출판부 관계자들께 정중하게 감사드린다.

2021년 10월

목 차

소묘 작가에서 소설가로: 『피크윅 문서』

I. 머리말

빅토리아 시대를 대표하는 작가 중의 한 명인 찰스 디킨즈(Charles Dickens, 1812-70)의 첫 번째 장편소설 『피크윅 문서』(*The Pickwick Papers*, 1836-37. 이하 『피크윅』으로 약칭함)는 주인공 피크윅(Samuel Pickwick)을 포함한 그의 일행이 영국 땅 이곳저곳을 돌아다니며 경험하는 사건들을 생기발랄한 유머와 해학적 언어로 전달하는 피카레스크식 소설이다. 이 작품이 19회에 걸쳐 출판되는 동안 디킨즈는 폭발적으로 증가한 판매부수 덕에 무명작가에서 촉망받는 젊은 작가로 발돋움하였고,[1] 그 전까지 "저급하고 천박한 출판 방식"(761)으로 폄하되었던 분할 출판(serial publication) 역시 빅토리아 시대를 대표하는 출판 방식으로 자리 잡게 되었다. 그 시대

1) 1836년 4월에 출판된 『피크윅』 첫 호는 1,000부를 인쇄했으나, 쌤(Sam Weller)이 등장하고 징글(Alfred Jingle) 추적이라는 플롯이 도입되는 4호부터 판매부수가 증가하여, 1년 후에는 호당 20,000부를 인쇄하였고, 마지막에는 40,000부를 인쇄하였다.

에 유행했던 피크윅의 모자, 쌤 웰러의 농담집, 보즈(Boz)의 마차뿐 아니라 모방과 번안, 각색을 통해 수없이 재탄생한 이 작품의 아류가 증명하는 『피크윅』의 인기는, 사회적 유동성의 증가라는 빅토리아조 초기의 환경도 환경이지만,[2] 기본적으로는 주인공 피크윅과 그의 하인 쌤이 지닌 인물로서의 매력과 희극적 상상력을 통해 끊임없이 독자의 웃음과 공감을 자아내는 작가의 능력에 힘입고 있다.

디킨즈는 초판 서문의 첫대목에서 "이 작품을 쓴 작가의 목적은 독자에게 인물들과 사건들을 끊임없이 연속적으로 제시하는 것이다"(6)라고 천명하였는데, 예의 '목적'은 디킨즈가 매달 씨모어(Robert Seymour)라는 삽화가가 그린 4개의 삽화에 대해 그 그림을 설명하거나 해설하는 글을 24면에 걸쳐 제공하기로 채프먼과 홀(Chapman and Hall)이라는 출판업자와 계약했던 조건에서 필연적으로 배태된 결과라고도 할 수 있다. 산술적으로 에피소드 한 개에 여섯 면의 지면밖에 할당할 수 없었으므로, 작가로서는 사건이나 인물을 깊이 있게 묘사하고 복잡하게 연결시키기보다 새로운 사건을 끊임없이 제시하는 피카레스크 구성을 따르는 편이 출판사와의 계약을

---

2) 작품에서 중요하게 다루어지는 사냥 이야기가 산업혁명을 거치면서 사회의 실질적 주역으로 떠오른 중산층이 자신의 경제적 지위에 걸맞은 여가활동을 통해 사회적으로 인정받고자 하는 욕망에 닿아 있는 것이라는 지적으로는, Parker, *Companion* 299; Parker, *"Pickwick"* 8-20 등 참조. 피크윅에게 고용된 쌤이 "언젠가는 제가 파이프를 입에 물고 지내는 신사가 되어서 뒤뜰에 정자를 갖게 될지도 모르죠"(212)라고 말하는 부분은 이 작품이 전하는 사회적 유동성의 극명한 표현인데, 독자들이 사냥을 즐기는 피크윅이나 신사가 되겠다는 꿈을 간직하고 그 꿈을 위해 노력하는 쌤을 보면서 대리만족을 느꼈으리라는 사실은 쉽게 짐작할 수 있다.

지키기에 훨씬 용이하다고 생각했을 법하다. 3장에 기록된 삽입이야기인 「떠돌이광대의 이야기」("The Stroller's Tale")는 임종을 앞둔 존(John)이라는 광대의 쇠약하고 앙상한 모습이 전하는 충격으로 독자를 압도한다. 특히 자신이 학대하고 무시했던 아내에 대한 죄의식이 어느 순간 아내가 자기를 살해할지도 모른다는 두려움으로 바뀌어버린 광대의 비정상적인 심리를 생생하게 환기시키는 핍진한 묘사나(Engel 82) 광대의 비참을 알코올 중독 탓으로 돌리는 손쉬운 교훈을 경계하게 만드는 상황 제시는 이제 막 본격적인 창작활동에 입문한 신예작가 디킨즈의 만만찮은 솜씨를 입증하기에 충분하다. 그러나 작품의 본 서사와 관련해서 보면, 광대 이야기를 듣고 나서 피크윅과 그의 일행이 보이는 반응이 누락되어 있기 때문에 본 서사와 삽입이야기의 관련성에 대한 의문을 제기할 수 있는바,[3] 이런 '의문'은 기본적으로 작가로서 디킨즈의 미숙한 역량에서 비롯하는 문제이지만, 다루는 소재를 충분히 발전시킬 만한 지면을 확보할 수 없었던

---

3) 『피크윅』에서 본 서사와 삽입이야기가 별개로 존재하는 게 아니라 서로 관련을 맺고 있다고 주장하는 평자들 중, 밝은 분위기가 주조를 이루는 본 서사와 비교하여 삽입이야기는 광기, 범죄, 죽음, 가난 등 세상의 어두운 면을 보여주는 대조적 기능을 수행한다는 지적에 대해서는, Walder 24-25. 사실주의적인 본 서사와 동화적 요소가 풍부한 삽입이야기의 대조를 강조하는 스톤(Harry Stone)에 의하더라도, 삽입이야기는 매회 출판에 필요한 지면을 보충하는 차원에 그치는 것이 아니라 본 서사와 대조되는 내용을 전달해서 작품의 다양성을 보강하는 것으로 이해할 수 있다(71-81). 디킨즈가 소묘(sketch) 작가에서 소설가로 성장하는 작품 후반부로 갈수록 삽입이야기가 줄어든다는 지적으로는, 같은 책 80-81. 디킨즈의 작품세계에서 이 작품 외에 삽입이야기가 사용된 예로는 역시 초기작에 속하는 『니콜러스 니클비』(*Nicholas Nickleby*, 1838-39)가 유일하다.

출판조건에서 기인하는 문제이기도 하다.

전체적으로 볼 때 『피크윅』의 성취는 저널리즘적 소묘와 본격적인 소설의 중간쯤에 위치한다고 할 수 있겠다(Engel 79). 이는 바델 부인(Mrs. Bardell) 대 피크윅 소송사건, 워들(Wardle)을 중심으로 해서 벌어지는 일련의 에피소드, 악당 징글과 관련한 이야기, 쌤과 그의 부친 토니(Tony Weller)를 둘러싼 부분 등 작품을 끌고 가는 몇몇 핵심 플롯이 존재하고, 영국판 돈키호테와 산초 판자라고 할 수 있는 피크윅과 그의 하인 쌤 사이의 관계 진전이 작품의 중요한 재미를 구성하지만, 이튼스윌(Eatanswill), 입스위치(Ipswich), 바스(Bath)에서의 일화, 사냥이나 스케이팅 모임에서의 소극, 아홉 개에 달하는 삽입이야기 등 작품의 유기적 통일성에 저해되는 부분도 엄연히 공존하기 때문이다.[4] 여기서 일반적인 의미의 소설에 미달하는 『피크윅』의 면모를 일일이 짚어볼 필요는 없을 듯하다. 디킨즈 자신이 이 작품을 소설이 아니라 저널리즘으로 간주했을 뿐 아니라(Butt and Tillotson 65; Parker, *Companion* 298 등) 『피크윅』의 산만한 피카레스크 구성이 작가가 지닌 희극적 재능을 맘껏 발휘하도록 해준 면도 있기 때문이다. 체스터튼(G. K. Chesterton)은 『피크윅』의 특징을 다음과 같이 정리한다.

> 사실 『피크윅』은 좋은 소설이 아니다, 그러나 나쁜 소설도 아닌 것은 아예 소설이 아니기 때문이다. 어떤 의미에서 『피크윅』은

4) 『피크윅』을 구성하는 4개의 플롯, 9개의 삽입이야기, 10개의 막간 에피소드에 대해서는, Monod 98-99. 『피크윅』이 오늘날 생각하는 의미의 소설이 아니라는 지적으로는, 같은 책 115.

오히려 소설보다도 더욱 귀중한 무엇인데, 그것은 플롯과 제대로 된 결말을 지닌 어떤 소설도 그 영원한 청춘의 느낌, 즉 신들이 영국 땅을 돌아다니다가 돌아간 듯한 느낌을 전달할 수는 없기 때문이다.

"Pickwick," indeed, is not a good novel; but it is not a bad novel, for it is not a novel at all. On one sense, indeed, it is something nobler than a novel, for no novel with a plot and a proper termination could emit that sense of everlasting youth — a sense as of the gods gone wandering in England. (62)

체스터튼이 주목한 "영원한 청춘의 느낌"이 무엇인지는 불분명하다. 그러나 그것이 역사주의적 분석을 하든 형식주의적 분석을 하든 명확히 해명할 수 없는 『피크윅』 특유의 매력과 무관하지 않으리라는 점은 짐작하기 어렵지 않다. 본고에서는 너그럽고 쾌활하며 신사다운 성품을 갖고 있지만 세상에 대해 무지하고 순진한 피크윅과, 런던 거리가 상징하는 어두운 현실에 정통하면서도 웃음과 여유를 잃지 않는 쌤, 이 둘이 맺는 관계를 추적하면서, 그 과정에서 드러나는 작가의 유머나 희극적 상상력에 주목하여 창조적 소설가로서 디킨즈의 작가의식이 발휘되는 양상을 살펴보고자 한다.

II. 피크윅의 변화 및 쌤과의 관계

소설이 무엇인지를 한두 마디로 정의하기는 불가능하지만 19세기소설의 성취를 기준으로 판단할 때 유기적 통일성의 달성 여부나 등장인물의 변화 내지 성숙 정도가 중요한 비중을 지닌다고 할 수 있다. 그러나 『피크윅』의 "산만한 소설적 구성이 곧 작가의 천재성의 어느 일면을 유감없이 발휘하도록 해준 것"(백낙청 153)이 사실이라면, 유기적 통일성이라는 기준을 절대시할 필요는 없을 듯하다. 따라서 이 장에서는 피크윅의 변화 또는 쌤이 그를 대하는 태도의 변화를 중심으로 둘 사이의 관계를 검토하기로 한다.

객관적이고 사심 없는 관찰을 통해 이루어지는 과학적 발견의 가치를 신봉하는 피크윅은 "자신의 관찰 범위"(15)를 확대하기 위해 피크윅 클럽 산하에 피크윅 클럽 통신협회(The Corresponding Society of the Pickwick Club)라는 새로운 지부를 결성하고,[5] 텁맨(Tracy Tupman), 스노드그라스(Augustus Snodgrass), 윙클(Nathaniel Winkle)이라는 3명의 젊은 위원과 함께 런던을 떠나 여행길에 오른다. 그가 새로운 경험과 모험을 추구하는 까닭은 "앞에 놓인 사물들을 검토하는 걸로 만족하고 그 사물들 너머에 숨겨져 있는 진실은 생각해 보지도 않는 그런 철학자들의 협소한 견해"(20)에 안주해서는 "내 정신세계의 확장과 이해력의 향상"(749)을 기대할 수 없다고 믿기 때문이다. 그러나 눈에 보이지 않는 이면의 진실을 찾는 것이 중요하다는 다짐에도 불구하고, 실제의 피크윅

5) 피크윅의 활동은 유용한 지식의 축적과 보급을 통해 "지식의 발전과 학문의 확산"(15)에 기여하겠다는 공리주의적 기획에 근거한 것인데, 공리주의자로서 피크윅의 면모에 대해서는, Schacht 2-10. 아마추어 과학자인 피크윅이 『어려운 시절』(*Hard Times*, 1854)에서 공리주의 이데올로그로 등장하는 그랫그라인드(Thomas Gradgrind)와 같은 부류일 순 없지만, 현실에 무지한 채 이상을 앞세우는 피크윅을 풍자하는 작가의 계산에는 공리주의자로서의 모습에 대한 비판이 포함되어 있다.

은 역마차를 모는 마부가 42년 된 말에 대해 털어놓는 허황되고 과장 섞인 이야기를 곧이곧대로 믿을 만큼 세상에 대해 무지하고 어리숙한 위인이다. 또한 땅속에 묻혀 있던 작은 돌멩이에 이상한 글자가 새겨져 있는 것을 발견한 후에는, "의심할 바 없이 오래된 괴상하고 특이한 글자"(148)를 발견했다는 흥분으로 전율하는데, 작가는 "피크윅 씨가 저 불후의 발견을 한 것이 바로 그 순간이었다"(147)라고 시작하는 의사영웅체적 진술을 통해 앞뒤 가리지 않는 호기심과 지적 허영으로 예의 '글자'에 대해 27가지의 상이한 해석을 담고 있는 팜플렛을 96면에 걸쳐 작성한 피크윅의 모습을 풍자한다. 나이가 들 만큼 든 사람이고 과학에 관심이 많은 관찰자이며 은퇴한 사업가이고 젊은이들의 멘토로서 지혜와 경험을 대표할 것 같은 피크윅이 실제는 현실에 대해 아이만큼 순진하고 무지한 것이다.

삽입이야기에 등장하는 범죄와 질병, 가난과 광기의 이야기를 '허구'로 인식하고, 딩글리 델(Dingley Dell)의 매너 농장(Manor Farm)에서 즐기는 카드놀이, 사냥, 펀치 주를 '현실'로 인식하던 피크윅이, 어두운 현실을 외면할 수 없게 되는 계기는, 하숙집 주인인 바델 부인이 악덕변호사인 도슨과 포그(Dodson and Fogg)의 사주를 받고 그를 "파혼"(243) 혐의로 고소하는 사건이다. 피크윅은 바델 부인과의 결혼을 생각조차 해본 적이 없지만 엉터리 재판의 결과로 750파운드의 배상금을 지불해야 하는 처지에 놓인다. 그러나 배상금을 지불하는 것이 부도덕한 변호사인 도슨과 포그의 계략에 굴복하는 것과 마찬가지라고 생각하는 피크윅은 평생을 채무자 감옥에서 보내더라도 소송비용이든 배상금이든 한 푼도 지불할 수 없다는 "신중하고 확고부동한 결심"(410)에서 꿈쩍도 안 하고, 결국은 플리트(Fleet) 감옥에 갇히게 된다.

비좁고 불편한 감방에서 첫날밤을 보낸 피크윅은 돈만 지불하면 독방을 쓸 수 있다는 이야기를 듣고는 독방을 쓰던 죄수에게 주당 20실링을 주기로 하고 그의 방을 양도받는다. 그리고 폐결핵에 걸린 그 죄수가 의무실에서 사경을 헤매고 있다는 소식을 후에 접하고는 일부러 의무실까지 찾아가서 마지막을 함께 한다. 지금까지 독자가 아는 피크윅은 호인이고 친절하고 선량하지만 타인의 아픔과 처지를 헤아리거나 공감할 줄은 모르는 위인이었다. 그에게 타인의 고통은 삽입 이야기의 어두운 내용만큼이나 자신의 '현실'과는 무관한 일이었던 것이다. 예컨대, 매너 농장을 방문한 피크윅이 그를 초대한 집주인 워들과 같이 까마귀가 사는 숲으로 사냥을 나가자, 소년 두 명이 나뭇가지를 흔들어서 까마귀를 날아오르게 하려고 위태로울 정도로 높은 곳까지 기어 올라간다. 빈곤한 농부의 자식인 이 소년들은 "미숙한 초보 사냥꾼을 위해 스스로 표적이 돼서 위태롭고 위험한 삶을 근근이 살아갈"(95) 수밖에 없는 형편인데, 피크윅은 소년들의 궁핍한 생활이나 처지에 관심을 보이지 않으며 뒤늦게 합류한 일행과 사냥을 즐길 뿐이다.[6] "누더기를 걸친 두 소년"(같은 면)의 모습을 보고도 신경 쓰지 않던 피크윅이, "전지 요양"(593)

---

6) 이런 각도에서 보면, 앞에서 「떠돌이광대의 이야기」를 듣고도 피크윅이 별다른 반응을 보이지 않았던 데에는 이미 언급했던 지면의 제약이나 작가로서의 미숙한 솜씨 외에도 공감적 이해력의 부족이라는 인격적 한계가 반영되어 있다고 할 수 있다.

이 유일한 치료책이라는 진단을 6개월 전에 받았지만 치료받지 못한 채 죽어가는 죄수의 소식을 듣고는 “세상에! … 6개월 동안 이 사람이 법률에 의해 서서히 살해당했다니!”(같은 면)라고 소리치며 분노하는 것은, 감옥에서 그가 겪은 경험의 폭과 깊이가 어떠한 것인지를 알려준다.

수감된 이튿날 아침, 피크윅은 감옥을 이리저리 둘러보다가 감옥에서도 한층 더 가난한 사람들이 투옥되어 있는 곳으로 향하고, 빈민층이 수감되어 있는 그곳에서 뜻밖에도 징글과 그의 부하 격인 좁 트로터(Job Trotter)와 마주친다. 떠돌이광대인 징글은 작품 서두에서 워들의 누이 레이첼(Rachael)이 가진 약간의 재산을 노리고 그녀와 사랑의 도피행각을 벌였던 적이 있으며,[7] 그 사건 이후 피크윅은 “사악한 징글의 본색”(211)을 세상에 알려서 추가 피해자가 생기는 것을 막아야겠다고 다짐할 정도로 징글에 대한 감정이 좋지 않다. 그러나 고통과 굶주림에 찌들어 있는 징글을 보자 피크윅은 충격을 받고 마음이 누그러지는데 외투조차 걸치지 않은 징글과 나누는 이야기는 다음과 같이 이어진다.

> “외투를 깜박했나보군.” 그들이 계단으로 걸어가서 뒤로 문을 닫았을 때 피크윅 씨가 말했다. …
>
> “넘겼습니다, 나리 ― 마지막 남은 외투 ― 어쩔 수 없었죠. 신발 두 짝을 먹고 살았습니다 ― 꼬박 두 주 동안요. 비단 우산도요 ― 상아 손잡이 ― 한 주 동안 ― 사실입니다 ― 맹세코 ― 좁에게 물어보세요 ― 알고 있으니까요.”

---

7) 『피크윅』이 소설로 발전하는 출발점에 자리 잡은 징글과 레이첼의 이야기가 씨모어나 출판업자의 제안이 아니라 디킨즈의 독자적인 판단과 구상의 결과라는 지적에 대해서는, Patten 107.

"세 주 동안 신발 두 짝과 상아 손잡이가 달린 비단 우산을 먹고 살았다니!" 조난 사고나 닥쳐야 그런 일이 일어난다고 들었고, 컨스터블의 잡록집에서나 그런 이야기를 읽었던 피크윅 씨가 소리쳤다.

"사실입니다," 징글이 고개를 끄덕이며 말했다. "전당포 ㅡ여기 전당표도 있습니다 ㅡ 소액 ㅡ 보잘것없는 액수에 불과 ㅡ 전부 다 악당들."

"오," 그 설명을 듣고 마음이 훨씬 가벼워진 피크윅 씨가 말했다. "무슨 말인지 알겠네. 옷가지를 전당 잡혔다는 말이군."

"You have forgotten your coat," said Mr Pickwick, as they walked out to the staircase, and closed the door after them. …

"Gone, my dear Sir ㅡ last coat ㅡ can't help it. Lived on a pair of boots ㅡ whole fortnight. Silk umbrella ㅡ ivory handle ㅡ week ㅡ fact ㅡ honour ㅡ ask Job ㅡ knows it."

"Lived for three weeks upon a pair of boots and a silk umbrella with an ivory handle!" exclaimed Mr Pickwick, who had only heard of such things in shipwrecks, or read of them in Constable's Miscellany.

"True," said Jingle, nodding his head. "Pawnbroker's shop ㅡ duplicates here ㅡ small sums ㅡ mere nothing ㅡ all rascals."

"Oh," said Mr Pickwick, much relieved by this explanation; "I understand you. You have pawned your wardrobe." (568)

상대방이 문자 그대로 신발과 우산을 먹고 살았다고 생각한 피크윅의 '무지'는 징글이 전당표를 보여주며 설명하는 얘기를 듣고서야 해소되는데, 피크윅의 무지가 불러일으키는 희극성은 몰락한 징글과 감옥에 갇혔어도 안락하게 지낼 수 있는 피크윅의 차이를 부각시킨다. 그리고 이러한 '차이'가 죄의 유무에 따른 것이 아니라 재산의 유무에 따른 것이며,

징글은 그의 말대로 "먹어야하기 때문에"(같은 면) 영락한 처지라도 견딜 수밖에 없는 것이라는 깨달음을 동반할 때, 피크윅은 "인물로서의 깊이"(Marlow 76)를 갖게 되는 것이다.

피크윅이 감옥 경험을 통해 깨달은 내용은 세상이 선한 신의 지배를 받는 곳이 아니라 무질서와 불의가 판치는 곳이라는 인식이며(Miller 27-28), 아무리 선의에서 출발하였더라도 타인의 처지를 생각하지 않고 자신만의 원칙을 고집하는 것은 다른 사람에게 돌이키기 어려운 곤란을 안겨줄 수 있다는 각성이다. 피크윅이 악덕변호사인 도슨과 포그에게 돈을 보태줄 순 없다는 예의 '원칙'을 끝까지 고수하는 순간, 바델 부인 역시 그들의 덫에 걸려서 플리트 감옥에서 평생을 보내야 할 것이고, 부친이나 오빠와 화해하기 위해 피크윅의 도움이 절실히 필요한 윙클과 애러벨라(Arabella Allen) 부부는 혈육으로부터도 외면받은 채 쓸쓸한 나날을 지내게 될 것이다. 43장에서 쌤이 크렘펫을 먹고 자살한 사내 — 의사가 건강을 위해 "원칙에 따라"(585) 크럼펫을 먹지 말라고 하자 크럼펫이 건강에 좋다는 "중요한 원칙"(같은 면)을 지키기 위해 크럼펫을 먹은 후 자살한 사내 — 의 이야기를 통해 피크윅에게 전달하고자 하는 내용은 엉터리 재판에 굴복할 수 없다는 피크윅의 원칙이 "자기기만과 자기만족"(Kincaid 39)에 불과한 것일지 모른다는 진실이다.

현실의 세계에 눈뜬 피크윅에게 감옥과 그 안의 죄수들은 "불안한 꿈속에 나타난 유령들처럼"(610) 여겨지고, 그는 머리와 가슴의 통증을 호소하며 자신의 감방 안으로 은둔한다. 피크윅이 호소하는 "머리와 가슴의 통증"은 비유하자면 '순수의 세계'에서 '경험의 세계'로 입문한 데에 따르는 통증일 텐데,[8] 작품 전체적으로 볼 때 피크윅은 현실세계의 무게를 감당하기에는 부족한 점이 많을 뿐 아니라 경험의 세계보다 순수의 세계에 머물 때 장점과 매력이 더 빛을 발하는 그런 위인이기도 하다. 그리고 『피크윅』의 실제 진행도 어두운 현실에 눈뜬 동명의 주인공이 세상 속에서 감옥의 경험을 확장하고 단련하는 모습을 추적하기보다 먼저 플리트 감옥에서 석방되고 그 다음에는 런던 근교 덜위치(Dulwich)의 조용한 집으로 은퇴하는 이중의 과정을 거쳐 순수의 세계로 '복귀'하는 줄거리를 보여준다. 순수와 경험, 이상과 현실을 통합하는 제3의 단계가 아니라 출발점으로 다시 돌아가는 흐름을 보여주는 것이 소설로서 『피크윅』의 한계인 것은 사실이지만, 순수하고 맑은 영혼의 소유자인 피크윅은 근심 걱정으로 고민하는 모습보다 시름을 잊고 호탕하게 웃는 모습이 훨씬 더 어울리는 인물이라는 것도 사실이다. 킨케이드(James R. Kincaid)는 이 작품의 호소력이 "잃어버린 유년시

8) '순수의 세계' '경험의 세계'라는 비유는 영국의 대표적 낭만시인인 블레이크(William Blake)의 『순수와 경험의 노래』(*Songs of Innocence and of Experience*)에서 차용한 것이다. "인간 영혼의 두 가지 대립하는 상태를 보여준다"라는 부제가 붙어 있는 이 시편에서 '순수의 세계'는 빈곤과 기아 같은 어둠의 그림자가 드리워져 있긴 하지만 전체적으로는 목가적이고 낙원과도 같은 곳이며 자연과 인간 사이의 조화가 돋보이는 곳이다. 이에 반해 '경험의 세계'는 고통과 질병, 사기와 착취가 두드러지는 곳이고 제도화된 억압체계가 자리 잡은 곳이다. 전자는 이상적이지만 현실적이지 못하고, 후자는 현실적일지 몰라도 절망적이고 암울한데, 블레이크의 시야는 두 세계를 포괄하면서도 양자를 뛰어넘는 제3의 상태, 즉 '통합된 순수'(organized innocence)의 상태를 향해 열려 있다. 『순수와 경험의 노래』에 대한 간단한 설명으로는, 김옥엽 273-82.

절과 잃어버린 에덴동산에 대한 독자의 향수에 호소할 뿐 아니라 그 세계가 의미하는 것에 대한 독자의 자각을 확장시켜서”(20) 생성되고 유지되는 것이라고 지적한 바 있다. 『피크윅』의 대중성에 대한 근원적 설명에 육박하는 발언이자 순수의 세계에 속하는 피크윅의 모습에 대한 강력한 동의인 셈인데, “인간의 선량함에 대한 굴하지 않는 믿음”(Gold 12)으로 상황에 관계없이 빛나는 “피크윅 씨의 선천적인 호의”(219)야말로 킨케이드가 지적한 “잃어버린 유년 시절과 잃어버린 에덴동산”에 해당하는 미덕인 것이다.

피크윅이 폐결핵으로 죽어가는 죄수의 임종을 곁에서 지키고, 헐벗고 굶주린 징글과 트로터에게 옷가지와 숙식을 제공하는 모습에서 드러나는 대로 타인의 아픔과 필요에 공감하고 반응할 수 있게 된 변화는 결코 작다고 할 수 없는 변화이다. 그러나 작품 전체적으로 보면 피크윅의 변화가 충분히 설득력 있게 제시된다고는 할 수 없는데, 이는 무엇보다도 피크윅이 마치 현재에서 태어난 것처럼 “과거가 없는 인물”(Marcus 25)로 제시되기 때문이다. 우리는 피크윅에 대해 그가 “자립할 수 있는 상당한 재산을 지닌 신사”(465)이며 어렸을 때 “배수로에서”(397) 스케이트를 탄 적이 있다는 사실 외에는 아는 바가 없다. 심지어는 젊었을 때 무슨 일을 해서 재산을 모았는지조차 알지 못한다. 디킨즈 자신이 1847년의 보급판(Cheap Edition) 서문에서 피크윅의 “분명한 변화”(761)가 “억지스럽고 부자연스럽게”(같은 면) 여겨질 것을 염려하기도 했는데, 바로 그 서문에서 설명했던 대로 피크윅이라는 인물 자체가 변화한 것이 아니라 독자들이 피크윅에 대해 좀 더 잘 알게 되면서 비로소 그의 미덕에 주목하게 된 것이라고 이해할 수도 있을 듯하다.[9] 작품에서 피크윅에 대한 독자의 태도는 쌤과 서술자가 피크윅을 대하는 태도에 좌우되는바, 금전적 거래와 계약에 충실하였던 쌤이 피크윅에 대한 애정과 존경심을 갖고 그를 보호하는 보호자와 같은 역할을 하는 모습을 살펴보자.[10]

피크윅에게 처음 고용 제안을 받을 때 연봉과 지급받을 의복의 개수, 하는 일 등의 조건을 꼼꼼히 확인하는 쌤의 모습은 독자에게 둘의 관계가 지극히 실리적이고 계산적인 토대 위에서 유지되리라는 예상을 심어 준다. 그러나 이러한 '예상'은 타고난 호인인 피크윅의 품성과 쌤의 경험적 지혜가 어우러져 단순한 주인과 하인의 관계와는 다른 유대관계를 형성하면서 보기 좋게 어긋나는데, 입스위치로 가는 마차에 동행하게 된 매그너스(Peter Magnus)라는 사람이 피크윅에게 쌤과 친구 사이냐고 물어볼 정도로 둘은 인간적으로 가까워진다. 그리고 플리트 감옥에 수감된 피크윅이 감옥은 젊은이가 있을 곳이 못 된다고 하며 쌤에게 봉사의 직무를 면해주려고 하자 쌤은 주인의 지시를 거부할 뿐 아니라 오히려 토니에게 부탁하여 25파운드의 부채를 갚지 못한 걸로

---

9) 월더(Dennis Walder)의 다음과 같은 지적을 참조할 것. "이야기가 진행되는 동안 변화하는 것은 피크윅 씨가 아니라 오히려 그에 대한 **독자의 인식**이다"(21, 강조는 원저자).

10) 피크윅과 쌤, 둘 사이의 관계 변화를 자세히 추적한 국내의 글로는, 이인규 299-307 참조. 이인규 교수는 피크윅과 쌤이 표면적으로는 "너그러운 주인과 충직한 하인이라는 바람직한 전통적 주종의 관계"(300)를 맺고 있지만 실질적으로는 쌤이 피크윅을 "보호하고 지도하며 지배하기까지 하는 사실상 역전된 주종의 관계"(같은 면)를 맺고 있다고 주장한다.

위장하고 감옥에 수감되는 길을 택한다. 피크윅에게 봉사하기 위해 자청해서 감옥행을 택하는 "쌤의 따뜻한 충심"(583)이 돋보이는 일련의 진행은 둘 사이의 관계가 실리와 계산에 기초한 처음의 계약관계와는 비교할 수 없을 만큼 "도덕적으로 고양된 우정"(Bowen 60)에 기초한 관계로 발전하였음을 알려준다. 이 대목에서 쌤의 행동은 위기에 처한 주인에게 헌신 봉사하는 봉건적 하인의 그것으로 비칠 수도 있겠다. 그러나 "원칙"을 지키기 위해 크럼펫을 먹고 자살한 사내의 이야기를 통해 '원칙'을 운위하며 감옥을 고수하는 피크윅을 패러디하고 비판하는 데서 드러나듯이 쌤의 행동은 주인에 대한 무조건적인 충성과는 거리가 멀다. 오히려 주인의 잘못을 지적하고 위험으로부터 그를 보호하는 보호자의 역할에 가까운 것이다. 피크윅의 보호자로서 쌤의 존재는 바델 부인이 플리트 감옥에 갇히게 된 것이 도슨과 포그에게 소송비용을 지불하지 않았기 때문이라는 사실을 알게 되자 트로터를 변호사 퍼커(Perker)에게 즉시 보내서 피크윅이 감옥에서 나갈 수 있는 방도를 마련하는 행동에서도 확인할 수 있다. 둘 사이의 나이 차이에도 불구하고 인간과 세계에 무지한 피크윅을 깨우쳐 주고 보호해 주는 쌤의 역할은 피크윅을 "타이츠와 반장화를 신은 천사"(607)이자 "완전히 순혈의 천사"(608)라고 생각하여 우러러보는 44장의 장면이 상징하듯이 피크윅에 대한 존경과 신뢰에 기초하고 있다는 점을 확인하는 것이 중요하다. 피크윅이 런던 교외로 은퇴한 후 말년에 이르기까지 쌤과 "한결같고 호혜적인 애정"(754)을 유지할 수 있는 것도 둘이 일방적인 주인과 하인,

피보호자와 보호자의 관계와는 질적으로 다른 관계를 맺고 있기 때문에 가능한 것이다.

지금까지 우리는 감옥 장면을 전후로 한 피크윅의 변화, 그리고 그보다 훨씬 전부터 진행된 쌤이 피크윅을 대하는 태도상의 변화에 대해 살펴보았다. 이 작품의 서술자가 순진하고 어리석기까지 한 주인공에 대해 처음에는 비판적인 거리를 유지하다가 후반부로 갈수록 공감하고 신뢰하는 것이야말로 작품에서 이루어지는 가장 큰 변화라고 할 수 있는 바(Miller 34), 디킨즈 특유의 유머가 이 모든 과정을 포함하여 작품 전체를 풍성하고 재미있게 이끈다는 것은 주지하는 대로이다. 다음 장에서는 "영소설에서 가장 위대한 희극적 인물 중의 한 명"(Mee 7)인 쌤을 중심으로 디킨즈의 희극적 상상력에 대해 간단히 검토하기로 한다.

III.『피크윅』의 희극성

『피크윅』에서 동명의 주인공이나 쌤의 인간적 매력만큼이나 작품의 대중성을 담보하는 것이 작가의 유머와 활력이라고 할 수 있는데, 디킨즈의 희극적 상상력이 최고 수준에서 발휘되는 경우 그 효과는 단순히 독자를 웃게 만드는 것이 아니라 끔찍한 내용을 상쇄하거나 인물에 대한 독자의 판단에 영향을 미칠 정도가 된다. 예컨대, 굴다리에 부딪치는 바람에 머리가 날아가서 손에는 여전히 샌드위치를 들고 있지만 그걸 넣을 입이 없어져 버린 아이 엄마에 대한 이야기

(25-26)나 소시지 기계에 휘말려 들어가서 소시지가 되어 버린 남편에 대한 이야기(406-07)는 서술 자체가 재미있고 간결하기 때문에 참혹한 내용에도 불구하고 이야기를 듣는 상대방이 놀라지 않을 뿐 아니라 독자에게도 충격보다는 웃음을 안겨 준다. 특히, 줄거리 상으로는 여성의 돈이나 노리는 악당이고 파렴치한에 불과한 징글을 작품에서 최고로 생기 넘치는 인물로 만들어 주는 것은 동사가 없이 형용사와 명사로 이루어진 문장을 속사포처럼 연이어 쏟아내는 그의 엄청난 에너지인바, 징글이 보여주는 언어적 활력과 활기찬 공상, 타고난 재치와 특유의 화술이 악당에 대해 독자가 느낄 법한 분노에서 그를 구해준다(Ganz 52-53). 12장에서 피크윅은 쌤을 하인으로 고용할 요량으로 하숙집 주인인 바델 부인에게 한 명이 아니라 두 명을 데리고 있으면 비용이 많이 드는지를 묻고, 피크윅의 질문을 엉뚱하게도 자기에게 하는 청혼으로 오해한 바델 부인은 얼굴을 붉히며 그를 껴안고 흐느끼다가 급기야는 피크윅의 품에 안긴 채 졸도하는 희극적인 장면을 연출한다. 그리고 바로 그 순간, 텁맨, 윙클, 스노드그라스를 안내하여 방안으로 들어오던 바델 부인의 아들인 바델 도련님(Master Bardell)은 피크윅이 어머니를 괴롭히고 있다고 생각하여 피크윅의 등과 다리를 힘껏 차고 꼬집는데, 희극적인 이 장면 역시 독자에게 웃음을 선사하고 마는 게 아니라 피크윅의 재판과 투옥으로 이어지면서 본격적인 플롯의 시발점에 해당하게 된다.

물론 『피크윅』의 모든 희극적 장면과 서술이 작품의 주제나 구성 또는 해당 인물의 형상화나 특징과 관련하여 의미를 지니는 것은 아니다. 특히 작품의 전반부에는 수준 높은 유머보다 피크윅과 그 일행의 우스꽝스러운 면모를 폭로하는 데 치우친 내용이 많다고 할 수 있는데,11) 햄스테드(Hampstead) 연못의 원류와 큰가시고기(tittlebat)에 대한 보고서를 작성한 과학자로 알려졌으나 돌멩이에 새겨진 오래된 글자를 대하는 태도에서 드러나듯이 엉터리 과학자에 불과한 피크윅, 여성에 관심이 많다고 하면서도 레이첼에 대한 자신의 낭만적 계획을 짓밟는 징글의 계획에 그 자신도 모르는 사이에 동참하고 마는 텁맨, 사냥과 운동에 관심이 많다고 소개되었지만 총을 다룰 줄 몰라서 주변 사람들에게 오히려 위험을 안겨 주는 윙클, 시에 관심이 있다고 하면서도 정작 시를 쓴 적이 없는 스노드그라스 등, 기질희극에 등장할 법한 인물들과 그들이 펼치는 소극으로 풍성하다. 허풍선이 과학자와 허풍선이 연인, 허풍선이 사냥꾼과 허풍선이 시인이 펼치는 소극 중에는, 군인들의 훈련을 구경 갔던 피크윅이 쓰고 있던 모자가 바람에 날려서 땅바닥을 뒹굴자 육중한 몸으로 힘들게 쫓아가서 간신히 집어 드는 장면처럼 독자에게 유쾌한 웃음을 선사하는 경우도 있지만, 워들의 농장에 갈 때 마차

11) 후반부라고 해서 소극이 없어지는 것은 아니지만 작품이 본격적인 소설의 형태를 갖춰 가면서 소극의 비중이 줄어드는 것은 사실이다. 후반부에 등장하는 소극의 대표적인 예로는, 이튼스윌을 벗어나 토우체스터(Towcester)의 여인숙에서 조우한 포트(Pott)와 슬러크(Slurk) — 이들은 이튼스윌 지방을 대표하는 두 유력지인 『이튼스윌 가젯』(*The Eatanswill Gazette*) 지와 『이튼스윌 인디펜던트』(*The Eatanswill Independent*) 지의 편집장이다 — 의 충돌이 육박전으로 비화하자, 쌤이 포트의 어깨 위로 곡물 자루를 씌운 후 뒤로 잡아당겨서 본격적인 싸움을 막는 장면을 들 수 있다.

를 몰거나 말을 탈 줄 모르는 피크윅과 그 일행 때문에 벌어지는 소동이나, 사냥을 갔지만 사냥총을 다룰 줄 모르는 윙클 때문에 벌어지는 소란처럼 삽화가의 소재로 적합할 뿐인 사건이 훨씬 더 많다. 『피크윅』이 이처럼 저급한 소극으로 시종한다면 이 작품의 희극성을 논한다는 것은 부질없는 노릇일 수 있다. 그러나 33장의 법정 장면에서 쌤이 이끌어내는 통쾌하고 차원 높은 웃음 — 윌슨(Edmund Wilson)이 아리스토파네스(Aristophanes)의 웃음에 견준 바 있는 웃음(13) — 이야말로 우리가 디킨즈의 희극적 상상력에 대해 논의하고 평가해야 하는 까닭을 제공해 준다.

바델 부인이 피크윅을 파혼 혐의로 고소한 재판에서 원고측의 법정변호사인 버즈퍼즈(Buzfuz)와 그의 조수인 스킴핀(Mr Skimpin)은 재판을 유리한 방향으로 이끌기 위해 바델 부인이 피크윅의 품에 안긴 채 졸도했던 상황을 아전인수격으로 해석하여 강조할 뿐 아니라 원고와 피고가 주고받았던 말과 증인들의 증언에 대해 견강부회를 서슴지 않는다. 법정에 소환된 증인 중 이들의 교묘한 말솜씨와 유도심문을 배겨낼 사람은 한 명도 없는데, 특히 법정의 엄숙하고 딱딱한 분위기에 압도된 윙클은 피크윅이 그날 아침 졸도한 것 같은 바델 부인을 안고 있었다는 사실은 물론이고, 입스위치의 여관에서 한밤중에 여성의 침실에 잘못 들어간 적이 있고 그 결과로 그 여성이 결국 파혼하게 되었으며 그 지방의 치안판사인 넙킨스(George Nupkins) 앞에 끌려가는 수모를 겪었다는 사실까지 증언하고 만다. 텁맨과 스노드그라스를 통해 윙클의 증언이 사실이라는 진술을 추가로 확보한 버즈퍼즈는 의기양양하게 쌤을 증인으로 부른다.

자기를 부르는 소리에 "다 죽어가는 목소리"(457)로 답하면서도 판사에게는 "아주 공손하게"(같은 면) 인사하는 윙클이 법정의 권위에 주눅 들고 겁먹은 모습이라면, 자신의 이름이 호명되자 곧바로 증인석에 들어서서 "아주 쾌활하고 활달한 표정으로"(462) 법정과 판사석을 둘러보는 쌤에게서는 법정에 섰다고 해서 당황하거나 움츠리는 기색을 찾아볼 수 없다.[12] 판사가 쌤 웰러라는 이름을 쓸 때 'V'로 쓰는지 'W'로 쓰는지 묻자 그것은 "쓰는 사람의 취향과 생각"(463)에 달린 문제일 뿐이라고 대수롭지 않게 대답하는 태도에서도 판사나 변호사의 심문이 그들의 의도대로 진행되지는 않을 거라는 사실을 짐작할 수 있다. 버즈퍼즈는 윙클을 비롯하여 다른 증인들이 이미 증언했던 내용, 즉 쌤이 피크윅에게 처음 고용된 날에 원고가 피고의 품에 안긴 채 기절한 것을 목격했다는 증언을 우선 끌어내고자 한다.

> "피고에게 고용된 첫날 아침에 특별히 무슨 일이 있었는지 기억합니까, 웰러 씨?" 변호사 버즈퍼즈가 물었다.
>
> "예, 기억합니다, 변호사님." 쌤이 대답했다.
>
> "배심원들에게 어떤 일이었는지 말해 주기 바랍니다."
>
> "배심원 여러분, 그날 아침 저는 제게 진짜 잘 맞는 새 옷을 한 벌 갖게 되었습니다." 쌤이 말했다. "그리고 당시의 저에게 그것은 아주 특별하고 대단한 사건이었습니다."
>
> 그 말을 듣고 모두가 웃었다. 몸집이 작은 판사는 화난 표정을 짓고 책상 위로 쏘아보면서 말했다. "자네, 조심하는 게 좋

12) 쌤이 윙클에게 없는 유머 감각 덕분에 탐욕스러운 변호사의 희생자가 되지 않고 당당하고 쾌활하게 맞설 수 있다는 지적으로는, Ganz 47.

겠어.”

“그때 피크윅 씨도 그렇게 말씀했습니다, 판사님.” 쌤이 대답했다. “그래서 저는 그 옷을 대단히 조심해서 입었습니다. 정말로 대단히 조심했습니다, 판사님.”

“Do you recollect anything particular happening on the morning when you were first engaged by the defendant, eh, Mr Weller?” said Sergeant Buzfuz.

“Yes, I do, Sir,” replied Sam.

“Have the goodness to tell the Jury what it was.”

“I had a reg'lar new fit out o' clothes that mornin', gen'l'men of the jury,” said Sam, “and that was a wery partickler and uncommon circumstance vith me in those days.”

Hereupon there was a general laugh; and the little Judge, looking with an angry countenance over his desk, said, “You had better be careful, Sir.”

“So Mr Pickwick said at the time, my Lord,” replied Sam, “and I was wery careful o' that 'ere suit o' clothes; wery careful indeed, my Lord.” (463-64)

쌤이 기대했던 증언 대신 엉뚱한 말을 늘어놓자 조바심이 난 버즈퍼즈는 원고가 피고 품에서 졸도한 것을 보지 못했다는 말을 하려는 거냐고 좀 더 직접적으로 다그친다.

“자, 잘 들으시오, 웰러 씨.” 변호사 버즈퍼즈가 말했다, … “당신 말은 복도에 있었지만 어떤 일이 진행되는지 하나도 보지 못했단 말이군요. 눈은 있습니까, 웰러 씨?”

“예, 있습니다.” 쌤이 대답했다. “그런데 바로 그것이 문젭니다. 제 눈이 특별히 이백만 배로 확대할 수 있는 능력을 지닌 특허 받은 가스 현미경이었다면, 계단과 전나무로 된 방문이 가로막고 있었어도 아마 뚫고 볼 수 있었을 겁니다. 그러나 보시다시피 그저 눈이기 때문에 제 시력은 제한적입니다.”

조금도 화나게 만들려는 기색 없이 그리고 가능한 한 최고로 순박하고 침착한 태도로 이런 대답을 하자, 방청객들은 낄낄거렸고 몸집이 작은 판사는 미소를 지었으며 변호사 버즈퍼즈는 특별히 바보같이 보였다.

> “Now, attend, Mr Weller,” said Sergeant Buzfuz, … . “You were in the passage and yet saw nothing of what was going forward. Have you a pair of eyes, Mr Weller?”
>
> “Yes, I have a pair of eyes,” replied Sam, “and that's just it. If they wos a pair o' patent double million magnifyin' gas miscroscopes of hextra power, p'raps I might be able to see through a flight o' stairs and a deal door; but bein' only eyes you see, my wision's limited.”
>
> At this answer, which was delivered without the slightest appearance of irritation, and with the most complete simplicity and equanimity of manner, the spectators tittered, the little Judge smiled, and Sergeant Buzfuz looked particularly foolish. (464)

법정의 증언대에 선 쌤은 사실대로 말해봤자 견강부회를 일삼는 버즈퍼즈의 궤변 탓에 피크윅에게 불리하게 작용할 것이고, 그렇다고 노골적으로 위증을 할 수도 없는 노릇이므로 이중으로 난처한 입장에 처했다고 할 수 있다. 이런 상황에서 쌤은 버즈퍼즈의 질문을 회피하고 희화화하는 전략을 택하는데, 고용된 첫날 새 옷을 한 벌 갖게 되었고 그 옷을 아주 조심해서 입었다는 처음의 답변이 사실은 사실이지만 심문의 본론에서는 벗어난 내용으로 상대방을 좌절시킨다면, 가스 현미경이 아니라 평범한 눈이어서 방안의 광경을 보지 못했다는 두 번째 답변은 버즈퍼즈의 무례한 질문을 그에게 되돌려주는 방식으로 그를 희화화시킨 예라고 하겠다. 그러나 법정에서 쌤이 택한 전략은 소극적인 방어 전략에 그치는 것이 아니다. 오히려 사법절차를 조롱하고 그 실체를 폭로하는 적극적인 기능을 수행하는바, “법정이 그 권위를 유지하기 위해 의지하는 위계적 관계”(Ledger 51)에 균열을 내고 해체시킬 뿐 아니라 “성스러운 자와 세속적인 자, 고귀한 자와 천한 자, 위대한 자와 하찮은 자, 현명한 자와 어리석은 자”(Bakhtin, *Problems* 123)를 한데 모아서, 과연 누가 옳고 누가 그른지, 누가 현명하고 누가 어리석은지에 대해 근본적으로 되묻게 하는 것이다. 계속되는 심문에서 원고가 피고에게서 배상금을 받지 못하면 원고 측 변호사인 도슨과 포그는 원고에게서 사례를 받지 않기로 했다는 내용을 쌤이 증언하는 순간, 바델 부인의 고소로 시작된 이번 재판이 어떻게 해서 열리게 되었는지, 그리고 누가 거짓말을 하고 있고 누가 탐욕스러운 인물인지가 명시적으로 밝혀진다.

쌤의 유머러스한 답변은 방청객들을 법정의 억압적 분위기에서 해방시키고 그 ‘억압’의 실체를 드러낸다는 점에서 카니발의 기능을 수행한다고 할 수 있는데,[13] 법적 절차와 그 담당자들의 실체를 희화화하고 폭로하는 쌤의 모습은 33장의 법정 장면에서만 드러나는 것이 아니다. 예컨대, 치안

13) 공식적 세계관의 지배로부터 의식을 해방시키고 세계를 새롭게 보도록 하는 카니발의 기능에 대해서는, Bakhtin, *Rabelais* 274. 쌤의 재치 넘치는 답변이 이끌어낸 방청객의 웃음과 바흐찐(Mikhail Bakhtin)이 설명하는 카니발적 웃음을 연관시킨 예로는, Ledger 50-51.

판사인 넙킨스의 심문을 받을 때, 웰러라는 이름에서 'l'을 두 번 쓰라고 강조하고, 거주하는 곳을 묻는 질문에는 "살 수 있는 아무 곳"(330)에서나 산다고 답변하는 쌤의 증언은 사법절차를 조롱하는 효과를 거둔다. 법정과 사법절차에 대해 쌤이 갖고 있는 뿌리 깊은 불신은 "아주 어렸을 때부터 거리를 나돌면서 저 혼자 꾸려나가게 만들었던"(268) 부친 덕분에 갖추게 된 경험적 지혜에서 비롯한다고 할 수 있는데, 이러한 지혜는 여성에 대한 건강한 성적 관심[14] 및 타고난 유머 감각과 함께 이 작품이 포착하는 평민적 건강성의 중요한 내용을 구성하는바 이에 대한 논의는 다음 기회로 미룬다.

IV. 마무리에 대신하여

이제까지 우리는 씨모어의 삽화에 붙이는 설명글로 출발하여 소설가 디킨즈의 화려한 출발을 알리는 작품으로 발전한『피크윅』의 면모를 피크윅과 쌤이라는 두 매력적인 인물의 관계 및 쌤이 대표하는 희극성을 중심으로 살펴보았다. 이제,『피크윅』에 흔히 가해지는 비판 중에서 개인적 자비로

14)『피크윅』에 등장하는 중요인물 중 쌤만이 — 메리(Mary)에게 구애하는 모습이 보여주는 대로 — 여성에 대한 편견에서 자유로운데, 보웬(John Bowen)에 의하면 피크윅과 토니가 공유하는 여성에 대한 상투적 인식과 편견은 "섹슈얼리티에 대한 깊은 불안감"(62)과 "여성과 같이 있을 때 성적능력과 성교능력을 상실하는 것에 대한 두려움"(같은 면)을 반영한다.

현실의 구조적 문제를 해결하려 한다는 비판과 여성에 대해 피상적이고 상투적인 인식을 반복하고 있다는 비판에 대해 살펴보는 것으로 마무리에 대신하고자 한다.[15)]

피크윅의 자비와 자선이 가장 두드러지는 곳은 죄수들이 "감금과 궁핍의 강철이빨"(564)에 물려 고생하는 플리트 감옥에서이다. 이곳에서 조우한 징글과 트로터에게 보여준 피크윅의 따뜻한 마음씀씀이가 두 악당의 참회와 변모로 이어지는 진행을 보면 작가가 개인적 박애를 문제 해결의 수단으로 중시한다는 점은 어렵지 않게 짐작할 수 있다. 그러나 "그들이 영원히 개심할 가능성"(704)을 궁금해하는 피크윅에게 최근에 겪은 고통 때문에 그들이 변화했지만 그 기억이 사라졌을 때 어떻게 될지는 아무도 모른다고 답하는 퍼커의 대답은 개인적 해결책의 유효성을 의심하는 작가의 면모를 확인시켜 준다. 피크윅이 감옥을 떠날 때 "그가 베푼 동정과 자선 덕분에"(631) 많은 죄수들의 형편이 나아지고 좀 더 행복해졌지만, 감옥에 두고 떠날 수밖에 없는 "슬프고 불행한 죄수들"(632)의 존재에 대해 서술자조차 탄식할 정도로 감옥의 세계는 여전히 존속하는 것이다. 피크윅이 자비와 친절로 구축한 '순수의 세계'가 충분히 매력적이지만 런던을 떠나서 교외에 은둔하는 플롯이 시사하는 내용은 이 '세계'가 현실과의 단절이나 거리를 전제해야만 유지될 수 있다는 사실인바, 작가가 박애주의 같은 개인적 해결책에 경도되지 않게끔

---

15) 두 가지 비판은 『피크윅』을 포함하여 디킨즈의 초기작에 자주 가해지는 비판인데, 전자에 대해서는 Orwell 98-101, 후자에 대해서는 Slater 240-41.

막아 주는 균형추가 그의 엄정한 현실인식인 것이다.[16)]

디킨즈의 다른 어떤 작품보다도 "탐욕스러운 노처녀, 남편을 증오하는 아내, 신식여성, 또는 전통적인 젊은 여성"(Bowen 62) 같이 정형화된 여성이 많이 등장하는 『피크윅』에서 토니와 재혼한 웰러 부인(Mrs Weller) 역시 악마처럼 못된 아내로 규정되고 비판되는데, 웰러 부인에 대해 누구보다도 험담을 늘어놓는 인물은 그녀의 남편이다. 토니에 의하면 결혼 전의 그녀는 "다정한 사람"(267)이고 "굉장히 상냥한 과부"(같은 면)였지만 결혼 후에는 아내로서의 일은 소홀히 한 채 "재탄생"(291) 같은 헛된 생각에 지핀 종교적 광신자가 되고 말았다는 것이다. 그러나 디킨즈는 웰러 부인이 종교에 집착하게 된 전후과정을 독자가 짐작할 수 있게 함으로써 그녀에 대해 피상적인 이해를 넘어서 자상한 이해를 유도한다. 즉 토니가 쌤을 키운 방식에서 유추해보면 그가 남편이나 가장으로서 무능력하고 무책임할 것은 불문가지인바, 이런 상황에서 그녀는 "남편에게 공격적이고 거칠게 대하는 한편 내면에 갇힌 에너지와 울화 등을 종교적 열중으로 풀고자 하는 것"(이인규 313)이며, 토니의 여성 혐오와 여성 기피는 자신의 책임을 어렴풋이 느끼는 상황에서 자기 자신을 합리화하고 정당화하려는 무의식적 자기방어의 일환인 것이다.

디킨즈의 첫 번째 작품인 『피크윅』이 그의 대표작에서 엿

16) 피크윅이 플리트 감옥을 경험한 후 런던 교외로 은퇴하는 『피크윅』의 후반부가, 타락한 사회에 대한 작가의 문제의식이 두드러지는 『올리버 트위스트』(*Oliver Twist,* 1837-39)와 동시에 집필되었다는 사실 역시 디킨즈의 리얼리스트로서의 면모를 보여주는 또 다른 예이다.

보이는 대국적인 현실인식과 그것을 탐구하고 표현하는 유기적 구성, 풍자적 날카로움과 비판적 통찰에 한참 미달한다는 사실은 두말할 나위 없다. 더 나아가서 작중시기를 1827년으로 설정하고도 1830년 혁명을 언급하거나(26) 1829년에 처형된 버크(Burke)를 언급하는(406) 등의 말도 안 되는 실수부터 피카레스크 구성의 문제점에 이르기까지 자칫 치명적일 수 있는 약점을 여럿 지니고 있는 것도 사실이다. 그러나 후기작에서 나타나는 당대현실에 대한 통찰을 선취한 부분과 이 작품이 지니고 있는 독특한 매력이 어우러져서 『피크윅』을 읽는 재미를 배가시켜 준다. 그리고 개인의 박애주의를 신봉한다는 비판이든, 상투적 여성 인식을 반복한다는 비판이든, 작품에 근거하지 않은 일방적인 단죄를 불허하는 성취가 "디킨즈의 희극적 상상력이 지닌 창조적 깊이의 일면" (이인규 313)을 증명한다고 할 수 있겠다.

참 고 문 헌

김옥엽. 「윌리엄 블레이크」. 『영미문학의 길잡이 I』. 영미문학연구회 엮음. 서울: 창작과비평사, 2001. 265-82.

백낙청. 「디킨즈 소설 속의 빅토리아조 신사」. 『문학이 무엇인지 다시 묻는 일』. 파주: 창비, 2011. 151-82.

이인규. 「『피퀵 보고서』의 희극성」. 『근대영미소설』 6.1(1999): 297-319.

Bakhtin, Mikhail. *Problems of Dostoevsky's Poetics.* Trans. Caryl Emerson. Minneapolis: U of Minnesota P, 1984. [*Problems*로 표기]

_____. *Rabelais and His World.* Trans. Hélène Iswolsky. Cambridge, Mass.: The MIT Press, 1968. [*Rabelais*로 표기]

Bowen, John. *Other Dickens: Pickwick to Chuzzlewit.* Oxford: Oxford UP, 2000.

Butt, John and Kathleen Tillotson. *Dickens at Work.* 1957; London and New York: Methuen, 1982.

Chesterton, G. K. *Charles Dickens.* Tokyo: Kenkusha, 1932.

Dickens, Charles. *The Posthumous Papers of the Pickwick Papers.* Ed. Mark Wormald. London: Penguin, 1999.

Engel, Monroe. *The Maturity of Dickens.* Cambridge, Mass.: Harvard UP, 1959.

Ganz, Margaret. "*Pickwick Papers*: Humor and the Refashioning of Reality." *Dickens Studies Annual* 4 (1975): 36-55.

Gold, Joseph. *Charles Dickens: Radical Moralist.* Minneapolis: U of Minnesota P, 1972.

Kincaid, James R. *Dickens and the Rhetoric of Laughter.* Oxford: Oxford UP, 1971.

Ledger, Sally. *Dickens and the Popular Radical Culture.* Cambridge: Cambridge UP, 2007.

Marcus, Steven. *Dickens: From Pickwick to Dombey.* New York: Basic Books, 1965.

Marlow, James E. *Charles Dickens: The Uses of Time.* London and Toronto: Associated U Presses, 1994.

Mee, John. *The Cambridge Introduction to Charles Dickens.* Cambridge:

Cambridge UP, 2010.
Miller, J. Hillis. *Charles Dickens.* Cambridge, Mass.: Harvard UP, 1958.
Monod, Sylvère. *Dickens the Novelist.* Norman: U of Oklahoma P, 1968.
Orwell, George. "Charles Dickens." *Decline of the English Murder and Other Essays.* 1931; Harmondsworth: Penguin, 1965. 80-141.
Parker, David. "*Pickwick* and Reform: Origins." *Dickens Studies Annual* 45 (2014): 1-21. ["*Pickwick*"으로 표기]
_____. "*The Pickwick Papers.*" *A Companion to Charles Dickens.* Ed. David Paroissien. Malden and Oxford: Blackwell, 2008. 297-307. [*Companion*으로 표기]
Patten, Robert L. *Charles Dickens and "Boz": The Birth of the Industrial-Age Author. Cambridge*: Cambridge UP, 2012.
Schacht, Paul. "In Pursuit of Pickwick's Hat: Dickens and the Epistemology of Utilitarianism." *Dickens Studies Annual* 40 (2009): 1-21.
Slater, Michael. *Dickens and Women. London*: J. M. Dent & Sons, 1983.
Stone, Harry. *Dickens and the Invisible World.* Bloomington and London: Indiana UP, 1979.
Walder, Dennis. *Dickens and Religion.* London: George Allen & Unwin, 1981.
Wilson, Edmund. "Dickens: The Two Scrooges." *The Wound and the Bow.* 1929; New York: Farrar Straus Giroux, 1978. 3-85.

중산층 주도 사회에 대한 비판: 『올리버 트위스트』

I. 서론

디킨즈(Charles Dickens, 1812-70)가 빅토리아 시대를 대표하는 소설가 중의 한 명으로 꼽힐 수 있는 이유는, 그의 작품이 위로는 여왕부터 아래로는 글을 모르는 무식한 하층민에 이르기까지 폭넓은 대중의 사랑을 받았다는 점, 그리고 유례없는 대중성을 확보하고 있으면서도 대중의 편견과 사회적 금기에 도전하는 비판의식을 높은 수준의 예술성으로 형상화해내는 능력을 지니고 있었다는 점에 기인한다. 다시 말해, 디킨즈는 당대 독자층의 절대다수를 차지하고 있는 중산층의 취향과 그들의 평가를 항상 의식하고 있었고 그들을 대상으로 작품활동을 했으면서도 중산층이 주도하는 사회의 지배적 경향과 그 원칙을 비판적으로 점검하는 이중의 과업을 추구했고 또 그것을 훌륭하게 달성하고 있는 것이다.

예컨대, 본고에서 다루려고 하는 작품인 『올리버 트위스트』(*Oliver Twist*, 1837-39)[1]의 등장인물 중, 범죄자 싸익스(Sikes)의 정부이자 매춘부로 등장하는 낸씨(Nancy)의 경우를 생각해보자. 당대의 독자로서는 작품 후반부에서 결정적인 역할을 수행하고 사회적 금기와 편견에 도전하는 낸씨가 여성이고 그것도 매춘부라는 사실을 선선히 받아들일 수 없는 노릇이었을 것이다.[2] 그러나 디킨즈는 낸씨가 비참한 죽음을 맞이하는 것으로 처리함으로써, 독자들의 도덕적 감식안을 결정적으로 거스르지는 않으면서 그들이 주도하는 사회의 문제점을 다각도로 보여주는 성과를 거두고 있다. 이 작품의 서문(Preface)에서 작가가 "실제로 존재하는 대상"(36)의 "타락하고 부패한 진실"(같은 면)을 있는 그대로 제시하되 "선의 원칙이 온갖 역경 속에서도 살아남아 끝내 승리하는 모습"(33)을 보여주는 것이 자신의 목적이라고 거듭 밝히는 것도 중산층 독자의 평가를 항상 의식할 수밖에 없는 디킨즈의 작가적 위치를 역으로 확인시켜 준다. 중산층 독자를 끊임없이 의식하면서도 그들에 대한 비판의식의 끈을 놓지 않는 이중적 태도는 디킨즈의 말년에 이르기까지 지속되는 바,[3] 본고에서는 『올리버 트위스트』에서 작가가 수행하는 중산층 주도 사회에 대한 비판의 양상을 살펴보고자 한다.

대략 35년에 걸쳐서 15편의 장편을 발표한 디킨즈의 창작

1) 이 작품의 국역본으로는 윤혜준, 『올리버 트위스트 (상.하)』(서울: 창작과 비평사, 1996) 참조. 본고에서의 인용문은 이 번역본을 참조하되 문맥에 맞게 조금씩 손을 보았다.

2) 조금 다른 예이지만, "나는 **정말로** 그들이 싫다, 그래서 그들이 작품에 등장하는 것을 원하지 않는다"(Collins 44, 강조는 원저자)라는 멜본 경(Lord Melbourne)의 지적 역시 수많은 하층민과 범죄자의 세계가 등장하는 이 작품에 대한 당대인들의 불만을 대표한다고 할 수 있다.

3) 중산층 주도 사회에 대한 디킨즈의 비판의식은 『올리버 트위스트』 같은 초기작에 비해 『블리크 하우스』(*Bleak House*, 1851-53), 『작은 도릿』(*Little Dorrit,* 1855-57) 같은 후기작으로 오면서 더욱 강화된다.

세계에서 『올리버 트위스트』는 『피크윅 문서』(*The Pickwick Papers,* 1836-37)를 잇는 두 번째 작품이다. 즉 작가로서의 완숙기에 도달하기 이전의 작품인데, 그래서인지 구성상의 여러 가지 '약점'을 노출하는 듯하다. 우리는 이러한 약점의 예로서 올리버가 부친의 친구로 후에 밝혀지는 브라운로우(Brownlow)와 접촉하게 되는 과정이나, 처음 도둑질하러 들어간 집이 마침 후에 그의 이모로 밝혀지는 로즈(Rose)가 살고 있던 집이라는 등의 우연의 일치 문제, 올리버가 범죄적 환경에서 성장했으면서도 순수함을 잃지 않을 뿐 아니라 이렇다 할 교육을 받지 못한 상황에서도 표준말을 쓰는 문제 등을 꼽을 수 있겠다.[4] 이 작품을 읽은 독자들의 기억에 강한 인상을 남기는 구빈원과 그 배후에 있는 공리주의 원칙에 대한 작가의 비판 역시 작품의 나머지 부분과 유기적으로 통합되어 있지 못하다는 지적을 받곤 한다(Tillotson viii). 그러나 앞의 두 가지 문제는 제쳐두더라도 구빈원 부분과 작품의 나머지 부분 사이의 관계성 문제는 다른 각도에서 살펴볼 수 있을 듯하다. 자세한 설명은 차차 상술하겠지만 여기서는 일단 작가의 문제의식이 구빈원 바깥세계 역시 구빈원 내부의 연장선상에 있음을 밝히는 데로 향하고 있다는 점만 지적하기로 한다.

『올리버 트위스트』에 대해 흔히 가해지는 또다른 비판으로 작가가 중산층 독자를 지나치게 의식하고 있을 뿐 아니

4) 이 두 가지 문제에 대해 우연의 일치는 디킨즈가 다루는 우주적 현실에 조응하는 설정이라든지, 올리버의 순수함은 독자의 공감을 유지하기 위한 창작 전략이라는 식의 설명법이 있기는 하다. 전자에 대해서는 Marcus 78-79, 후자에 대해서는 Brantlinger 45.

라 그 자신이 중산층의 생각과 감정에 매몰되어서 다양한 계층의 삶과 의식을 설득력 있게 제시하지 못한다는 지적이 있다. 이러한 비판과 비교할 때, 맑시스트 비평가인 케틀(Kettle)의 설명법은 하층민에 대한 디킨즈의 관심과 애정을 집어내고 강조했다는 면에서 사줄 점이 있다. 다음 인용문은 이 작품에서 전개되는 하층민과 중산층의 다툼과 갈등을 대하는 케틀의 시각과 설명을 종합하고 요약한다.

> 우리가 이미 살펴본 대로 죽을 더 달라고 요구하는 장면이 상징하는 이러한 갈등은 가난한 사람들이 부르주아지의 국가를 상대로 벌이는 투쟁이다. 그리고 이 갈등은 또한 흰 조끼를 입은 신사가 도덕과 … 현상을 유지하기 위해 고용하고 있는 크고 작은 범블들 전체를 상대로 벌이는 투쟁이다.
>
> This conflict — symbolised, as we have seen, by the gruel scene — is the struggle of the poor against the bourgeois state, the whole army of greater and lesser Bumbles whom the gentleman in the white waistcoat employs to maintain morality … and the *status quo*. (123)

그러나 케틀의 독법은 하층민과 중산층이 철저히 분리된 채 대립과 투쟁으로 일관하는 것으로 그 관계를 단순화하는 탓에, 양자 사이의 경계를 넘나들며 상호 침투하고, 중산층의 세계를 하층민의 세계와 대비시켜 그 내부에서부터 전복시키는 모습을 읽어내는 데 미달한다. 그리고 중산층과 하층민, 구빈원 안과 밖 사이의 관련성을 회의하는 틸롯슨(Tillotson viii) 식의 비판에 대해서도 속수무책일 수밖에 없다. 즉 중산층 주도의 사회에 대한 비판의식을 읽어내면서도 작품의 각 부분을 상호 관련지어 읽을 필요가 절실한데, 이에 미달하는 것이다. 본고에서 바흐찐(Bakhtin)의 카니발 개념에 주목하는 것도 양자의 관련을 종합적이고 역동적으로 읽어내기 위해서이다.

II. 본론

바흐찐은 진리가 이미 완성된 채로 존재한다고 생각하는 "공식적 단성주의"(official monologism)를 비판하고 "진리의 대화적 속성"(110)을 강조한다. 진리의 이러한 속성은 카니발을 통해 잘 발현되는데 그것은 카니발의 특징 중 특히 "카니발적 메잘리앙스"(*carnivalistic mésalliances* 카니발적 결합)라는 것과 관련이 있다. 이 '결합' 속에서 한때 자족적이고 분리되어 있던 것들이 서로 관련을 맺는 "카니발적인 접촉" 속으로 이끌려 들어오게 된다. "카니발은 신성한 자와 비속한 자, 고상한 자와 비천한 자, 중요한 자와 중요하지 않은 자, 현명한 자와 어리석은 자를 한데 묶고 통일시키며 결혼시키고 결합시키"(123)는 것이기 때문이다. 이러한 결합과 병치, 관계 맺음을 통해 기존의 지배적 질서가 재검토되고 내적으로 전복된다. 우리는 이러한 모습을 『올리버 트위스트』의 곳곳에서 확인할 수 있는데 구빈원의 관리로 등장하는 범블(Bumble)의 경우를 우선 살펴보자.

범블은 구빈원의 말단관리이면서도 그것을 대단한 벼슬로

내세우고 다른 사람 위에 엄숙하게 군림하기를 즐기는 위인이다. 작품의 27장은 코오니 부인(Mrs Corney)이 쌜리 노파(Old Sally)의 임종에 불려 가서 방을 비운 사이에 그녀의 재산목록을 — 찻숟가락, 설탕 집게, 우유 단지, 말털 시트부터 서랍장의 내용물에 이르기까지 — 꼼꼼히 살펴보는 범블의 모습을 제시한다. 부인의 재산이 생각했던 대로 상당한 것임을 확인한 범블은 "난 하고 말 거야!"(247)라며 그녀와 결혼하겠다는 결심을 다진다. 상대의 재산과 지위를 보고 결혼을 결심하는 범블의 모습은, 바로 직전인 27장 첫머리에서 회사의 말단직원이나 법정의 말단관리와 달리 구빈원 소속 말단관리인 범블만이 "직분의 권위와 덕망에 걸맞게 인간으로서 온갖 뛰어난 점과 최고의 자질들을 갖고 있다"(246)라는 서술자의 지적을 내부로부터 부정하고 전복하는 역할을 한다. 내부로부터 그 위선성과 허위성이 폭로된 범블은 장물아비이고 악당인 페이긴(Fagin)의 모습과 병치되기도 한다. 코오니 부인의 재산을 대여섯 번씩 확인하는 범블의 모습에서, 아무도 없을 때 바닥의 비밀구멍에서 작은 상자를 끄집어내고 그 안에 들어 있는 금시계며 반지, 팔지 등을 탐욕스레 바라보는 페이긴의 모습(107)을 연상하는 것은 지극히 자연스럽다.

코오니 부인에게 청혼하며 열정적인 키스를 퍼붓던 범블은 쌜리 노파의 장례를 논의하기 위해 곧바로 장의사인 쏘어베리(Sowerberry)에게 간다. 가서 보니, 집주인은 외출한 상태이고, 하인인 노어(Noah)와 샬롯(Charlotte)이 빵과 버터, 흑맥주와 포도주를 한 상 차려 놓고 만찬을 즐기고 있는 것

아닌가. 더욱이 두 남녀가 수작을 부리며 키스까지 해대니, 교구의 권위와 질서를 지키는 범블로서는 방안으로 뛰어들어가 "교구 관할 지역의 아랫것들이 저지르는 죄와 사악함이 아주 끔찍하도다!"(253)라고 소리치며 한바탕 난리를 부릴 수밖에 없다. 범블은 구빈원이 이런 행실을 중하게 다스리지 않으면 "이 나라는 망할 것"(253)이라고 진정으로 생각하는 것이다. 그러나 노어와 샬롯의 행동은 조금 전에 범블 자신과 코오니 부인이 포도주를 주고받고 키스하던 행동과 조금도 다르지 않다. 결국, 범블이 내세우는 권위와 도덕, 질서와 위엄은 페이긴이나 노어 등의 하층민들과 '접촉'하는 "카니발적 결합"을 통하여 내부로부터 전복되고 풍자되는 것이다.

악당이고 위선자에 불과한 범블이 구빈원 운영의 실무를 담당하는 현실은 구빈원과 그 법적 토대인 구빈법이 제대로 된 것일 리 없다는 사실을 시사한다. 작품에 등장하는 구빈원은 1834년의 개정구빈법에 의해 운영되는 곳인데, 개정구빈법은 이전의 교구 단위의 구제 대신에 전국 단위의 효과적인 구제사업을 명분으로 내세웠지만, 실제로는 구빈원의 규율을 엄격하고 가혹하게 고치고, 구빈원을 공포의 대상으로 만들어서, 노동자나 극빈자가 시설에 수용되기보다는 힘든 노동과 일상을 인내하도록 만들기 위한 법이었다. 구빈원 운영의 주요사항은 이사회(board)의 결정을 거치는데, 이사들은 "모든 가난한 사람들은 구빈원에 들어와 점차적으로 굶어 죽든지, 아니면 구빈원 바깥에서 즉각 굶어 죽든지 … 양자택일을 해야 한다는 규칙"(55)을 정하고 "구제와 구빈원

생활 및 거기서 먹는 묽은 죽을 분리 불가능한 것"(같은 면)으로 만들었으니, 결국, 박애와 관대함의 수사는 허위이고 잔인함과 무관심, 굶주림과 비인간성이 구빈원의 실상이었던 것이다. 시설 수용자들에게 식사를 극소량으로 제공하는 규칙을 엄격하게 시행한 결과, "처음엔 장의사의 대금청구가 늘어났고, 한두 주일 묽은 죽을 먹은 극빈자들 모두의 쇠약하고 수척해진 몸에 옷이 헐렁해지고 흘러내려서 옷을 줄여주느라고 다소 비용이 더 들긴 했다"(55)라는 서술자의 익살스러운 진술은, 골드(Gold)의 지적대로 "19세기판 '겸손한 제안'"이며 "포로수용소의 이미지"(37)를 연상시키는 것이다.

주인공 올리버를 비롯하여 구빈원에 수용된 사람들은 한결같이 바싹 야위어 있는 반면에 구빈원의 이사들은 제일 상석에 앉아 있는 "특히 살이 쪘고 매우 둥글고 붉은 얼굴을 한 신사"(53)를 포함하여 모두 피둥피둥 살이 쪄 있다.[5] 굶주림에 지친 아이들이 만들어내는 가히 맬서스적인 분위기 속에서, 하루는 나이에 비해 키가 큰 편인 한 아이가 죽을 좀 더 먹지 못하면 "자기 옆에서 자는 아이를 잡아먹을지 모른다"(56)라고 암시하는 발언을 한다. 공포에 질린 아이들은 제비를 뽑아서 구빈원장에게 죽을 좀 더 요구하기로 했고, 그래서 올리버가 죽을 조금만 더 달라고 하자 구빈원에서는 난리가 난다. "흰 조끼를 입은 신사"(58)가, "죽을 더 요구하는 불경스럽고도 비속한 범죄"(59)를 저지른 올리버를

---

5) 작품에 나타나는 살찜과 깡마름의 대조에 주목하는 비평가로는 이 작품을 바흐찐의 카니발 개념과 관련지어 접근하는 휴스턴(Houston)이 대표적이다(15).

두고, 그놈은 틀림없이 교수형에 처해질 것이라고 예언하자, 다른 이사들도 모두 다 기꺼이 동의한다. 이사회는 올리버를 1주일 동안 징벌방에 가두기로 결정한 후, 올리버를 데려가서 도제로 삼을 사람에게는 그것이 어떤 직종이든 개의치 않고 5파운드를 얹어 주겠다는 방을 구빈원 문에 붙인다. 그러나 올리버의 요구를 '탐욕'이자 '탐식'으로 해석하고 그것을 범죄적인 것으로 단정 짓는 뚱뚱한 이사진의 태도는 올리버의 바싹 마른 몸과 대조되면서 자신들의 생각과 결정을 비판하고 풍자할 뿐이다.

죽 한 그릇 더 달라는 올리버의 요구에 대해 구빈원 이사들이 보이는 반응은, 힘없고 굶주린 아이가 아니라 반역자의 수괴에게나 어울릴 법한 반응이기 때문에, 터무니없이 과장돼 있고 우스꽝스럽다고 할 수 있다. 이 대목에서 우리는 구빈원의 운영이 개정구빈법의 원칙에 따른 것이고 개정구빈법은 본문에서 "경험주의 철학자"(48)라고 칭해지는 사람들의 공리주의철학에 따라 작성된 법률임을 유념할 필요가 있다. 정해진 양보다 더 많은 양의 죽을 달라는 올리버의 요구는 구빈원의 운영원칙에 대한 도전일 뿐 아니라 더 나아가서 공리주의적 정신과 그 철학을 통해 봉건적인 사회를 근대적인 사회로 개조하겠다는 중산층의 의지와 그들이 주도하는 체제 자체에 대한 도전이기도 한 것이다(Gold 38). 이렇게 보면 이사회의 날 선 반응과 냉혹한 결정에는 그 나름의 이유가 있는 것이고, 이에 대한 디킨즈의 비판과 풍자는 더욱 진지한 차원의 것이 된다.

구빈원이 대표하는 중산층의 제도와 이데올로기는 올리버

가 구빈원 바깥 세상에 진출한 후에도 계속해서 전복된다. 올리버가 구빈원에서 장의사 쏘어베리의 집에 왔을 때, 개도 먹으려 하지 않는 식은 고기 찌꺼기를 — 그것도 뼈다귀에 붙어 있는 고기 찌꺼기를 — 한 그릇 가득 먹으면서 벌이는 '잔치'를 소개한 후 서술자는 연이어서 다음과 같이 이야기 한다.

> 뱃속에서는 고기와 술이 썩고, 피는 얼음이요 심장은 강철로 만들어진 피둥피둥한 철학자 선생 중 누구라도 좋으니, 올리버 트위스트가 개도 거들떠보지 않는 이 진미 고기요리에 달라붙어 먹는 것을 좀 봤으면 좋겠다. 허기로 잔뜩 사나워진 올리버가 고기를 뜯어 먹는 이 끔찍한 탐욕을 그의 눈으로 직접 보았으면 좋겠다. 이보다 더 바라는 것이 딱 하나 있는데, 그것은 그 철학자가 이와 똑같은 음식을 올리버와 똑같은 식욕을 갖고 먹는 걸 바라보는 일이다.

> I wish some well-fed philosopher, whose meat and drink turn to gall within him; whose blood is ice, whose heart is iron; could have seen Oliver Twist clutching at the dainty viands that the dog had neglected. I wish he could have witnessed the horrible avidity with which Oliver tore the bits asunder with all the ferocity of famine. There is only one thing I should like better; and that would be to see the Philosopher making the same sort of meal himself, with the same relish. (74)

카니발은 야유, 조롱, 웃음을 통해 사회의 관습과 위계질서를 비판하고 풍자하는 장이며, 공식문화의 음울하고 억압적인 성격을 그 내부로부터 전복시키는 장이다. 카니발에 흔히 동반되는 과음과 과식의 문화 역시 절제와 격식을 중시하는 공식문화에 대한 민중적 조롱이고 야유이다. 인용한 대목에서 올리버가 즐기는 "진미 고기요리"는 비록 축제 때의 질 좋은 음식은 아니지만, 그렇기 때문에 오히려 구빈원 이사회가 정해서 수용자들에게 강요하는 규칙에 대한 신랄한 야유가 될 수 있는 것이다.

구빈원 운영을 결정하는 공식 제도와 법률이 지닌 문제점은 그 세력권에 속하는 인물이 마지막 순간에 내뱉는 발언에 의해서도 폭로된다. 작품 말미에서 몽스(Monks)에게 조력했던 범블의 죄상이 밝혀진 후, 범블은 구빈원장의 자리에서 쫓겨나게 된다. 끝까지 변명으로 일관하고 부인에게 죄를 돌리려고 하던 범블은, "법의 눈으로 보면"(461) 그 자신에게 죄가 더 많다는 '선고'가 내려지자, "법은 멍청이에 천치이고, 그게 법의 눈이라면 법은 홀아비일 거"(461-62)라고 단언한다. 공식 직위에서 추방될 지경에 이른 범블이 마지막 '저주'를 하는 순간이지만, 그의 이 발언은 하층민이 법에 대해 지니고 있는 감정을 대변하며, 자선과 구제를 내세우면서도 실제로는 비참함과 굶주림을 영속화하는 개정구빈법 같은 법률 일반의 실상에 대한 폭로이기도 하다.

『올리버 트위스트』를 집필한 디킨즈의 기본 생각은 구빈원 바깥세계와 내부세계가 동일한 논리를 답습하고 있다는 것이다. 바깥세계의 예로서, 치안판사 팽 씨(Mr Fang)의 경우를 보자. 그는 어려운 처지에 빠진 피의자의 처지를 세밀히 헤아려서 억울한 사람이 없게 하고 그래서 사회적 정의를 수호해야 하는 판사이면서도 자기 기분에 따라 일을 처리하며 증인이든 피의자이든 상대의 인격은 철저하게 무시하는 위인이다. 올리버를 도둑으로 단정 짓고 “3개월의 중노동형”(123)을 선고하는 일련의 과정에서 드러나는 팽 씨의 무책임성은 구빈원의 말단관리와 이사진이 구빈원을 운영하는 태도에서 드러나는 무책임성, 비인간성과 동일하다고 할 수 있다. 그러나 팽 씨의 경우는 그가 지배세력의 일원이므로 구빈원 내부 세력과 동일한 태도를 보이는 것이 어떤 면에서는 자연스러운 일이기도 하다. 따라서 “진흙과 어둠이 만들어낸 모종의 혐오스러운 파충류”(186)이자 “악마”(187)로 제시되는 페이긴이 주도하는 하층민의 세계에 주목할 필요가 있다. 작품에서 구빈원 바깥을 대표하는 집단은 아무래도 페이긴, 싸익스 등이 주도하는 하층민의 범죄 세계이기 때문이다. 지배층은 이 세상에 구빈원과 구빈법이 필요한 까닭이 바로 이 범죄 세계의 악행을 교정하고 문제를 해결하기 위해서라고 주장한다. 그런데 디킨즈가 보여주는 대로 구빈원 안의 세계가 바깥의 범죄 세계와 하등 다를 것이 없다면 이는 중산층 주도 사회의 기본구조와 질서에 대한 전면적인 불신과 비판에 다름 아니게 된다.

비인간적이고 야만적인 원리가 지배하는 두 세계의 모습은, 앞서 살펴본 범블의 경우도 경우이지만 올리버를 대하는 태도에 있어 두 진영이 공통의 모습을 보인다는 점에서 극명하게 드러난다. 장의사 가게를 탈출해서 런던에 온 올리버는 갈 곳도 먹을 것도 잠잘 곳도 없다. 불쌍한 올리버를 페이긴이 거두어 주지만 그것은 올리버를 인간적으로 동정해서가 아니다. 오히려 소매치기를 하고 남의 집을 터는 데에 그를 이용해서 한몫 잡으려고 하는 것이다. 이처럼 올리버를 돈벌이의 수단으로 생각하는 페이긴의 태도는, 올리버를 넘겨주는 가격을 3파운드 10실링으로 할 것인지 3파운드 15실링으로 할 것인지를 놓고 굴뚝청소부 갬필드 씨(Mr Gamfield)와 실랑이를 벌이는 구빈원 이사들의 태도와 동일하다. 5파운드를 얹어서 쏘어베리에게 올리버를 내줄 때 이사들이 보이는 태도도 마찬가지이다. 인간에 대한 최소한의 배려는 사라지고 어떻게 이용할 것인지, 또는 처분할 것인지가 문제인 것이다. 사물화의 양상이라고 해석할 수 있는 이런 모습은, 올리버가 구빈원에서 처음 태어났을 때 "죽을 물건"(45)이 태어났다고 표현한다거나, 구빈원의 간호원이 갓난아이에게 "이름표와 번호표를 달아놓았다"(badged and ticketed 47)라는 표현 등에서도 확인할 수 있다. 사물화는 사람 사이의 관계가 사물 사이의 관계로 오인되고 대치되는 현상을 지칭하는 것으로 자본주의경제의 발전과 맥을 같이 한다. 디킨즈가 1830년대의 『올리버 트위스트』에 이어서 50년대의 『어려운 시절』(*Hard Times,* 1854), 60년대의 『우리 둘 다 아는 친구』(*Our Mutual Friend,* 1864-65)에 이르기까지 지속적으로 공리주의의 문제점을 지적했던 것도, 공리주의가 그 기계성과 환원성, 추상성과 비인간성에서 자본주의경제의 기본원리를 대표한다고 보았기 때문이다.[6] 사실, 구빈원 안이나 바깥이나 자본주의경제의 자장 안에서 움직이는 한 근본적 차이가 있을 수 없는 것이다.

그러나 구빈원 안과 바깥이 완전히 동일한 것은 아니다.

---

6) 공리주의와 자본주의경제의 가치법칙, 둘의 유사성에 대해서는, 장남수 32-54.

바깥세계는 적어도 안의 세계처럼 자선과 박애를 가장하는 위선을 범하지는 않기 때문이다. 더 나아가 자신들이 진리를 독차지하고 있다고 주장하며 차갑고 권위적이고 음울한 안에 비할 때, 페이긴의 세계는 활력과 에너지 그리고 온정에 차 있는 모습을 보여주기도 한다.[7)] 페이긴의 소굴에서 지내는 아이들은 비록 페이긴의 지시를 받들어야 하고 "엄한 도덕률"(112)에 따라 '훈육'을 받기도 하지만 구빈원에 수용된 아이들처럼 엄격한 위계질서에 짓눌려 지내는 것은 아니다. 함께 모여서 떠들썩하게 웃기도 하고 음식과 술을 나누기도 한다. 그리고 동료가 경찰에 체포되면 자기들 나름의 방식으로 슬퍼하고 걱정을 나눈다(390-91). 올리버가 도저(the Artful Dodger)의 손에 이끌려 처음 페이긴의 소굴에 왔을 때, 페이긴은 올리버의 의자를 난로 가까이로 옮기게 하고 소시지를 나눠주기도 한다. 범죄자이자 실리에 밝은 사업가인 페이긴의 진짜 의도는 올리버를 한시라도 빨리 숙련된 소매치기로 만들어서 돈을 챙기는 일이었지만 말이다.

> 『올리버 트위스트』에 등장하는 범죄자는 제도권 사회 — 경찰, 법정, 입법자들 — 의 적대자이면서 어느 정도는 영웅적인 존재이고 특이하고 한정적인 도덕률에 의해 인도되기도 하는 존재이다. 그는 또한 그 구성원들이 최소한 재빠르고 자발적이며 오락을 좋아하고 유쾌한 집단의 일원이기도 하다. 마지막 항목의 의미를 이해하고자 한다면 구빈원이나 장의사 가게의 비속하고 음산한 분위기와 도둑들 소굴을 처음 접했을 때의 분위기를 비

---

7) 게라르(Guerard) 교수는 범죄자들이 출입하는 술집이 있고 장물이 거래되기도 하는 쌔프론 힐(Saffron Hill) 근방에 대한 묘사가 발자끄적인 에너지와 세부묘사의 솜씨를 보여준다고 평가한다(28).

교해 보면 될 것이다. 이 소굴은 태평하고 우애 깊은 처소일 뿐 아니라 페이긴이 모든 사람들을 위해 직접 소시지를 넉넉하게 준비하고 올리버가 나타나자마자 같이 먹자고 이끄는 곳이기도 하다.

> The criminal in *Oliver Twist* is not simply the enemy of institutional society — of the police, the courts, the lawmakers. He is also in some degree heroic and guided by a peculiar, limited moral code. He is part too of a society whose common members at least are quick, spontaneous, fun-loving, and convivial. To get the significance of this last consideration, compare the mean cheerlessness of the workhouse, or the undertaker's shop, with the first view of the thieves' den, with its easy-going, fraternal shelter, and Fagin himself preparing a generous meal of sausage for everybody, of which Oliver is at once invited to partake. (Engel 92-93)

구빈원 내부에 비해 외부가 인간적이고 따스한 곳이라면 구빈원을 통해 효율적인 구제사업을 하고 사회를 개조하겠다는 지배층의 계획은 '실패한 계획'이 될 수밖에 없는 것이다.

이 작품에서 인물들이 사용하는 언어는 그의 신분이나 도덕적 성향에 따라 뚜렷한 차이를 보여준다. 대체적으로 표준어는 도덕적으로 선한 인물이나 중산층 소속의 인물이 사용하는 반면, 하층민과 범죄자들은 사투리나 은어, 방언을 구사한다. 하층민 중에서 두드러진 활약을 보이는 낸씨만 해도 페이긴과 이야기할 때는 방언과 은어를 섞어서 사용하지만 로즈나 브라운로우와 이야기할 때는 표준어를 사용하는 것으로 설정되어 있다. 즉 인물들이 구사하는 언어는 그들의 사회적 신분뿐 아니라 도덕적 순결성 여부를 보여주는 지표인 것이다. 예컨대 31장에 등장하는 보우 가(街)의 형사들인 블레이더즈(Blathers)와 더프(Duff)가 'horse' 대신에 'prad'를, 'burglary' 대신에 'crack'을, 'money' 대신에 'blunt'라는 속어를 사용하는 것은 그들의 인간성과 정직성을 한눈에 파악할 수 있게 해주는 단서가 된다. 이런 각도에서 보면 도저가 끝까지 자기 계층의 언어를 고집하면서도 그 당당함과 쾌활함을 통해 일정한 도덕적 위엄을 달성하는 모습은 특별히 주목할 만하다(Ginsburg 233). 페이긴의 무리 중에서 최고로 흥미로운 인물인 도저는 체포된 후 종신유배형에 처해질 운명이면서도 끝까지 용기와 기백을 잃지 않으며 쾌활하고 당당하다. "상상력에 의존해서 일종의 순수함"(Dunn 55)을 유지하고, 재판정에 와서도 주눅 들지 않은 채 영국 국민으로서의 기본권을 주장하고, 판사 이름을 물어보기도 하며, 자기를 나쁘게 말하는 간수에 대해 명예훼손으로 고소하겠다고 떠벌려서 방청석을 웃음바다로 몰아넣기도 한다. 마지막 순간에 "이곳은 정의가 이루어지는 곳이 아니다"(396)라며 최후진술을 거부하는 도저의 모습은 자포자기한 채 더 이상의 변명을 포기한 겁쟁이의 모습이 아니고, 지독한 악당의 모습도 아니다. 도저의 발언과 당당한 태도는 이 사회에서 누가 옳고 누가 그른 것인지, 누가 누구를 재판할 수 있는 것인지 하는 의문에 닿아 있다.

디킨즈가 『올리버 트위스트』에서 구빈원 안과 밖, 양자에 걸쳐 있는 지배층의 담론과 이데올로기를 비판하는 것은 기본적으로 이들이 행복한 삶을 보장하지 못하며 오히려 억압한다는 인식과 관련이 있다. 개인이 행복을 느끼는 기초적인 단위가 가정이라면 이 작품에 이상적인 가정의 모습이 전무한 것 역시 의미심장하다 할 것이다.[8] 올리버의 생부인 리포드(Leeford)는 "가문의 명예"를 중시하는 지체 높은 친척의 강요로 사랑할 수 없는 여자와 "비참한 결혼"(435)을 하였다. 결혼한 지 얼마 되지 않아서 둘의 관계는 돌이킬 수 없는 파국으로 치달았고, 리포드는 해군 장교의 딸인 애그니스(Agnes)와 새로 사랑에 빠져 둘 사이에 작품의 주인공인 올리버가 태어난다. 결국, 올리버의 부모는 "이 세상 사람들의 무기력한 질책"(457)이 통하지 않는 순결하고 고결한 사랑을 나눴지만 "자기 시대의 도덕적 속박"(Plummer 270)에 갇혀서 비극적인 최후를 맞이한다. 그러나 올리버의 생부인 리포드가 체면과 명예를 절대시하는 가부장제의 일방적인 희생자인 것만은 아니다. 그는 자신이 명예롭지 못한 중혼을 한 데 대한 '보상'으로 아들 올리버에게 도덕적으로 엄격한 생활을 요구한다. 즉 애그니스와의 사이에 태어나는 자식이 – 그는 자식이 태어나기도 전에 외국 땅에서 최후를 맞이한다 – 딸이면 무조건 상속하겠지만, 아들이면 그가 "성인이 되기 전에 공적으로 불명예스럽거나 비열하거나 겁쟁이 같거나 잘못된 행동으로 이름을 더럽히지 않았어야 한다는 조건으

8) 파커(Parker)는 이 작품에 나오는 인물 중에서 정상적으로 결혼해서 아이를 키우는 경우는 거의 없고, 부모 없는 아이들, 편부모, 아이 없는 부부, 총각, 과부, 홀아비들만 등장한다는 점을 지적한다. 이상적인 가정으로 보이는 메일리 부인(Mrs Maylie)의 가정도 "어린이에 대한 이상 성욕"(pedophilia)의 암시가 있기 때문에 그렇게 모범적인 가정은 아니라는 것이다(42-45).

로만”(458) 유산을 상속하겠다는 단서를 붙이는 것이다. 리포드 자신이 가부장제의 희생자이면서도 아들에게 사회의 기준에 맞춰서 살기를 강요하는 가해자로 변모한 것이다.

처음에 리포드에게 불행한 결혼을 강요한 지체 높은 친척은 그를 통해 “가문의 명예”(435)를 지키고 사회의 지배세력으로 군림할 수 있기를 바랐던 것이다. 그런데 이 세력이 희생자가 가해자로 바뀌는 메카니즘을 통해서 영속화된다면 이 사회에서 행복의 가능성은 그만큼 멀어지게 될 것이고 또한 그런 만큼 근본적인 비판과 발본적인 변화의 필요성은 증대하는 것이다. 올리버 부모의 결합을 막았던 사회적 인습은 메일리 부인의 아들인 해리(Harry)가 로즈와 결혼해서 행복을 가꾸는 데에도 결정적인 장애물로 등장한다. 이들은 결국, 사회를 지배하는 주류세력의 가치관과 결별함으로써만 나름의 행복을 얻을 수 있게 되는데 이에 대해서는 다음 장에서 살펴볼 것이다.

III. 결론

디킨즈는 사회를 주도하는 중산층의 생각과 욕망, 행동과 계획에 대한 자신의 비판의식을 구빈원 안과 바깥의 두 가지 세계를 “카니발적 결합”으로 끌어들이고 접촉시킴으로써 보여준다. 즉 하층민, 범죄자의 세계를 교정하고 훈육하기 위해 구빈원이 필요한 것이고, 그런 만큼 구빈원 안은 바깥을 지도할 수 있을 정도로 높은 도덕성을 전유하고 있다는 것이 지배층의 생각이지만 디킨즈는 두 세계를 지배하는 논리가 동일한 것이고, 관통하는 가치관 역시 동일한 것이라는 점을 분명히 한다. 이에 따라 중산층이 주도하는 제도와 그것을 뒷받침하는 공적 담론 및 이데올로기는 내부로부터 그 허위성이 폭로되고 풍자되는 것이다. 더 나아가 안의 세계가 바깥세계보다도 활력이나 온정이라는 면에서 부족하다는 사실은 지배층의 주장과 권위를 전복시키는 데 결정적인 역할을 한다. 물론, 자기의 행동과 말로 인해 자신이 내세우는 권위와 명분이 스스로 부정되고 풍자되는 범블의 경우가 보여주듯이 구빈원 안과 바깥이라는 단일한 경계만 존재하는 것은 아니다. 안은 안대로, 바깥은 바깥대로 다시 무수한 경계선이 존재하며, 그것도 수시로 자리를 바꿔가면서 분할되는 것이다. 문제를 해결하는 데 경계선이 분명하다면 편리하고 손쉬운 측면이 있다. 최소한 어느 쪽이 문제이고 어느 쪽이 올바른지 전선은 명확해지기 때문이다. 그러나 전선이 수시로 바뀔 뿐 아니라 누가 어느 쪽인지조차 불분명하기에 문제가 더 어려워지는 것 아니겠는가.

구빈원(법)의 논리적 근거인 공리주의가 중산층에 의해 체계적으로 시행되고 확대되는 이 사회에서 진정한 행복은 어느 누구에게도 가능하지 않다. 작품 말미에서 해리와 로즈가 시골교회로 낙향하는 부분은 이런 각도에서 볼 때 시사적이다. 처음에 둘은 서로를 사랑하지만 로즈의 "의심스러운 출생"(305)이 그녀에게 붙여 놓은 "오명"(304)으로 인해 결혼에 이르지 못한다. 즉 올리버 부모의 결혼을 가로막았던 기성사회의 "엄밀한 법도"(304)가 이 경우에도 결정적인 장애로 작용하는 것이다. 둘이 행복하기 위해서는 한 가지 길밖에 없다. 그것은 생각과 의식, 지위와 재산 등의 모든 면에서 지배세력이 정해놓은 울타리에서 벗어날 때만 가능한 것이다. 실제 해리는 51장에서 지위, 재산, 명성 같은 중산층의 기득권을 포기해서 둘 사이에 존재하던 "모든 가상의 장애물들"(465)을 없애는 데 성공한다. 그리고 지배층의 세력권 바깥인 시골로 낙향해서, 어머니를 모시고, 브라운로우와 올리버가 이웃으로 이사 온 가운데, 로즈와 함께 그들만의 행복한 "작은 사회"(476)를 이루는 데 성공한다.

엄밀하게 볼 때 시골이라고 도시의 가치관이 미치지 않는 것은 아니다. 따라서 해리와 로즈가 일궈 가는 "작은 사회"는 현실적인 대안이라기보다 일종의 '도피처'에 불과한 것인데 이는 작가도 명확하게 의식했던 상황인 듯하다. 디킨즈가 이들의 시골로의 이주와 그곳에서의 생활을 후일담 식으로 간략하게 스케치하는 방식이 이를 예증한다 하겠다. 해리와 로즈는 행복하게 살지 몰라도 그것이 작품이 던지는 문제에 대한 대안은 될 수 없으며 중산층 주도 사회가 본질적으로 위협받는 것도 아닌 것이다.

그러나 겨우 두 번째 작품을 발표해서 작가로서의 긴 도정에 막 오른 젊은 디킨즈에게 뚜렷한 해결책을 기대하는 것은 무리일 듯하다. 실제 디킨즈는 중산층 주도의 사회에 대한 비판을 작품에서 어떤 식으로 마무리 지을지에 대해 명확한 길을 제시하지 못하며 어중간하게 망설이는 모습을 보여준다. 이 문제를 도저의 운명을 중심으로 간단하게 살펴보자. 앞장의 후반부에서 지적한 대로 도저는 재판정이 정의

가 이루어지는 곳이 아니라는 요지의 발언을 통해 기성체제 자체에 대한 도전을 감행한다. 그후 “목덜미를 잡힌 채”(396) 끌려나간 도저는 작품 마지막까지 다시 등장하지 않는다. 서술자는 페이긴, 싸익스, 몽스뿐 아니라 노어와 찰리 베이츠(Charley Bates)의 운명까지 말해주면서도 도저의 운명에 대해서는 함구하는 것이다. 체계 자체를 비판한 도저는 어디로 간 것인가. 그에게 내려진 선고는 종신유배형이지 사형은 아니었지 않은가. 작가는 도저가 정직한 시민이 되는 것도, 전처럼 범죄자의 생활을 계속하는 것도 둘 다 어색하다고 생각했던 듯하다. 중산층 주도의 사회의 대한 비판의식이 잠정적인 것이나마 ‘대안’을 찾는 데까지 나가지는 못한 이 시기 디킨즈의 어정쩡한 입장이 도저 처리의 애매성에 반영되어 있다 할 것이다.

참 고 문 헌

장남수. 「『어려운 시절』과 공리주의의 문제」. 『안과밖』 7(1999): 32-54.

Bakhtin, Mikhail. *Problems of Dostoevsky's Poetics.* Ed. and trans. Caryl Emerson. Minneapolis: U of Minnesota P, 1984.

Brantlinger, Patrick. *The Spirit of Reform: British Literature and Politics,* 1832-1867. Cambridge, Mass. and London: Harvard UP, 1977.

Collins, Philip, ed. Dickens: *The Critical Heritage.* New York: Barnes & Noble, 1971.

Dickens, Charles. *Oliver Twist.* Ed. Peter Fairclough. Harmondsworth: Penguin, 1966.

Dunn, Richard J. *Oliver Twist: Whole Heart and Soul.* New York: Twayne Publishers, 1993.

Engel, Monroe. *The Maturity of Dickens.* Cambridge, Mass.: Harvard UP, 1959.

Ginsburg, Michal Peled. "Truth and Persuasion: The Language of Realism and of Ideology in *Oliver Twist.*" *Charles Dickens: Critical Assessments* vol. II. Ed. Michael Hollington. Mountfield: Helm Information, 1995.

Gold, Joseph. *Charles Dickens: Radical Moralist.* Minneapolis: U of Minnesota P, 1972.

Guerard, Albert J. *The Triumph of the Novel.* New York: Oxford UP, 1976.

Houston, Gail Turley. *Consuming Fictions: Gender, Class and Hunger in Dickens's Novels.* Carbondale and Edwardsville: Southern Illinois UP, 1994.

Kettle, Arnold. "Dickens: *Oliver Twist.*" *An Introduction to the English Novel* vol. I. 1951; London: Hutchinson & Co., 1967.

Marcus, Steven. *Dickens: from Pickwick to Dombey.* New York: Basic Books, 1965.

Parker, David. "*Oliver Twist and the* Fugitive Family." *Dickens Studies Annual* 29 (2000): 41-59.

Plummer, Patricia. "From Agnes Fleming to Helena Landless: Dickens, Women and (Post-) Colonialism." *Dickens, Europe and the New Worlds.*

Ed. Anny Sadrin. Basingstoke and New York: Macmillan P and St. Martin's P, 1999.
Tillotson, Kathleen. "Introduction." Charles Dickens. *Oliver Twist*. Ed. Kathleen Tillotson. 1966; Oxford and New York: Oxford UP, 1982.

가정의 위기와 돈의 논리학: 『니콜러스 니클비』

I. 머리말

찰스 디킨즈(Charles Dickens, 1812-70)는 그의 세 번째 소설 『니콜러스 니클비』(*Nicholas Nickleby,* 1838-39)의 결말부에서 사랑하는 사람과 결혼하고 화목한 가정을 이룬 주인공의 모습을 보여준다. 온갖 고난과 어려움을 겪은 후에 신사로 성공하고 행복을 쟁취한 니콜러스(Nicholas Nickleby)는 이제 "사업상의 일"(777)로 필요할 때만 런던에 가고 평상시는 데본셔의 시골집에서 지내는바, 니콜러스의 삶이 예시하는 작업장과 가정의 분리는 일터의 세계에서 경쟁에 지친 남성을 위해 휴식처를 제공하는 여성의 존재를 전제한다. 남성을 위해 자기 자신을 기꺼이 희생하는 천사 같은 여성상을 중심으로 구축된 가정이데올로기는 사적 공간인 가정이 공적 공간과 별도로 분리, 운영되면서 정치와 상업의 세계에 대해 "보완재와 해독제"(Armstrong 48)로 기능하고 "현대의 시장과 '반대 이미지'"(같은 책 같은 면)를 구성한다는 생각에 근거하고 있다. 그러나 가정과 사업장을 별도의 논리에 의해 운영되는 별개의 영역으로 간주하는 태도는 이 작품에서 디킨즈가 보여주는 대로 두 세계를 관통하여 작동하는 동일한 논리, 즉 경제적 논리 앞에서 무력화되고 가정의 천사라는 이데올로기에 매몰된 채 진실에서 멀어진 당사자에게 끔찍한 운명을 안겨 주기도 한다. 작품 말미에서 니콜러스와 혼인하는 매들린(Madeline Bray)의 모친은 "친절하고 다정하며 남을 잘 믿는 사람"(568)으로서 가정이데올로기에 충실한 사람이었다고 할 수 있다. 그러나 이 모친은 "결혼할 때부터 죽을 때까지 남편이 대단히 잔인하고 무자비하게 그녀의 마음에 상처를 입혔다"(같은 면)는 찰스 치어리블(Charles Cheeryble)의 지적대로 행복과는 먼 나날을 살다가 비참한 최후를 맞았을 뿐이다.

『니콜러스 니클비』에서 비교적 자세하게 묘사된 가정 중 하나인 켄윅스(Kenwigs) 가족의 최대 관심사가 릴리빅 삼촌(Uncle Lillyvick)의 재산을 확실하게 상속받는 것이라는 사실에서 드러나듯 이 작품에 등장하는 가정들은 경제적 이해관계에 예민하게 반응한다. 더 나아가서 이들 가정은 금전이 대표하는 공적 세계의 논리를 단순히 답습하는 데 그치지 않고 억압적이고 착취적인 공적 세계의 진실을 은폐하여 '순진한' 사람들을 그 세계로 유인하는 적극적 기능을 하기도 한다. 예컨대, 도스보이즈 홀(Dotheboys Hall)이라는 기숙학교를 운영하는 스퀴어스(Wackford Squeers)는 학생들을 모집하기 위해 "학생이 바랄 수 있는 가정의 모든 안락함"(47)을 제공하겠다고 홍보하고, 학교에 입학하기로 한 아이에게는 "얘야, 내가 아버지가 되어 주고 내 부인이 어머니가 되어 줄 거야"(45)라고 하면서 행복하고 따뜻한 가정의 이미지를 내세운다. 그렇지만 그의 학교에서 학생들은 그들의 "창백하고 초췌한 얼굴, 여위고 앙상한 모습 … 노인 같은 안색"(97)이 웅변하듯 항상적인 아동학대에 시달릴 뿐이다. 이 학교에서 가정과 가족이라는 수사는 학생들에 대한 착취와 학교운영자 일가의 번영을 감추기 위해 이데올로기적으로 동원된 데 불과한 것이다(Gilmore 92).

가정이데올로기가 그것을 추종하는 사람에게 비극으로 돌아오고 화목한 가정이라는 수사가 착취와 이익 추구를 호도하거나 가속화하는 방편으로 기능하는 모습은 현실의 부모들이 아이들을 행복이 아니라 가혹한 운명으로 내모는 경우가 비일비재하다는 작가의 인식을 반영한다. 따지고 보면 주인공인 니콜러스와 케이트(Kate) 남매의 시련부터가 경제적으로 무능력한 부친과 몽상적이고 무책임한 모친에서 비롯하는 가정의 위기를 빼고는 설명하기 어려운 문제이다. 니클비 부부, 켄윅스 부부를 포함하여 작품의 많은 부모가 자식들을 "중요한 투자, 즉 현재 또는 앞으로 누릴 안락과 궁지 그리고 재정적 지원의 원천"(Gillooly 214)으로 생각하고, 매들린의 부친인 브레이 씨(Mr Bray) 같이 최악의 경우에는 "처분 가능한 재산"(같은 글 같은 면)으로 간주하는 것은 사실 사적 공간과 공적 공간을 관통하는 돈의 논리학에 이들이 지배받고 있기 때문인바, 본고에서는 작품 곳곳에 스며들어 있는 금전과 투기에 대한 관심, 그리고 상품화와 사물화의 문제를 중점적으로 검토한다.

II. 금전과 투기

『니콜러스 니클비』의 첫 장은 4대에 걸친 주인공의 가계(家系)를 경제적 측면을 중심으로 개관하면서 금전과 투기라는 작품의 핵심 관심사를 반복적으로 제시한다. 니콜러스의 백부인 랠프 니클비(Ralph Nickleby)와 랠프의 동생으로서 아들에게 자기와 같은 이름을 물려준 니콜러스 니클비[1)]는 가족의 가난과 막대한 유산을 물려준 부유한 친척에 대한 이야기를 듣고 자라면서 장차 세상을 살아갈 방식에 대해 상반된 내용을 학습하게 된다. 둘째인 니콜러스 니클비가 "상류사회"(18)를 피하고 시골에 은둔하라는 가르침을 얻었다면, 첫째인 랠프는 "재물이야말로 행복과 권력의 유일하게 진정한 원천이며 흉악범죄가 아니면 무슨 수를 써서라도 재물을 획득하는 것이 합법적이고 당연한 노릇이라는 … 교훈"(18-19), 즉 "돈이 최고라는 결론"(19)에 도달한다. 갓프리 니콜러스의 두 아들이 세상을 살아가는 상이한 방식은 이 작품의 주인공인 니콜러스를 포함하여 자본주의사회를 사는 사람들에게 주어진 두 가지 선택지를 나타낸다고 할 수 있

1) 니콜러스의 가계에서 동일한 이름을 가진 경우가 이들 부자에 국한되는 것은 아니다. 작가는 랠프라는 이름을 주인공의 백부뿐 아니라 주인공의 종증조에게도 부여하는데, 종증조 랠프 니콜러스가 조부 갓프리 니콜러스(Godfrey Nicholas)에게 5,000파운드의 유산을 물려주었고, 갓프리는 사망하면서 장남인 랠프에게 현금 3,000파운드를, 차남인 니콜러스 니클비에게 현금 1,000파운드와 데본셔의 작은 농장을 물려주었다. 서술자는 첫째가 태어났을 때 갓프리가 아이의 이름을 백부를 따라 랠프라고 지은 것부터가 "절박한 투기"(18)에 따른 작명이었다고 설명한다. 『니콜러스 니클비』에서는 등장인물의 이름뿐 아니라 투기의 모티프도 반복되는 것이다.

다. 학창 시절부터 친구들에게 돈을 빌려주고 "2펜스당 반 페니"(19)의 이자를 거두어들인 랠프가 기성 사회에 적극적으로 적응한 유형이라면, 사업이나 돈 버는 일에 하등의 관심도 없는 동생은 형과는 반대의 극단으로 내달린 경우라고 하겠다.

주인공의 아버지 니콜러스 니클비가 두 자녀를 양육하느라 갓프리에게 물려받은 돈을 거의 소진했을 무렵 그의 부인이 투자를 권한다. 그는 투자했다가 실패하면 살기가 어려워진다고 '저항'하지만 시아주버니의 성공과 가족의 앞날을 거론하며 강권하는 부인 앞에서는 속수무책이다. 그리고 투자의 끝에서 파산을 피하지 못한 그는 결국 자살이라는 극단적인 행동을 취하게 된다. 작가는 니콜러스의 부친이 벌인 투자를 스페큘레이션(speculation)이라는 카드놀이에 비유하는데, 사실 돈과 투자 내지는 투기 그리고 카드놀이의 연관성은 주인공의 조부인 갓프리의 삶을 간략하게 소개하는 작품 첫 페이지에서부터 지속적으로 언급되던 사항이다.[2] 서술자는 엄청난 성공을 꿈꾸면서 남아 있는 돈을 모두 투자하기로 한 니콜러스 니클비의 결심을 소개한 후, 곧바로 스페큘레이션 놀이에 대해 다음과 같이 지적한다.

> " … 당신 형님을 생각해봐요. 아주버님이 투자를 하지 않았으면 지금같이 되었겠어요?"

---

2) 갓프리 부부는 유산을 물려받기 전까진 "돈이 없어서 카드놀이를 할 여유가 없었"(17)을 뿐 아니라 먹고 사는 것조차 막막했다. 그래서 가장인 갓프리가 가족을 위해 생명보험에 가입한 후 런던 대화재 기념탑에서 아래로 뛰어내리는 "작은 상업적 투자"(같은 면)를 고민해야 할 정도였다.

> "맞는 말이오," 니클비 씨가 대꾸했다. "알겠소, 부인. 그래요, **투자하겠소**"
>
> 스페큘레이션은 편을 먹지 않고 각자가 단독으로 하는 카드놀이이다. 도박꾼들은 처음 시작할 때 자기 카드를 거의 보지 못하거나 아예 보지 못한다. 이익이 **막대할 수 있지만** 손해 역시 그러하다. 행운이 니클비 씨를 외면했다. 투기 열풍이 퍼졌고 거품이 터졌으며, 4명의 증권 중개인은 플로렌스에 별장을 구했고 400명의 보잘것없는 사람들은 파산했다. 그리고 그들 중에 니클비 씨가 있었다.
>
> " … Think of your brother; would he be what he is, if he hadn't speculated?"
>
> "That's true," replied Mr Nickleby. "Very good, my dear. Yes, I *will* speculate, my dear."
>
> Speculation is a round game; the players see little or nothing of their cards at first starting; gains *may* be great ― and so may losses. The run of luck went against Mr Nickleby; a mania prevailed, a bubble burst, four stockbrokers took villa residences at Florence, four hundred nobodies were ruined, and among them Mr Nickleby. (20, 강조는 원저자)

인용문은 1820, 30년대의 투기 열풍과 그 실패에 따른 결과를 보여준다. 4명의 성공과 행복을 위해 400명이 파산과 좌절을 겪어야 하는 사회라면 문제는 개인적 무능력에서 비롯하는 게 아니라 자본주의경제의 구조적 문제와 결부된 것으로 이해하는 게 옳을 듯하다.

앞에서 보여주었던 니콜러스의 조부와 백부 그리고 부친의 경우처럼 『니콜러스 니클비』에는 상속이나 채무 등의 사유로 인물 간에 주고받은 액수가 상세하게 제시된 사례가

헤아릴 수 없을 정도이다. 예컨대, 랠프가 베리소프트 경(Lord Frederick Verisopht)에게 돈을 빌려준 후 그동안 받았던 이자만 해도 최소 2,000파운드가 넘는 걸로 나타나고, 그라이드(Arthur Gride)와 랠프는 브레이 씨에게 각각 1,700파운드와 975파운드 4실링 3펜스의 돈을 빌려주었다가 받지 못하고 있으며, 맨털리니 씨(Mr. Alfred Mantalini)는 방탕한 생활 탓에 총 1,527파운드 4실링 9.5펜스에 달하는 부채를 지고 있는 걸로 제시된다. 이밖에도 니콜러스가 도스보이즈 홀에서 받기로 했던 5파운드의 연봉이나 치어리블 형제에게 고용된 후 받기로 했던 120파운드의 연봉, 크러믈스(Crummles) 극단에서 받을 수 있었던 1파운드의 주급과 공연이 성황리에 끝난 후 크러믈스가 "대단히 유망한 투자"(358) 삼아 주었던 20파운드의 특별수당, 케이트가 맨털리니 부인의 가게에서 받기로 했던 5실링에서 7실링 사이의 주급 등, 등장인물들의 임금이나 보수, 구매하는 물건의 가격들이 세밀하게 나타나 있다.[3] 이와 같이 작품 곳곳에 적시되어 있는 구체적 액수는 보웬(Bowen)이 지적한 대로 작품의 중심을 관통하는 문제가 금전이나 재산, 경제 활동 등 경제적 관심사라는 사실을 알려 준다.[4]

---

3) 좀 더 살펴보면, 니클비 부인은 남편 니콜러스 니클비가 살아 있을 때 거실에 놓을 의자 여덟 개를 개당 2파운드 15실링에 구매했고, 주인공 니콜러스는 켄윅스 부부의 자녀들에게 불어를 가르쳐 주고 주급으로 5실링을 받는다. 켄윅스 부부의 장녀 몰리나(Morleena)는 머리를 만지는 미용사에게 6펜스를 지출하며, 이들 부부는 하녀 블록슨 양(Miss Blockson)에게 매주 9실링을 지급한다.

4) 이는 임금이나 가격과 상관없는 이야기를 할 때에도 금전이 언급된다는 점에서 더욱 분명히 확인할 수 있다. 예를 들자면, 랠프가 스퀴어스에게

> 이것[작품에 등장하는 경제적 표현과 비유- 인용자]은 단순히 디킨즈의 특징적인 과잉이나 오웰이 말한 "불필요한 세부사실"이 아니다. 사실은 정반대인데 경제적 관심, 실은 경제적 강박이 소설의 중심에 위치한 것이기 때문이다.
>
> This is not merely a characteristic Dickensian superfluity, or Orwell's "unnecessary detail." The opposite in fact, because the economic concerns, obsessions indeed, are at the centre of the novel, …. (Bowen 111)

켄윅스 부부는 자식들에게 약간의 교육을 시키고 나중에는 니콜러스에게 부탁해서 불어 교육도 시킬 수 있을 정도로 골든스퀘어(Golden Square)의 쇠락한 거리에 세 들어 사는 사람 중에서는 형편이 좋은 편이다. 그렇지만 신분이 낮은 남자와 혼인한다는 이유로 집안의 엄청난 반대를 겪었던 켄윅스 부인과 자기 부인이 자기보다 좋은 집안 출신이라는 사실이 언급될 때마다 그걸 자랑으로 여기는 켄윅스 씨에게는 떨쳐버릴 수 없는 불안이 있었으니, 그것은 자신들의 불충분한 수입으로는 딸들을 양갓집에 출가시켜서 양갓집의 예법과 관습을 익히며 편안하게 살게 할 방도가 없다는 사실에서 비롯한다. 이런 상황에서 장녀 몰리나와 결혼하고 유산을 물려주겠다는 릴리빅 삼촌의 약속은 켄윅스 가의 식구들이 사회적 위신을 지키면서 경제적 안락도 누릴 수 있는

슬라이더스큐(Peg Sliderskew) 부인이 갖고 있는 서류를 찾아오면 돈을 주겠다고 하자, 스퀴어스는 부인의 환심을 사서 예의 서류를 확보하기 위해 "오늘 당신은 내가 처음 인사했던 날보다 … 20파운드 10실링 더 예뻐 보인다"(704-05)라고 아첨한다.

유일한 길이기 때문에 이들 부부는 릴리빅의 호감을 사기 위해 최선을 다한다. 결혼 8주년 기념파티를 계획한 부부가 릴리빅이 참석을 약속한 후에나 파티를 여는 의미가 충족되었다고 여기는 것은, 파티 자체가 "경제적 이익을 위해 환대를 아주 노골적으로 사용"(Bowen 121)하고자 기획된 것이기 때문이고, 사람들이 다 모인 후에도 릴리빅이 올 때까지 카드놀이를 시작조차 안 하는 것은, 릴리빅의 환심을 사도 시원찮을 판에 오히려 그의 노여움을 산다는 것은 "그의 유언장에서 영원히 배제"(166)된다는 것을 의미하기 때문이다. 릴리빅이 마침내 도착하고 사람들이 스페큘레이션 놀이를 하기 위해 둘러앉았을 때, 독자는 1장에서 제시되었던 "카드놀이와 결혼 그리고 투기 사이의 연결성"(Jarvie 23) 또는 "재산에 대한 관심과 재산을 위한 투기"(Bowen 121)를 다시 한번 상기하게 된다.

런던을 떠나 포츠머스에서 지내다가 다시 런던에 돌아온 니콜러스는 릴리빅이 피토커 양(Miss Henrietta Petowker)과 포츠머스에서 결혼했다는 소식을 켄윅스 가족에게 전달한다. 이 소식을 들은 켄윅스 씨가 "망연자실한 눈빛"(442)으로 어쩔 줄 몰라 하고, 몰리나가 "아이용 의자"(같은 면)에 풀썩 주저앉는 것은 이들 가족에게 릴리빅은 "몰리나에게 재산을 상속해 줄 수 있고 … 유산을 남겨 줄 수 있는 능력을 가진 위대한 사람이고 부자 친척이며 미혼의 삼촌"(178-79)이라는 의미를 지닌 존재였는데 이제는 그러한 의미를 기대할 수 없게 되었기 때문이다. 이미 다섯 명의 자녀를 둔 이들 부부에게 이제 막 여섯 번째 아이가 태어났지만 유산상속의 기대가 사라진 지금 갓 태어난 그 아이의 장래는 암울하기 그지없다.

> "그 아이를 죽게 놔두시오," 켄윅스 씨가 분노를 폭발시키며 소리쳤다. "죽게 놔두라니까. 그 아인 유산을 받을 가망성이 없고 물려받을 재산도 없소. 이승에서 우린 아이가 필요 없어." 켄윅스 씨는 앞뒤를 헤아리지 않고 말했다. "아이들을 데려가시오, 고아원으로 데려가란 말이오."

> "Let him die," cried Mr Kenwigs, in the torrent of his wrath. "Let him die. He has no expectations, no property to come into. We want no babies here," said Mr Kenwigs recklessly. "Take 'em away, take 'em away to the Fondling!" (444)

"자기 가족에 대해 신성모독적인 발언"(같은 면)을 서슴지 않는 켄윅스 씨의 모습은 "중산층의 가정이 시장의 힘에 정말로 취약하다는 사실을 분명히 보여준다"(Jarvie 23). 경제적 계산을 초월한 화목한 가정의 이상은 관념적으로만 존재하는 허상인 셈이다.

장녀 몰리나와 릴리빅 삼촌의 혼인을 바라는 켄윅스 부부의 태도는 어떻게 보면 결혼이라는 시장에 자식을 내어놓고 '판매'하고자 하는 것이라고도 할 수 있다. 『니콜러스 니클비』에서 자식 '매매'의 가장 노골적인 경우로 우리는 딸 매들린을 70살이 넘는 그라이드와 혼인시키고 그 대가로 자신은 감옥에서 석방되고 외국으로 건너가서 신사처럼 살고자 하는 브레이의 경우를 꼽을 수 있다. 그러나 "몰인정한 악당"(568)으로서 자기만을 생각하고 딸의 행복에는 조금의 관심도 기울이지 않는 브레이의 계산과 릴리빅의 재산과 신분 때문에 그와 딸을 결혼시키고자 하는 켄윅스 부부의 계산, 둘 사이에 질적인 차이가 있는 것은 아니다(Jarvie 23). 브레이와 닮은 켄윅스 부부의 모습은 사실, 이들 부부가 자신들의 결혼 기념 파티에 릴리빅 삼촌을 초대한 것이나 랠프가 베리소프트 경과 멀베리 경(Sir Mulberry Hawk)의 환심을 사서 사업을 번성시키고자 이들을 만찬에 초대한 것이나 다 같이 분명한 경제적 목적을 갖고 상대방을 접대하는 것이라는 공통점을 지닌다는 점에 비추어 보면 놀라운 일도 아니다.

III. 사물화의 문제

학교에 다닐 때부터 돈놀이를 시작해서 부친이 세상을 떠날 무렵에는 런던에서 상점을 운영하는 인물로 성장한 랠프는 돈 버는 데 작중 어느 누구보다도 재주가 있고 비인간적인 돈의 논리에 최고로 충실한 인물이다. 그의 사업으로 작품에서 언급된 내용은 돈을 빌려주고 이자를 받는 고리대금업이지만 이 일이 그의 사회적 정체성을 충분히 밝혀 주는 것은 아니다. 랠프가 상인도 아니고 은행가도 아니며 변호사도 아니고 특별변호인도 아닐 뿐 아니라 공증인도 아니고 소매상인도 아니고 전문직 종사자도 아니어서 그가 가진 "어떤 공인된 직업"(21)을 짚어내기가 불가능하다는 2장 첫 부분의 설명은 랠프의 사업이 뭔가를 숨긴 채 은밀하게 행해지는 일이라는 느낌을 전달한다. 같은 장에서 랠프는 몇몇 회사중역들과 같이 이름뿐이고 실체가 없는 머핀 회사(United

Metropolitan Improved Hot Muffin and Crumpet Baking and Punctual Delivery Company)의 주가를 끌어올리기 위한 모임에 참석하는데, 이들은 머핀 판매 독점권을 확보해서 큰 이익을 낼 수 있고 그렇게 되면 회사의 주가가 오를 테니 서둘러 기회를 잡으라며 "사기를 치는 투자"(Friedman 323)를 부추긴다. 이 회사나 중역들이 작품에 다시 등장하는 것은 아니지만 이들의 활동은 "자본가 겸 사업가의 활동 중 가장 순수하고 투기적이며 착취적인 형태"(Bowen 114)를 보여준다고 할 수 있다. 작품 서두에서 반복적으로 제시되었던 투기와 파산은 랠프나 머핀 회사 같은 사기꾼들이 부추긴 열풍 속에서 이루어지는 것인바, 랠프는 이익을 얻기 위해서라면 영혼이라도 팔아넘길 수 있는 자본가의 정신을 소유한 것이다.

동생이 세상을 떠났고 그가 죽으면서 제수씨와 조카들을 부탁했다는 편지를 받지만 랠프는 동생이 자기에게 한 번도 도움을 준 적이 없는데 이제 와서 이런 부탁을 하는 것은 어불성설이라고 일축한다. 세상 만물을 이익을 주고받는 거래라는 관점에서 바라보는 랠프에게 "합리적"(32, 33 등) 거래란 자기 이익에 보탬이 되는 활동을 의미할 따름이므로 이익이 안 되면 친동생의 부탁이더라도 거절할 수밖에 없는 것이다. 계산과 거래를 중시하는 랠프가 그라이드와 매들린의 결합을 "하늘이 맺어준 혼인"(587)이라고 생각하는 것도 이 결혼을 통해 그라이드가 가진 돈과 매들린이 가진 "아름다움과 가치"(같은 면)가 '공정하게' 교환될 뿐 아니라 무엇보다도 자기에게 큰 이익을 안겨 줄 수 있는 거래이기 때문이다. 그라이드와 매들린이 결혼하기로 한 날 아침에 브레이가 그라이드를 손가락으로 지목하며 꽃다운 딸을 무미건조하고 쇠약한 노인과 결혼시키는 것이 잔인한 일 같다고 망설이자, 랠프는 그라이드가 젊다면 모르겠지만 나이가 많아서 곧 죽을 것이고 유산을 많이 남길 것이므로 잔인한 처사가 아니라고 반박한다.

그라이드와의 혼인에 내몰리는 매들린이 겪는 경험은 "성의 상품화"(Bowen 119)라고 규정함 직한 것인데 이것은 케이트가 랠프 때문에 겪는 내용과 동일하다고 할 수 있다. 랠프는 케이트가 만찬에 참석하여 안주인 역할을 하면 베리소프트 경을 비롯한 다른 참석자들이 그녀의 미모에 반할 것이고 그렇게 되면 베리소프트 경에게서 더 많은 이자를 챙길 수 있을 거라고 생각하여 그를 "유혹하기 위한 사람"(238)으로, "미끼"(321)로 조카딸을 참석하게 한다. "당신은 돈을 노리고 육친을 팔아넘긴 거요"(238)라는 멀베리 경의 지적이 문자 그대로 적중하는 셈인데, 브레이나 랠프에게 있어 딸이든 조카딸이든 혼인시장에서 매매할 상품이자 돈벌이를 위한 수단이라는 의미를 지닐 뿐인 것이다.

랠프의 집에서 케이트를 처음 본 후에 그녀를 잊지 못한 베리소프트 경은 케이트가 사는 곳을 알아내고자 멀베리 경과 같이 랠프를 다시 찾아간다. 랠프는 예쁘지만 돈도 없고 보살펴 주는 사람도 없는 "케이트의 처지"(324)를 베리소프트 경에게 귀띔하고, 베리소프트 경은 자기가 원하는 내용을 알려 주면 다른 사람과 거래하지 않고 당신에게서 돈을 계속 빌리겠다고 약속한다. 찾아왔던 이들이 모두 돌아가고 혼자 남은 랠프는 케이트가 사는 곳을 베리소프트 경에게 알려 준 것이 그녀를 위험에 빠뜨린 행동이 아닌지 속으로 자책하고 자기의 행동을 후회한다. 그러나 자책하고 후회하는 랠프의 인간적 면모는 사업상의 이익을 앞세우는 계산속에 언제나 밀려나는데, 그는 이미 거둬들인 이익과 앞으로 거둬들일 이익을 따져 보며 자기의 행동을 정당화한다.

> "그렇게 하지 않았으면 … 좋았을 텐데. 하지만 그렇게 해야 돈을 벌 수 있는 동안 그 친구를 내게 붙잡아둘 수 있어. 조카딸을 팔아넘겨서 — 그 아이가 유혹과 모욕 그리고 추잡한 말을 듣게 내몰다니. 그러나 그 친구에게서 이미 2,000여 파운드의 이익을 챙겼잖아. 쳇! 중매하는 여자들도 매일 똑같은 일을 하는데 뭐."

> "I wish … I had never done this. And yet it will keep this boy to me, while there is money to be made. Selling a girl — throwing her in the way of temptation, and insult, and coarse speech. Nearly two thousand pounds profit from him already though. Pshaw! match-making mothers do the same thing every day." (329)

랠프가 조카딸을 대하는 태도는 인격과 개성을 지닌 인간이 사라지고 사물이나 상품이 전면화하는 사물화의 진행을 잘 보여준다. 인간이 노동을 통해 만들어낸 결과물을 다른 결과물과 상품으로 교환하기 위해서는 각각의 결과물을 생산하는 데 소요된 노동시간을 서로 비교할 필요가 있고 이때 필수적으로 요구되는 것이 상품 생산을 위해 사회적으로 필요한 노동시간에 근거한 가치의 계산이다. 노동의 결과물이 교환 과정을 거쳐 상품으로 유통되자마자 동반되는 것이 상품의 물신화, 즉 생산자라는 사람들 간의 관계가 “노동 결과물 사이의 사회적 관계라는 형식”(Marx 164)을 띄고 그에 따라 사물들 간의 관계가 완결적이고 합리적인 것처럼 보이게 해서 사람들 간의 관계를 은폐시키는 것인바, 루카치(Georg Lukács)의 사물화이론은 맑스의 상품 물신화론을 자본주의 사회 비판을 위한 이론으로 일반화시켜서 전개시킨 것이다. 동료 대부업자들 사이에서 “뛰어난 천재”(667)로 인정받고 있는 랠프가 엄청난 재산을 축적했으면서도 돈에 대해 “늑대처럼 탐욕스러운”(576) 것은 개인이 축적할 수 있는 돈이 양적으로는 제한적이지만 질적으로는 돈만 있으면 제한 없이 뭐든 구매할 수 있다는 “모순”(Marx 231)에서 생겨나는 현실로서 돈이 만들어내는 “목탄 연기보다도 … 더 파괴적인 연기”(20) 속에서 길을 잃은 그의 모습을 보여준다. 랠프의 고리대금업은 자본이 재생산과정을 거치지 않고 이자를 통해 스스로 가치를 불려 나간다는 점에서 사물화의 가장 고도화된 형태 중 하나에 닿아 있는데, 돈이 돈을 낳는 “자동적 물신이 … 그 가장 순수한 형태로 드러난다”(Lukács 93-94)라고 할 수 있겠다. 자기 자신에 대해 “축재에 대한 사랑 외에는 다른 열정이 없고 이익에 대한 갈망 외에는 다른 목적이 없다”(421)라고 자평하는 랠프를 통해 드러나는 사물화의 논리는 도스보이즈 홀을 운영하는 스퀴어스에게서 한층 더 적나라하게 재연된다.

스퀴어스는 도스보이즈 홀에 입학할 학생들을 모집하기 위해 학생에게 숙식뿐 아니라 의복과 서적, 용돈과 생필품을 제공하고, 언어와 수학, 고전문학 등 광범위한 교양교육을 시행한다고 홍보한다. 이 모든 걸 제공하는 “비용은 연 20기니. 추가비용 없고 방학도 없음. 식사는 비할 바 없이 좋음”(40)이라고 광고하지만, 이 모든 수사(修辭)는 1인당 20파운드의 가치로 철저하게 계산되고 환원된 학생을 한 명이라도 더 모으기 위해 번드레하게 늘어놓는 말장난에 불과하다. 신입생을 모집하러 런던에 온 스퀴어스는 지난여름엔 학생 열 명을 모아서 “10 곱하기 20, 총 200파운드”(44)를 벌었지만 이번에는 아직까지 세 명의 신입생 밖에 모으지 못했으므로 “3 곱하기 20, 총 60파운드”(같은 면) 밖에 벌지 못할 거 같다는 식으로 한탄을 늘어놓고, 도스보이즈 홀로 돌아갈 때는 평교사로 채용한 니콜러스를 마차 뒷자리에 태우면서 “저 학생들 중 한 명이라도 바깥으로 떨어지면 1년에 20파운드씩 사라지는 셈”(59)이니까 학생들이 떨어지지 않게 잘 지키라고 지시한다. 그의 의식세계에서 학생은 시장에서 구매하고 처분할 수 있는 20파운드짜리 상품과 마찬가지인 것이다. 스퀴어스 부부가 학생을 “진짜 천적”(96)으로 간주하고 “모든 학생으로부터 짜낼 수 있는 최대한의 많은 돈을 뽑아내고자 하는 것”(같은 면)은 학생을 대하는 이들 부부의 태도가 최대 이윤을 추구하는 자본가의 태도와 조금도 다르지 않다는 사실을 알려준다.

사물화의 논리는 다른 사람과의 관계에만 영향을 미치는 것이 아니라 다른 사람을 대하는 당사자의 의식과 태도까지 장악하기 마련인바 스퀴어스 부부가 학생들에게 비인간적이고 잔인한 처사를 서슴지 않는 것은 이들 부부의 의식 자체가 사물화되어 있다는 강력한 반증이다. 이들은 학생들에게 정기적으로 유황과 당밀을 먹이면서 학생들의 피를 정화하는 "의약품"(95)이라고 둘러대지만 이는 학생들의 식욕을 저하시켜서 식비를 줄이기 위한 술책에 불과하다. 이 학교에서 학생들은 열악하고 부족한 식사 때문에 항상적인 굶주림에 시달릴 뿐 아니라 체벌이 예사로 행해지는 야만적 환경 속에서 학대받고 모욕받는다. 다음 인용문은 새벽에 깨어난 니콜러스가 1월의 추위 때문에 바짝 웅크린 채 엎드려서 자고 있는 학생들을 바라보는 대목인데, 작가는 "학생들을 설치류와 유사한 존재로, 개성이 결여된 존재로 형상화해서 그들이 겪는 사물화"(Gilmore 91)를 고발한다.

> 웅송그리며 모여서 자고 있는 무리 중에서 특정한 학생의 형체를 찾아내려면 눈썰미가 필요했다. 학생들은 온기를 느끼려고 헝겊을 덧댄 누더기 옷을 덮은 채로 빽빽이 붙어 있었기 때문에 창백한 얼굴의 윤곽 외에는 분명하게 알아볼 수 있는 게 별로 없었다. 어떤 걸 덮어도 그 마른 모습을 감출 수 없었을 뿐 아니라 쪼그라들고 보기 흉한 모습이 오롯이 눈에 띄는 말라빠진 팔이 여기저기 하나씩 이불 바깥으로 내밀어져 있었고, 흐릿한 빛은 창백한 얼굴 위에 똑같이 흐리고 음산한 빛깔을 비추고 있었다.
>
> It needed a quick eye to detect from among the huddled mass of sleepers, the form of any given individual. As they lay closely packed together, covered, for warmth's sake, with their patched and ragged clothes, little could be distinguished but the sharp outlines of pale faces, over which the sombre light shed the same dull heavy colour, with here and there a gaunt arm

thrust forth: its thinness hidden by no covering, but fully exposed to view in all its shrunken ugliness. (149)

비위생적이고 좁은 공간 속에서 개성과 인격을 부정당한 채 비인간적으로 지내는 학생들의 생활은 모든 것이 금전을 통해 비교되고 계산되는 자본주의경제에서 사람들이 경험하는 "일반적인 상황에 대한 느낌"(Musselwhite 184)을 전달한다.[5)]

이 작품에서 랠프와 스퀴어스는 둘 다 자본가를 대표하는 인물이지만 스퀴어스가 알레고리적이고 평면적이라면 랠프는 그에 비해 입체적이고 인물로서의 실감도 상대적으로 더하다고 할 수 있다. 이는 앞에서 본 것처럼 사업적 관심을 인간적 감정보다 앞세우고 돈의 논리만 좇는 냉혈한으로 제시되는 랠프가 가끔씩 케이트에게 몹쓸 짓을 했다는 양심의 가책에 시달리며 "연민과 동정심"(329)을 내보일 뿐 아니라 "적막이 감돌고 을씨년스러운 화려함"(384)이 표상하는 이중적이고 모순적인 현실에서 비롯하는 고민을 쉽게 떨치지 못하기 때문이다. 그러나 삶과 현실에 대한 랠프의 자의식과 고민은 "그에게 습관화된 냉정하고 확고하며 요지부동인 태도"(694)와 사업적 고려를 앞세우는 결론으로 언제나 회귀하

---

5) 자본주의경제의 폐해를 압축적으로 보여주는 스퀴어스의 학교에 대해, 토우커(Toker)는 도스보이즈 홀은 사회에 널리 퍼져 있는 "패턴"이 연장되고 확장되어서 나타나는 곳이기 때문에 "학교를 에워싸고 있는 세계와 유사한데 좀 더 유사한 따름"이라고 지적한다(27). 말로우(Marlow)의 다음과 같은 주장도 참조할 만하다. "사설기관의 내적 경제가 국가경제의 지표라는 주장이 놀랍지 않은 것은 동일한 이데올로기가 양자를 지배하고 있기 때문이다. 도스보이즈는 더 큰 체계와 똑같이 비인간적인 원칙에 따라 운영되고 있으며 그것과 똑같은 결과를 만들어낸다"(81).

면서 제스처에 그치고 만다.

60장에서는 돈을 위해 내달려온 랠프의 인생을 허무하게 만드는 진실, 즉 자신이 죽음으로 내몬 스마이크(Smike)가 오래 전에 비밀 결혼을 통해 얻었던 친아들이라는 진실이 밝혀진다. 슬픔과 회한에 싸여서 집으로 향하는 랠프 주위에는 칠흑 같은 어둠과 차가운 바람뿐이며, 잡초가 무성하게 자란 묘지를 지날 때에는 예전에 자살해서 그곳에 묻힌 사람을 생각하기도 한다. “검은 구름”(753)이 “어슴푸레한 장례 행렬처럼”(749) 그의 뒤를 따라오고, 랠프가 느끼는 심리적이고 도덕적인 혼란이 물리적 현실과 중첩된다(Stone 85). 이제까지 쌓아온 모든 것이 무너져 내렸고 “자기가 잔해에 깔려 부서졌으며 먼지 속에서 기어가고 있다”(751)라는 낭패감도 낭패감이지만, 친아들과 같이 살았더라면 지금처럼 후회막급한 인생을 살지는 않았을지 모른다는 회한이 걷잡을 수 없이 몰려오는 것이다. 그리고 “악마”(415)처럼 증오하는 조카 니콜러스가 아들을 간병했고 아들이 그의 품에 안겨서 숨을 거두었다는 생각이 더더욱 그를 미치게 한다. 스마이크가 어릴 때 쓰던 침대 틀이 놓여 있는 다락방으로 올라간 랠프는 새벽 한 시를 알리는 종소리를 들으면서 “날 위해서는 종소리 하나 울리지 … 않는구나. 날 똥 더미 위에 던져 두어라, 거기서 썩어서 공기라도 오염시킬 수 있게!”(753)라는 독백을 마지막으로 하늘을 향해 주먹 쥔 손을 흔들다가 스스로 목숨을 끊는다. 탐욕과 증오라는 “두 가지 욕망의 충족”(536)을 절대시하면서 달려온 인생 전부가 똥 더미 위에서 썩는 시체로 귀결되는 공허함이 두드러지지만, 마지막 순간의 회한과 번민, 쓸쓸함과 복수욕이 인물로서의 랠프에게 새로운 차원의 생동감을 더해 주는 것도 사실이다.[6)]

IV. 마무리에 대신하여

지금까지 우리는 돈과 자본의 논리학 때문에 위기에 처하게 된 인물들의 삶과 화목한 가정의 이상을 사물화의 문제를 중심으로 살펴보았다. 이제는 누구에게나 뻔히 보이는 이 작품의 초보적 결점을 지적하기보다[7)] 주인공 니콜러스의 변화

---

6) 결말부의 랠프가 평면적 인물에서 입체적 인물로 진화하는 모습은 이 작품이 거둔 중요한 성과의 일부이다. 그러나 자본가의 대표로서 랠프가 지니는 비중에 비추어 볼 때 그의 자살이 갖는 작중 의미를 가늠하기 어렵다는 점은 아쉬움으로 남는다.

7) 작품의 첫 장에서 니콜러스와 케이트는 각기 19세, 14세로 등장했다가(20), 3장에서는 19세, 17세라고 소개되는데(36) 이는 작가가 치밀한 사전준비 없이 집필에 착수했다는 사실을 보여주는 단적인 예이다. 이와 같은 명백한 오류 외에도 작품 진행을 위해 수없이 동원된 우연의 일치는 작가로서의 역량이 아직 미성숙했다는 사실을 반증한다. 스퀴어스 부자에게 붙잡혀 간 스마이크가 별다른 어려움 없이 탈출할 수 있게끔 존 브라우디(John Browdie) 부부가 때맞춰 런던에 도착한다는 점, 멀베리 경과 베리소프트 경의 결투 끝에 후자가 사망하여 멀베리 경이 외국으로 도주할 수밖에 없었고 그 덕에 니콜러스가 그와의 고약한 재회를 피할 수 있었다는 점, 그라이드와 매들린이 혼인식을 올리기로 한 날 아침에 신부 아버지인 브레이가 때마침 죽어서 매들린이 파국적인 결혼을 면할 수 있었다는 점 등이 작품 진행에 영향을 미친 대표적인 우연의 일치이다. 이밖에도 출판업자와 계약한 20회 분할 출판 분량을 맞추기 위해 삽입된 듯한 인물과 에피소드까지 작품으로서의 결점을 지적하자면 끝이 없을 것이다. 그러나 이 작품을 발표할 무렵의 디킨즈는 35년에 이르는 긴 창작활동을 이제 막 시작한 시점이었고, 완숙한 후기작을 발표하기까지 보완해야 할 문제점이 많이 남아 있었다.

와 성숙을 확인할 수 없다는 아쉬움이 작품의 약점으로 이어지는 모습을 살펴보고, 랠프와 스퀴어스를 통해 제기되는 자본의 문제를 해결하거나 완화시키는 존재들, 즉 작품이 제시하는 '대안'의 문제를 중심으로 마무리에 대신하고자 한다.

디킨즈의 작품들은 19세기 빅토리아조 사회의 이러저러한 문제점을 비판적으로 형상화한다는 공통점을 지니고 있지만, 본고에서 다루고 있는『니콜러스 니클비』를 예컨대 그의 대표작인『작은 도릿』(*Little Dorrit,* 1855-57)과 비교해 보면 그 비판의 깊이와 폭에 있어서 차이가 있다는 사실을 쉽게 확인할 수 있다. 이는 작품 각 부분의 유기적 연결을 통해 사회의 총체적 모습을 제시한다는 면뿐만 아니라 주인공의 삶이 전달하는 사회적이고 심리적인 복잡성에 대한 탐구라는 면에서도 마찬가지이다. 사실,『니콜러스 니클비』가 지닌 소설로서의 약점은 무엇보다도 주인공인 니콜러스의 결함에서 비롯한다고 할 수 있다. 그는 런던, 요크셔, 런던, 포츠머스, 런던, 데본셔, 런던으로 옮겨 다니면서 기숙학교의 평교사, 켄윅스 부부의 가정교사, 극단 소속 배우 겸 작가, 치어리블 회사의 회계 담당 직원을 거쳐 지분을 소유한 동업자로 성공하기까지 다양한 경험을 거치지만 이 모든 내용은 작품의 피카레스크식 구성 속에서 나열되고 반복될 뿐이지 주인공의 성장과정으로 수렴되지 못한다. 이는 작가가 주인공의 경험을 통해 인간과 사회적 현실의 상호 작용을 천착하는 대신 개개의 체험을 단편적으로 제시하는 데 그쳤다는 의미인바, 주체적 행동을 통해 현실을 바꿔나가고 그 과정 중에 자신도 변화하고 성숙하는 경험을 해 보지 못한 주인공이 인생과 사회현실에 대해 깊이 있는 깨달음이나 구조적인 인식을 가질 수는 없는 노릇인 것이다.[8] 사실, 니콜러스의 사업에서의 성공부터가 그 자신의 노력도 노력이지만 매들린이 친척에게서 물려받은 유산에 힘입은 면이 더 많다고 할 수 있는데, 매들린이 그라이드와 결혼하지 않게 된 것도 니콜러스의 적극적 행동 때문이 아니라 그녀의 아버지가 때마침 사망했기 때문이며, 매들린과의 결합 역시 치어리블 형제의 적극적인 주선이 없었으면 얼마나 지체되었을지 아무도 장담할 수 없는 문제이다. 스스로 일자리 하나 찾지 못하고 수동성으로 일관하는 삶이 인생의 의미에 대해 깊이 있는 깨달음에 도달하기는 난망한 것이다.

앞에서 우리는 주인공의 백부인 랠프 니클비와 주인공의 아버지 니콜러스 니클비의 삶은 주인공을 포함하여 자본주의사회를 사는 사람들이 마주친 선택지, 즉 타락한 사회에 적극적으로 적응하여 살아가는 삶과 적응을 거부하고 도피하는 삶을 각각 표상한다고 하였다. 그러나 주인공은 먹고사는 문제를 해결하지 못해서 걱정하던 중에 치어리블 형제라는 제3의 유형[9]을 만나면서 두 선택지 사이에서 고민할 필

---

8) 『니콜러스 니클비』가 세상에서 성공의 길을 찾는 젊은이에 대한 이야기이지만 주인공 니콜러스가 인물로서의 성장과 발전, 깊이와 매력을 보여주지 못한다는 지적으로는, Gilmore 86. 많은 평자들이 이 작품을 본격적인 의미의 소설이라기보다 피카레스크소설로 한 단계 낮춰 평가하는 것도 인물들 사이에 유기적 연관이 부족할 뿐 아니라 주인공을 포함하여 인물들이 변화를 보여주지 못하기 때문이다. 미치(Michie)는 이 작품을 "디킨즈의 마지막 피카레스크소설"(131)이라고 규정한다.

9) 치어리블 형제는 랠프 같이 자본주의경제에 적응하여 성공한 사업가이면서도 악한 자본가가 아니라 친절하고 따뜻한 마음씨를 지닌 선한 자본가로 등장한다는 점에서, 그리고 주인공의 아버지처럼 사회로부터 도피한

요 없이 문제 자체에서 벗어나게 되는데, 중요한 사실은 니콜러스가 행운을 얻으면서 작품 자체도 자본주의 사회를 살아내는 골치 아픈 문제를 회피하게 되었다는 점이다. 결국, 주인공이 치어리블 형제를 통해 얻게 된 뜻밖의 행복이 그가 사회경제적 고민과 자기인식의 필요성에서 벗어날 수 있게 해준 핵심 요인인바 이것이 자본주의경제의 모순에 대한 작품의 천착을 가로막은 것이다.

그렇다면 "니콜러스의 후원자 겸 보호자"(719)로서 생계에 대한 그의 고민을 해결해 주는 치어리블 형제는 랠프와 스퀴어스가 지배하는 세상에 대해 대안이 될 수 있는가. 작품에서 치어리블 형제가 니콜러스를 비롯해서 세상을 시작하는 젊은이들에게 재정적이고 정신적인 도움을 주면서 그들에게 긍정적인 영향을 미치는 좋은 '아버지'로 구상되었다는 점은 분명하다. 그러나 니콜러스와 매들린, 프랭크(Frank Cheeryble)와 케이트의 결혼을 주도하는 등 주위의 모든 사람들에게 참을 수 없는 "통제 욕구"(Jarvie 38)를 발휘하는 모습은 이들 형제가 행사하는 영향력에 대해 다른 시각에서 보도록 유도한다. 사실, 니콜러스가 주도성을 상실한 채 수동적인 삶으로 시종하고 인물로서의 성장과 발전을 이루지 못하는 데에는 "억압적 온정주의"(Bergonzi 75)라고 설명할 수 있는 이들 형제의 영향력이 절대적인바, 이는 치어리블 형제가 "랠프와 그라이드가 대표하는 자본가 유형보다 좀

인물이 아니라는 점에서 제3의 유형이라고 할 수 있겠다. 그러나 이들 형제의 사업에 대해 구체적인 내용이 누락된 탓에 독자는 이들이 대표하는 긍정성의 실체에 대해 의심하고, 자본주의경제의 파괴적 영향에서 자유로운 사업가를 상정하는 것이 환상에 불과할지 모른다는 의문을 품게 된다.

더 구미에 맞지만 그들과 마찬가지로 음흉한 유형일 따름"(Gilmore 104)이라는 사실을 강하게 시사하는 것일지 모른다. 이들 형제 밑에서 44년간 근무를 했고 종국엔 회계사무실 바깥에 나가는 것조차 꺼려하게 된 팀(Tim Linkinwater)이 키우고 있는 "검은 새"(450)처럼 니콜러스는 형제의 '선의'라는 새장 속에 갇혀 있는 셈이기 때문이다.[10]

『니콜러스 니클비』에서 주인공에게 일자리를 제공하는 인물이 치어리블 형제만은 아니듯이 랠프, 스퀴어스 세계의 반대편에서 그 세계에 대해 대안을 구성하는 존재도 치어리블 형제만은 아니다. 포츠머스 외곽의 여인숙에서 니콜러스를 처음 만난 크러믈스[11]는 호구지책을 찾아서 선원이 될까 고민 중인 주인공에게 자기 소유의 극단에서 일할 것을 제의하고, 니콜러스는 배우 겸 작가로 극단 생활을 시작한다. 작품에서 크러믈스 극단 장면이 갖는 일차적 의미는 그 당시 극단에 소속된 배우들의 생활 그리고 공연을 위한 준비와 홍보 과정 등을 충실하게 재연하면서 단원들의 생각과 감정, 활기와 상상력 등을 연극조의 말투에 실어서 유머러스하게 전달한다는 점에서 찾을 수 있을 듯하다. 이들이 입장료 수입으로 생활하는 만큼 이들에게는 상업적 안목과 감각이 당연히 요구되고 인기에 따른 갈등도 존재한다. 그러나 경제적 문제를 대하는 단원들의 태도는 사람을 교환 대상으로 상품

10) 칠더스(Childers)는 "어떤 의미에서 보면 이들 형제는 랠프가 니콜러스를 통제하는 데 실패한 지점에서 성공한 셈이다"(61)라고 지적한다.

11) 치어리블 형제와 크러믈스, 둘 다 니콜러스에게 친절하게 대해 주고 일자리를 제공한다는 공통점을 지니지만, 감상성과 신빙성에서 전자가 후자에 비해 약점을 갖는다는 지적으로는, Schlicke 85.

화하고 사물화시키는 자본가의 태도와는 확연히 다른 것이며, 단원들 사이의 대립도 조카를 "악마"(415)로 대하는 랠프나 맨털리니 부인 밑에서 일하는 내그 양(Miss Knag)이 케이트에 대해 느끼는 질투와는 질적으로 다른 것이다. 하지만 전체적으로 볼 때 이 극단이 대표하는 생활양식은 미국으로 건너가 땅을 사서 정착해야겠다는 크러믈스 본인의 발언이 알려 주는 대로 그 지속가능성에서 결정적인 약점을 안고 있을 뿐 아니라[12] 『어려운 시절』(*Hard Times,* 1854)의 슬리어리(Sleary) 곡마단만큼 작품 구성에 유기적으로 통합되어 있는 것이 아니어서 그 의미를 확대 해석할 수는 없을 듯하다.

전체적으로 정리하자면, 『니콜러스 니클비』는 돈과 자본의 논리에 대한 문제의식을 탐구하고 형상화할 수 있는 작가적 능력이 충분히 성숙하기 전의 작품인 탓에 주인공의 성장이 부재하면서 작품이 산만해지는 약점을 드러내고 있다. 그렇지만 상품화와 사물화의 논리에 대한 도전의식과 결말부의 랠프처럼 실감나는 인물 형상화의 능력을 앞질러 보여준다는 점에서 부분적인 성취이지만 장차 본격화할 발전을 예고한다고 할 수 있을 것이다.

---

12) 크러믈스 극단이 대표하는 내용이 "공동체와 장인적 생산방식에 의거한 전(前)자본제구성체"이며 "착취적 자본주의 모델에 대한 대안 경제"라는 지적에 대해서는, Gilmore 94.

참 고 문 헌

Armstrong, Nancy. *Desire and Domestic Fiction: A Political History of the Novel.* New York and Oxford: Oxford UP, 1987.

Bergonzi, Bernard. *"Nicholas Nickleby." Dickens and the Twentieth Century.* Ed. John Gross and Gabriel Pearson. London: Routledge and Kegan Paul, 1962. 65-76.

Bowen, John. *Other Dickens: Pickwick to Chuzzlewit.* Oxford: Oxford UP, 2000.

Childers, Joseph W. *"Nicholas Nickleby*'s Problem of Doux Commerce." *Dickens Studies Annual* 25 (1991): 49-65.

Dickens, Charles. *Nicholas Nickleby.* Ed. Mark Ford. London: Penguin, 1999.

Friedman, Stanley. *"Nicholas Nickleby." A Companion to Charles Dickens.* Ed. David Paroissien. Malden: Blackwell, 2008. 318-27.

Gillooly, Eileen. "Paterfamiliars." *Contemporary Dickens.* Ed. Eileen Gillooly and Deirdre David. Columbus: The Ohio State UP, 2009. 209-30.

Gilmore, Timothy. "Not Too Cheery: Dickens's Critique of Capital in *Nicholas Nickleby.*" *Dickens Studies Annual* 44 (2013): 85-109.

Jarvie, Paul A. *Ready to Trample on All Human Law: Financial Capitalism in the Fiction of Charles Dickens.* New York and London: Routledge, 2005.

Lukács, Georg. "Reification and the Consciousness of the Proletariat." *History and Class Consciousness.* Trans. Rodney Livingstone. Cambridge, Mass.: MIT Press, 1971. 83-222.

Marlow, James E. *Charles Dickens: The Uses of Time.* Selinsgrove: Susquehanna UP. 1994.

Marx, Karl. *Capital* Vol. I. Trans. Ben Fowkes. Harmondsworth: Penguin, 1976.

Michie, Helena. "From Blood to Law: The Embarrassments of Family in Dickens." *Palgrave Advances in Charles Dickens Studies.* Ed. John Brown and Robert L. Patten. Basingstoke: Palgrave Macmillan, 2006.

131-54.
Musselwhite, David E. *Partings Welded Together: Politics and Desire in the Nineteenth-Century English Novel.* London and New York: Methuen, 1987.
Schlicke, Paul. *Dickens and Popular Entertainment.* London: Allen & Unwin, 1985.
Stone, Harry. *Dickens and the Invisible World: Fairy Tales, Fantasy, and Novel-Making.* Bloomington and London: Indiana University Press, 1979.
Toker, Leona. "*Nicholas Nickleby* and the Discourse of Lent." *Dickens Studies Annual* 38 (2007): 19-33.

『골동품 가게』에 제시된 사회적 현실의 문제

I. 머리말

본고에서 다루고자 하는 찰스 디킨즈(Charles Dickens, 1812-70)의 네 번째 소설 『골동품 가게』(*The Old Curiosity Shop,* 1840-41)는 읽는 이의 눈물샘을 자극한 넬(Nell)이라는 인물의 형상화와 100,000부에 달한 판매부수를 통해 빅토리아시대를 대표하는 작가로서 디킨즈의 대중성을 독자들에게 각인시켜 준 작품이다. "디킨즈 씨의 작품 중 최고의 작품"(Poe 24)이라는 포우의 의견을 포함하여 당대에는 대중성뿐 아니라 문학적으로도 높은 평가를 받았지만, 디킨즈 사후에는 작가로서의 "기량부족과 저속한 감상성"(Huxley 360)을 비판했던 헉슬리의 견해가 보여주듯 엉성한 구성과 평면적인 인물 형상화, 그리고 감상주의적 경향 때문에 낮은 평가가 주를 이루고 있다. 실제, 이 작품은 무조건적으로 착하고 헌신적인 넬[1]과 악행을 일삼지만 그 이유나 동기를 논리적

1) 넬은 나이도 어리고 몸집도 작은 소녀이지만 "순수하고 희생적이며 꿋꿋한 정신과 인내로 어머니 또는 구원자와 같은 역할을 하는 디킨즈 여주

으로 설명하기 어려운 퀼프(Quilp)의 극단적인 대조를 통해 선과 악의 대립, 또는 위협으로 가득한 런던과 평화를 약속하는 시골의 대립이라는 알레고리적 구성에 치우쳐 있고[2] 결과적으로 도식적이라는 느낌을 주는 것이 사실이다. 그러나 작가는 넬이 시골에서 기대하는 "소박한 즐거움, … 그리고 평온하고 행복한 삶"(148)에 대해 시골까지 쫓아오는 퀼프의 존재뿐 아니라 도처에 등장하는 무덤과 비참하게 죽은 사람들, 무너져가는 건물 등에 대한 묘사를 통해 넬의 기대가 무망한 것이라는 사실을 폭로한다. 시골의 평화라는 것은 현실에서 지탱될 수 없는 꿈에 불과할 뿐 아니라 도시의 활력이나 활기를 상실하고 얻은 '반대급부'일 뿐이다. 차차 살펴보겠지만, 넬과 퀼프의 대립도 사회적 내용이 부재한 채 추상적 알레고리의 차원에서 시종하는 것은 아니다. 런던을 떠났다고 해서 파괴적인 도시와 자본의 힘에서 벗어날 수 없듯 넬과 퀼프를 통한 선악의 대립 역시 사회적, 역사적 현실과 무관하게 진공 속에서 제시되거나 전개되지는 않는 것이다.

이 작품의 구성이 엉성하다는 점은 물론 부인할 수 없는데, 이는 일차적으로 단편으로 구상했지만 작가 자신이 책임지고 있던 『험프리 님의 시계』(*Master Humphrey's Clock*)라는 주간잡지의 판매부수가 예상외로 저조하자 장편으로 바꿔 쓸 수밖에 없었던 저간의 사정에서 비롯한다.[3] 충분한 준비

인공의 원형에 해당"(이인규 545-46)하는 인물이다.

2) 서술자는 작품 1장에서 "요정 같은 존재"(55)로 묘사되는 넬이 "마치 일종의 알레고리 속에 존재하는 것 같다"(56)라고 설명하면서, 넬과 퀼프의 대립이 알레고리의 차원에서 진행되는 측면이 있다는 사실을 명확히 한다.

없이 집필한 탓인지, 앞부분에 서술자로 등장하였던 험프리가 3장 말미에서 "서술의 편의를 위해"(72) 급히 퇴장할 뿐 아니라 중요한 비중을 지닌 인물처럼 등장하였던 프레드(Fred)는 별다른 역할을 못하는 반면 사소한 인물처럼 보였던 스위블러(Swiveller)가 후반부에서 의미심장한 성장의 모습을 보이는 식으로 인물 구상부터가 헝클어진 모습을 보이고 있다. 서술자의 빈번한 개입과 우연의 일치가 남발되는 플롯 진행도 작은 결함이라고 할 수는 없을 터인데, 이러한 점은 디킨즈가 시간과 지면의 제약을 강하게 받는 주간 연재를 처음 시도한다는 사정과도 떼어서 생각할 순 없을 듯하다.4)

산업현장의 끔찍한 모습을 초현실주의적으로 환기시키는 44장, 45장의 묘사가 보여주듯 『골동품 가게』에 사회적, 역사적 현실이 부재하는 것은 아니지만 그 현실이 사실주의적으로 꼼꼼하게 재현되어 있는 것도 아니다. 작품의 묘사가 생생하긴 하지만 사실적이지 않은 특징은 희화(caricature)에 가깝게 그려진 삽화를 통해서도 확인할 수 있는바, 사실주의적 회화로는 디킨즈의 묘사가 전달하는 "고딕적이고 비유적

---

3) 디킨즈의 제안에 의해 채프먼과 홀(Chapman and Hall) 출판사에서 발행하였던 이 잡지는 출판사와의 계약에 의해 작가 자신이 편집권을 행사하였을 뿐 아니라 수익의 상당 부분을 차지하도록 되어 있었기 때문에 디킨즈는 판매부수에 각별히 민감하였다.

4) 디킨즈가 『흔히 쓰는 말들』(*Household Words*)이라는 주간잡지에 『어려운 시절』(*Hard Times*)을 발표한 것은 1854년이었다. 이 작품을 쓸 때는 사전에 구상할 시간이 충분하였고 주간 연재라는 형식에도 나름대로 익숙해진 다음이었지만, 디킨즈는 1854년 2월에 포스터(John Forster)에게 보낸 편지에서 "지면의 제약이 가하는 곤경이 압도적"(*Letters* II, 543)이라며 어려움을 호소한 바 있다.

인 특질"(Underwood 92)을 전달할 수 없었던 것이다. 그러나 작가가 사실주의적 작법에 의존하지 않았다는 사실이 당대 사회에 대한 관찰과 분석의 실종을 의미하는 것은 아니다. 예컨대, 퀼프를 피해 유랑 길에 오른 넬과 트렌트(Trent) 할아버지가 처음으로 마주하는 대상은 다양한 유랑 연희패들이다. "펀치와 주디"(Punch and Judy)라는 인형극을 공연하는 코들린(Codlin)과 쑈트(Short), 등에 북을 지고 다니는 그라인더 씨와 죽마를 타고 있는 젊은 남녀를 포함하는 "그라인더 씨의 무리들"(Mr Grinder's Company), 제리(Jerry)와 네 마리의 묘기 부리는 개들, 거인과 난쟁이를 구경거리로 데리고 다니는 버핀(Vuffin), 카드 묘기를 부리는 윌리엄(William) 등을 포함하는 다양한 군상에 대한 묘사는 근대화가 가속화되는 19세기 초 영국에서 대중오락이 겪게 되는 근본적 변화 및 이전보다 더욱 가혹한 생존경쟁에 내몰린 연희패들의 현실을 보여준다.5) 사실, 넬이 연희패들과 조우하는 16장에서 19장까지의 묘사는 그 자체로 훌륭한 사회사적 보고서이면서 집과 가게를 버리고 시골로 향할 수밖에 없었던 넬의 공포와 두려움이 연희패들을 만난 후에도 악몽처럼 여전히 지속하고 있음을 효과적으로 전달한다.

작품 진행에 유기적으로 통합되어 있는 일화는 아니지만 31장에서 여자기숙학교의 교장선생님인 몬플래더스(Monflathers)가 노동을 신성시하면서 밀랍인형이 상징하는 오락을 죄악

---

5) 1830년대에 유랑 연희패가 겪었던 급속한 쇠락은 전통적 유희에 대한 복음주의자들의 적대적 태도, 도시화와 산업화로 인한 생활패턴의 변화, 그리고 좀 더 세련되고 대규모로 진행되는 오락을 선호하는 상업적 압력이 반영된 결과였다(Schlicke 23).

시하는 발언은 당대사회의 지배층이 하층민에게 틈만 나면 강조하던 내용이다. 학생들이 밀랍인형전시장에 찾아오도록 하기 위해 홍보지를 들고 찾아간 넬에게 몬플래더스가 지적하는 내용은 넬을 둘러싼 억압적 환경을 구성하는 것이면서 급속히 진행되는 근대화의 소용돌이 속에서 주변부로 내몰리고 있는 대중오락의 실상을 잘 보여준다.

> "네가 얼마나 못돼 먹었는지 모르겠니?" 몬플래더스 선생님이 말을 이었다. "어린아이이지만 네 힘이 닿는 한 조국의 제조업을 돕고, 증기기관을 계속 살펴서 너의 마음을 닦고, 매주 2실링 9펜스에서 3실링 정도의 생활비를 넉넉하고 독립적으로 벌고 있다는 자부심을 느낄 수 있는 데도 밀랍인형전시장에서 일하다니 말이야. 네가 열심히 일할수록 그만큼 더 행복해진다는 걸 모르겠어?"

> "Don't you feel how naughty it is of you," resumed Miss Monflathers, "to be a wax-work child, when you might have the proud consciousness of assisting, to the extent of your infant powers, the manufactures of your country; of improving your mind by the constant contemplation of the steam-engine; and of earning a comfortable and independent subsistence of from two-and-ninepence to three shillings per week? Don't you know that the harder you are at work, the happier you are?" (308)

위의 인용문을 제시하는 작가의 미묘한 아이러니는 디킨즈의 후기작에서 드러나는 성숙한 작가의 솜씨를 앞질러 보여주는데, '일의 윤리'에 대한 일방적 강조라고 이름 지음 직한 몬플래더스의 발언은, 이어지는 에드워즈 양(Miss Edwards)에 대한 계급차별의 언어와 합해져서, 근대사회의 운영원리에 대한 관찰과 비판적 분석이 이 작품의 일부를 구성한다는 사실을 실증한다.

『골동품 가게』에 대한 비평사에서 빼놓을 수 없는 인물로 마커스(Steven Marcus)와 피어슨(Gabriel Pearson)을 꼽을 수 있다. 본고의 관심사와 관련해 볼 때 "『골동품 가게』에 중요한 의미의 사회는 존재하지 않는다"(164)라는 마커스의 지적이나 "퀼프와 넬의 비사회적이고 동화와 같은 환경은 … 사회적 현실을 실질적으로 손상시킨다"(78)라는 피어슨의 지적은 주목할 만하다. 이들의 발언은 작품에 사회적, 역사적 현실이 아예 빠져있는 것은 아니지만 실질적이고 중요한 의미에서는 '부재'한다는 사실을 강조하는 셈이므로 당대사회에 대한 관심이 플롯 진행과 어떤 관련 속에서 이루어지는지 살펴볼 필요성을 부각시킨다.[6] 앞서 언급한 대로 작품이 선과 악, 천사와 악마, 시골과 도시라는 알레고리적 대립을 주요 동력으로 해서 진행되는 것은 사실이다. 그러나 알레고리에 대한 지나친 강조는 그것이 덧붙여진 현실을 부차화해서 작품에 대한 논의를 추상화시킬 위험이 다분하다. 런던을 벗어난 넬이 버넌(John Bunyan)의 『천로역정』(*The Pilgrim's Progress*)을 상

---

6) 작품이 그리고 있는 사회적, 역사적 현실의 문제를 검토하는 데 있어, 희극적 창조성으로 주위환경을 바꾸고 그 과정 중에 스스로도 바뀌는 스위블러에 대한 검토를 생략한다는 것은 인간과 환경의 상호작용을 통해 드러나는 작중현실의 의미를 소홀히 하는 것일 수 있다. 실제, 스위블러는 숙모의 유산을 기대하며 술독에 빠져 지내는 게으르고 나태한 신사였지만 어린 하녀 마셔니스(Marchioness)와 이어지는 사랑의 경험을 통해 책임감과 공감력을 지닌 시민으로 거듭난다. 스위블러와 마셔니스에 대해서는, 본서에 수록된 「스위블러의 변모와 성장: 『골동품 가게』」 참조.

기하며 할아버지에게 "저희 둘 다 크리스천(Christian)인 것 같아요"(175)라고 말하지만 그녀가 유랑에 오른 이유는 "크리스천"처럼 종교적인 이유 때문이 아니다. 악당 퀼프와 할아버지의 탐욕과 도박과 투기라는 구체적이고 물질적인 이유 때문이었던 것이다. 본고의 목적은 『골동품 가게』에 제시된 사회적, 역사적 현실성을 검토하고 그것이 어떤 의미에서 작품에 아쉬움을 남기는지 살펴보는 데 있다.

II. 『골동품 가게』와 사회적 현실

14세에 불과한 넬이 할아버지의 "안내자이자 인도자"(152)가 되어서 "어린아이처럼"(176) 자기에게 의지하는 할아버지와 함께 런던을 떠날 수밖에 없는 까닭은 일차적으로 퀼프가 전하는 위협 때문인바, 퀼프야말로 넬을 둘러싸고 있는 환경이 그녀에게 가하는 위협을 상징적으로 보여준다고 할 수 있다. 강가의 뒷골목 거주지에 세를 놓고 선원들을 상대로 고리대를 뜯으며 동인도무역선과 관련한 주식에도 투자하고 담배밀수도 하고 증권거래도 하는 퀼프는 "돈을 버는 방법이 다양하고 손을 대고 있는 일도 여러 가지"(73)인 인물이다. 에너지와 활기로 가득차서 끊임없이 움직이며 누구든 가리지 않고 상대방을 괴롭힐 음모를 꾸미는 퀼프는 일반적인 악당의 범주를 뛰어넘어 존재한다. "삶은 계란을 껍데기째 먹고, 아주 큰 새우를 머리와 꼬리 부분까지 먹어치우며, 담배와 미나리를 한꺼번에 아주 맛있게 씹고, 펄펄 끓는 차를 눈도 깜짝하지 않고 마시는"(86) 퀼프를 보고 그의 처와 장모는 "공포에 질려서 정신을 거의 잃고 그가 정말로 사람인지 의심하기 시작했다"(같은 면)라고 하는데, 퀼프는 그의 경제활동을 사람들이 짐작할 수 없는 만큼이나 그가 하는 행동의 동기나 이유 역시 사람들이 이해할 수 없는 인물이다. 난쟁이 같이 키가 작고 혐오감을 불러일으키는 외모에 사악하고 그로테스크한 내면의 소유자로서, 보통사람이라면 불가능한 일을 해치울 뿐 아니라 보통사람의 상식으로는 이해할 수 없는 악행도 서슴지 않는 것이다.

엄청난 에너지와 악마적 활기로 사람들을 좌지우지하는 퀼프의 면모에 대해 좀 더 살펴보자. 그는 할아버지의 돈을 차지하여 부자가 되고자 하는 프레드의 망상과 스위블러의 불행한 연애, 도박에 빠진 트렌트 노인의 비밀을 알고 있을 뿐 아니라 브래스(Brass) 남매의 하숙인인 독신신사(the single gentleman)를 감시할 필요성이 있다는 사실을 직감할 정도로 작중의 모든 것을 꿰뚫고 있는 인물이고, 개신교도의 비밀집회소와 킷(Kit)의 집뿐 아니라 런던을 벗어나서 시골에까지 나타날 정도로 어디에나 존재하는 인물이다. 또한 처와 장모를 자유자재로 조종하고 변호사인 샘슨(Sampson)에게 킷을 감옥에 넣을 방책을 궁리해서 실행하라고 지시할 정도로 무엇이든 할 수 있는 인물이며, 심지어는 익사했다는 가족들의 '기대'를 깨고 다시 나타나서 그들이 놀라는 모습을 즐길 정도로 불사의 인물이기도 하다(Lucas 86-87). 트렌트 노인의 골동품 가게를 접수하기 직전에, 넬에게 "자기와 결혼해서 앵두 같은 빰과 붉은 입술을 가진 나의 귀여운 부인"(93)이

되어달라고 요구하거나, 담배를 피우며 넬의 침대를 차지하고 있는 모습은 그가 넬에게 가하는 성적 위협을 나타내며, 트렌트 노인에게 도박할 돈을 빌려준 후 채무를 상환하지 않았다는 이유로 골동품 가게를 차지해서 넬과 할아버지가 결국은 런던을 떠날 수밖에 없게 압박하는 모습은 그가 행사하는 경제적, 가정적 위협을 나타낸다. 넬을 돕는 킷 모자와 독신신사에 대한 퀼프의 이유 없는 적개심은 넬이 겪는 사회적 위협을 나타내고, 넬의 순수와 미덕에 대한 증오는 형이상학적 위협에 닿아있다고 할 수 있다(Schlicke 17). 이와 같이 넬이 느끼는 온갖 위협의 근원에 위치해서 끝없는 공포와 두려움을 안겨주는 퀼프는 그녀의 현실뿐 아니라 꿈에도 나타나서 그녀를 괴롭힌다. 넬이 밀랍인형을 전시하는 잘리 부인(Mrs Jarley)에게 고용되어서 비로소 굶주림과 외로움에서 벗어나게 된 순간에도 어김없이 나타날 정도로 시간과 장소를 가리지 않는 것이다.

그러나 집에서든 사무실에서든 언제라도 폭발할 수 있다는 듯이 엄청난 양의 담배연기를 뿜어대고 끊임없이 움직이는 퀼프의 진면목은 위와 같은 언어로 설명되는 것이 아니다. 말 한마디, 눈짓 하나로도 자기 처를 벌벌 떨게 할 수 있는 "최고의 폭군"(77)인 퀼프가 행사하는 폭력성의 문제만 해도, 그는 아내가 동네아낙네들과 어울렸다는 이유만으로 자기 옆에서 밤새도록 서 있게 하고, 담배를 피우지 못하는 쌤슨 브래스에게는 쉴 새 없이 담배를 피우도록 강요한다. 또한 하인인 톰 스콧(Tom Scott)을 이유 없이 학대하고 틈만 나면 쥐어박을 뿐 아니라 고리에 묶여 있는 자신의 개도 끊임없이 괴롭힌다. 더 나아가서 부두가의 사무실에 “마귀나 흉물스러운 신상처럼 보이는 … 선수상(船首像)”(564)을 킷 대신에 세워놓고는 얼굴이 땀으로 범벅이 될 때까지 막대기를 휘두르기도 한다. 앤드류스(Malcolm Andrews)는 논리적으로 설명할 수 없는 퀼프의 악마성을 다음과 같이 요약한다.

> 그가 넬과 할아버지를 쫓는 것은 표면상으론 호색과 탐욕 탓이다. 프레드와 딕에게 사기를 치는 것은 프레드 트렌트가 자기 부인과 통정했다고 생각해서 생겨난 질투심 때문이다. 그리고 브래스 남매와 정교한 음모를 꾸민 것은 킷에 대해 느끼는 좀 더 강렬하고 복잡한 질투심 때문이다. 그러나 이 모든 충동을 다 합해도 퀼프가 사악한 짓을 벌이고서 느끼는 솔직한 즐거움을 충분히 설명할 수는 없을 것이다.

> Lechery and avarice ostensibly account for his pursuit of Nell and her grandfather. Jealousy of Fred Trent's supposed liaison with Mrs Quilp prompts him to dupe Fred and Dick; and a more intense and complicated jealousy of Kit motivates the elaborate plot with the Brasses. But all these drives together cannot fully account for the pure relish Quilp takes in his villainous role. (20)

비평가들이 퀼프를 셰익스피어의 이아고(Iago)와 비교하는 것도(Andrews 20, Piggott 69) 퀼프가 저지르는 온갖 악행과 그것을 뒷받침하는 에너지와 비인간적 의지가 사회학적이거나 논리학적인 설명 범위를 뛰어넘는 것이기 때문이다. 퀼프를 “악마”(454)라고 인식하는 너블즈 부인(Mrs Nubbles)의 생각이 터무니없는 과장은 아닌데, 한두 마디로 정의할 수 없

는 퀼프의 악마성은 크게 보면 자본주의적 근대의 야만성에 닿아있다고 할 수 있다.[7)]

그 악행의 동기나 이유를 논리적으로 설명할 수 없는 퀼프이기 때문에 그에 대해 넬이 느끼는 공포나 두려움은 더욱 배가된다. 앞에서 언급했던 대로 넬이 런던을 떠난 이후 처음 온기와 평화를 맛본 것은 밀랍인형을 전시하는 잘리 부인에게 고용되어서 숙식을 해결할 수 있게 되면서이다. 앞날에 대한 근심걱정을 덜게 된 그날, 넬은 잠들기 전에 근처를 잠시 산책하다가 뜻밖에도 퀼프를 목격하고 혼비백산한다. 숨어서 지켜보니, 퀼프는 런던으로 돌아가는 길이고 따라서 자신이 머물고 있는 시골에 다시 오는 일은 없을 것이므로 지금 있는 이곳이 안전한 곳이라고 생각하면서도, 넬은 "자신이 수많은 퀼프들에 둘러싸이고 대기조차 퀼프들로 가득 찬 것처럼 느낀다"(278). 그날 밤 넬은 퀼프가 밀랍인형으로 나타나거나 잘리 부인으로 나타나는 꿈, 심지어는 "그 자신과 잘리 부인, 밀랍인형과 손풍금이 모두 하나로 된 모습이지만 정확히는 그중 어떤 것도 아닌 것으로 드러나는"(279) 흉흉한 꿈에 시달린다. 유랑 길에 오른 넬이 처음으로 안정을 찾은 밤이었지만 퀼프 때문에 그것을 누릴 수도 즐길 수도 없는 것이다. 아니, 안전과 휴식을 약속하는 잘리

---

7) 피곳(Piggott)은 "산업자본주의 경제모델"(26) 속에서 넬이 겪는 고통을 "방치, 착취, 배신, 학대"(neglect, exploitation, betrayal, abuse)라는 관점에서 설명하며(29-34), 아도르노(Theodor Adorno)는 순교자이자 구원자로 제시되는 넬에게 온갖 위협을 가하는 퀼프를 "이익만을 추구하는 부르주아지의 전형 자체"(365)라고 설명한다. 이 작품에 대한 아도르노의 '과잉 해석'에 대해서는, 이인규 548.

부인과 밀랍인형이 악당 퀼프와 등치됨으로써 넬이 퀼프의 위협에서 벗어날 길은 이 세상 어디를 가도 없으리라는 사실을 강하게 시사한다.

넬에게 공포와 두려움을 안겨주는 사회적 현실이 전달하는 어둠의 힘은 "굶주린 40년대"(Hungry Forties)를 보여주는 공장지대에 대한 묘사에서 극명하게 나타난다. 도박판에 뛰어든 할아버지가 도박 밑천을 보충하고자, 은인과도 같은 잘리 부인의 돈에 손을 대는 "수치스런 범죄"(406)를 예방하기 위해, "할아버지의 손을 잡고"(405) 잘리 부인을 떠날 수밖에 없게 된 넬은, 운하에서 배를 얻어 타고 높다란 공장 굴뚝과 석탄재, 요란한 기계소리와 망치소리, 번잡한 거리와 비좁고 불결한 뒷골목이 특징적인 공업도시에 도착한다. 폭우가 쏟아지는 가운데 처음 보는 광경과 소음 앞에서 넬은 "낯설고 갈피를 못 잡고 혼란스러워서"(413) 어찌할 바를 모르는 채로 "용기를 북돋워주고 희망을 주는 한 줄기 빛"(같은 면)을 갈망하지만 피로와 추위, 굶주림과 외로움만 가중될 뿐이다. 낯선 장소에서 하룻밤 누울 곳을 찾아 뒷골목을 전전하던 넬은 굴뚝 연기로 꾀죄죄해진 "시꺼먼 사내"(415)를 만나고, 그 사내의 도움을 받아 더럽지만 따뜻한 난로재가 깔려 있는 바닥에서 잠을 청하게 된다. 공장지대에 도착한 이후부터 넬이 목격하는 노동자들의 생활은 디킨즈가 공장과 그 안에서 이루어지는 노동에 대한 묘사를 통해 부르주아 세계의 지옥을 보여준다는 아도르노의 지적(367)이 턱없는 과장은 아니라는 사실을 실증한다.

> 크고 우뚝 선 건물 안에서는 … 수많은 노동자들이 불꽃과 연기 속에서 마귀처럼 움직였다. 그들은 희미하게 보이거나 보였다 안 보였다 했고, 활활 타오르는 석탄불에 얼굴이 달아오르고 괴로워했으며, 커다란 무기들을 휘두르면서 ― 무기들 중 어느 하나라도 잘못 휘두르면 다른 노동자의 머리통을 으스러뜨릴 것이다 ― 거인처럼 일을 했다. 일을 마친 다른 노동자들은 얼굴을 위쪽의 시꺼먼 천장으로 향한 채 석탄더미나 석탄재 위에 누워서 잠을 자거나 휴식을 취했다.

> In a large and lofty building, … moving like demons among the flame and smoke, dimly and fitfully seen, flushed and tormented by the burning fires, and wielding great weapons, a faulty blow from any one of which must have crushed some workman's skull, a number of men laboured like giants. Others, reposing upon heaps of coals or ashes with their faces turned to the black vault above, slept or rested from their toil. (417)

다음날 아침 넬은 서둘러 그곳을 떠나지만 연기를 내뿜으며 끝없이 이어지는 높다란 굴뚝들과 무너진 집들, 구걸하는 어른과 아이들의 행렬에서 벗어날 길이 없다(424). 다시 밤이 찾아왔을 때 넬이 목격하는 것은 횃불을 들고 무시무시한 고함을 지르며 행진하는 실업자들의 무리와 관을 싣고 움직이는 마차들, 굶주리거나 실성해서 울부짖는 사람들의 모습뿐이다(424-26). 포우프(Norris Pope)의 지적대로 이 대목에서 이루어지는 공장지대에 대한 묘사는 “신흥 공업지대의 상태를 지옥으로 묘사한 최고의 문학적 이미지 중의 하나”(6)에 해당하는바, 공업지대의 빈곤과 비참, 그리고 혁명의 기운에 대한 불안감이 육체적, 정신적 곤경의 극한에 처한[8] 넬의 입장에서 묘사됨으로써 그 절박성을 더하고 있다.

죽음의 골짜기와도 같은 공업지대의 참혹한 현실에 대한 묘사는 『골동품 가게』가 전하는 사회적, 역사적 현실의 백미에 해당한다고 할 수 있다. 그렇지만 전체적으로 볼 때 이 부분에서 넬이 목격하는 노동자들의 비참과 굶주림, 착취와 학대, 가난과 질병은 넬이 경험하는 고통과 유기적으로 통합되기보다 넬이 느끼는 공포와 두려움을 강하게 환기시키는 데 치우쳐진 느낌이다. 이는 공장지대를 '지옥'으로 만든 빅토리아조의 실패에 대한 묘사가 '지옥'에서 살아가는 노동자들의 실상에 대한 구체적인 관심으로 이어지지 않는다는 면에서 그러한데, 넬이 겪는 공포라는 점에서는 공장지대의 묘사가 생생하지만 지명조차 제시되지 않은 이곳에서 살아가는 노동자의 입장에서 보자면 제3자의 관찰이 지니는 추상성에서 벗어날 길이 없는 것이다. 사실, 세상에 없는 영원한 안식처를 찾아 유랑 길에 오른 넬이 19세기적 현실 속에 뛰어들어서 현실에 영향을 미치고 그 과정 중에 스스로도 바뀌어나갈 수는 없는 노릇이었을 텐데, 이는 단편적이고 국지적으로 포착된 사회적 현실의 상호관련성과 그 현실을 규정하는 이념에 눈을 돌리기에는 작가로서 디킨즈가 아직 미성숙하다는 반증이겠다. 『어려운 시절』의 코크타운(Coketown)이라는 공업도시와 그랫그라인드(Gradgrind), 바운더비(Bounderby) 체제

8) 공장지대를 떠나 시골로 향하면서 넬은 "시골로 가는 것이 결국 누워서 죽기 위해서라고 해도 우리가 이 끔찍한 장소를 벗어날 수 있다면 비참을 겪은 것에 대해 하나님께 얼마나 감사하겠는가!"(422)라고 생각한다. 죽음을 향한 넬의 여정은 작품 서두부터 암시되었던 것이지만, 유랑의 이 단계에 이르면 누구나 넬의 최후를 짐작할 수 있다.

에 대한 묘사에서 보여주었던 대국적인 현실 인식은 넬이 목격하는 공장지대의 현실적, 역사적 의미에 대한 작가의 고민과 경험이 훨씬 더 축적된 이후인 후기작에서나 가능한 성취였던 것이다. 이런 각도에서 볼 때, 넬에게 자신의 잠자리를 양보하고, 다음 날 아침에는 커피와 조잡한 빵으로 이루어진 부족한 식사이지만 함께 나누어 먹고, 길을 떠나는 넬에게 "낡고 찌그러지고 연기가 온통 눌러앉아 있는 페니 동전 두 개"(422)를 쥐어준 앞의 "시꺼먼 사내"의 경험과 목소리가 『골동품 가게』에 반영되었더라면 이 작품이 사회적 현실을 좀 더 충실하게 제시할 수 있었을 거라는 아쉬움을 떨칠 수 없다. 작품이 지니고 있는 이러한 한계는 횃불을 들고 행진하는 실업자의 무리와 넬이 조우하는 장면이 차티즘에 대한 중산층의 공포를 무비판적으로 답습한 것에 지나지 않는다는 점에서도 잘 드러난다. 차티즘이 일어날 수밖에 없었던 영국의 사회구조적 문제에 대한 이해와 피폐한 현실 속에서 고통받는 노동자들의 처지에 대한 공감은 작가의 시야에서 부차적인 위치에 머무르는 것이다.

런던을 떠난 넬이 죽음을 맞이하기까지의 모든 여정을 돌아보면, 그녀가 잘리 부인 밑에서 안정을 찾은 듯한 순간은 사실 "슬픔을 좀 더 강하고 무겁게 느낄 이유가 아직 닥치지 않았다"(290)라는 서술자의 발언이 적중하는 순간에 불과하다. 퀼프를 마주하는 악몽에 밤새 시달린 직후, 넬에게는 "슬픔을 좀 더 강하고 무겁게 느낄 이유"가 실제로 생겨난다. 구경꾼들에게 밀랍인형을 소개하는 일에서 실수가 없는 탓에 잘리 부인의 신임을 얻고 넬 자신도 부인과 지내는 생활에 만족하고 있던 어느 날 밤, 넬과 할아버지는 산책을 나갔다가 폭풍우와 천둥번개를 만나서 "용감한 군인"(Valiant Soldier)이라는 선술집으로 피신하고, 술집에 있던 세 명의 도박꾼들은 트렌트 노인을 도박판으로 유인한다. 도박이나 노름에 대해 "극심한 열망"(295)을 갖고 있던 할아버지는 "수전노가 금화를 움켜쥐듯이"(294) 카드를 움켜쥐지만 언제나 그랬듯이 가지고 있던 돈을 다 잃고는, "오늘은 잃었지만 내일은 딸 수 있다"(298)라는 말을 되새기며 밑천이 부족한 자신의 신세를 한탄한다. 벌써 자정 무렵이 되어서 잘리 부인에게 돌아가기에는 너무 늦은 시간이었기 때문에, 넬은 비상시에 대비하여 옷단 안에 숨겨두었던 금화로 할아버지와 자신의 숙박료를 각각 지급하고 잠자리에 눕는다. 그러나 "최고로 탐욕스러운 도박꾼이라도 느끼지 못할 정도로 도박으로 벌 돈을 맹렬히 갈망"(297)하는 할아버지는, 넬의 나머지 돈을 차지해서 노름 밑천으로 삼기 위해 넬이 잠든 방에 도둑처럼 침입하고, 할아버지에 대한 걱정으로 잠을 이루지 못한 채 "높다란 탑에서 떨어진 후 깜짝 놀라서 엄청난 공포를 느끼며 깨어나는"(301) 흉흉한 꿈으로 뒤척이던 넬은 문득 인기척을 느낀다. 그리고 꿈인지 현실인지 불분명한 상태에서 방안에 들어온 어떤 형체의 존재를 의식하게 된다.

> 어떤 형체가 방안에 있었다. 맞다, 먼동이 틀 때 햇살이 방안을 비추도록 하기 위해 그녀는 블라인드를 젖혀놓았었다. 그런데 그 형체가 방안에, 즉 침대 발치와 어두운 창문 사이에서 웅크리고 있다가, 말없이 손으로 더듬으며 침대 주위를 살그머니 돌아서 살금살금 움직이는 것이었다. 그녀는 도와달라고 소리칠

수도 없었고 움직일 힘도 없었다. 그저 가만히 누워서 그 형체를 지켜보기만 했다.

그 형체가 ― 계속 다가왔다, 말없이 그리고 은밀하게 침대 머리맡으로 계속 다가왔다. 숨결이 베게에 닿을락 말락 해서 더듬는 손길이 자기 얼굴에 닿을까 봐 그녀는 침대 속으로 움츠렸다. 그 형체는 창문 쪽으로 다시 살금살금 돌아갔다 ― 그러고 나서 고개를 돌려 그녀 쪽을 쳐다보았다.

A figure was there. Yes, she had drawn the blind to admit the light when it should dawn, and there, between the foot of the bed and the dark casement, it crouched and slunk along, groping its way with noiseless hands, and stealing round the bed. She had no voice to cry for help, no power to move, but lay still, watching it.

On it came ― on, silently and stealthily, to the bed's head. The breath so near her pillow, that she shrunk back into it, lest those wandering hands should light upon her face. Back again it stole to the window ― then turned its head towards her. (301)

강간을 노골적으로 암시하는 이 대목의 선정성은 가위에 눌린 넬이 침대에서 꼼짝 못하는 가운데 "자신의 방에 침입해 들어온 인물이 성폭력의 위협을 가하는 것으로 기록하는 시선"(Waters 127)에 의해 배가된다. 그리고 방안에 들어온 형체가 "할아버지의 형체를 한 다른 사람"(303)이기를 바라는 넬의 '소망'은 그 형체를 "그것"(it)으로 묘사하면서 ― 보자마자 할아버지의 형체라는 사실을 직감했으면서도 ― 현실로 받아들이기를 거부하는 넬의 절망감을 오히려 증폭시킨다. 넬이 느끼는 공포를 생생히 전달해서 뛰어난 심리적 진실성을 획득하고 있는 이 장면에서 우리의 관심을 끄는 문제는 그녀가 할아버지 때문에 느끼는 공포와 절망감이 퀼프에 대해 느끼던 공포와 두려움을 훨씬 상회한다는 점이다. 이는 “어린아이가 느끼는 정서적 혼란에 대해 진정한 통찰력”(Pearson 84)을 갖고서 넬이 느끼는 위협과 심리적 충격을 생생히 환기시키는 작가의 솜씨에 기인하는 면도 있지만 넬에게 가해지는 진짜 위협요인은 퀼프가 아니라 트렌트 할아버지라는 작중현실에서 기인하기도 한다.

퀼프와 트렌트 노인은 육체적으로나 정신적으로나 어린 넬에게 일방적인 희생을 강요할 뿐 아니라 똑같이 성적인 위협을 가하기도 한다는 면에서 그녀가 경험하는 집 안팎에서의 위협을 각각 대표한다. 그렇지만 퀼프에 비해 할아버지가 가하는 위협이 더 큰 위협으로 인식되는 것은, 성적인 위협만 하더라도 퀼프는 비유적이고 암시적인 차원에 그치는 반면[9] 할아버지는 묘사의 긴박성과 심리적 진실성의 차원에서 실제로 성폭행을 ‘감행’하는 셈이라고 할 수 있기 때문이다. 사실, 『골동품 가게』의 작중현실이 지니는 인과성을 따져 보면, 넬이 공포와 두려움 속에서 런던을 떠날 수밖에 없는 원인은 도박에 빠져서 돈과 가재도구뿐 아니라 집과 가게마저 잃은 트렌트 노인이 제공한 것이지 트렌트 노인에게 돈을 빌려준 후 채무를 갚으라고 재촉하는 퀼프가 제공한 것이 아니다. 과감하게 단순화한다면 퀼프는 무책임한 할아버지 밑에서 넬이 느끼는 공포가 투사된 존재에 가깝다고

9) 퀼프가 넬에게 가하는 성적 위협은 작품 곳곳에서 생생하게 묘사되어 있다. 그러나 그는 자기보다 훨씬 잘 생기고 신분도 높고 나이도 젊은 스위블러가 넬과의 결혼 의사를 피력해도 그에게 질투심을 느끼지 않는다. 그리고 자기의 욕망이 라이벌을 만나 위험에 처했다고 인식하지도 않는다.

할 수 있을지 모른다. "난쟁이가 권력을 행사할 수 있는 단 하나의 까닭은 넬의 할아버지가 도덕적 실패를 겪었기 때문이다"(Schlicke 17)라는 지적이나 트렌트 노인이 작품의 "으뜸가는 악당"(Kincaid 80)이라는 지적, 넬은 "퀼프가 아니라 할아버지에 의한 희생자"(Raina 50)라는 지적은 모두 다 작품에서 넬이 겪는 비극에 퀼프보다 트렌트 노인의 책임이 더 크다는 사실을 나타내는 것이다.

넬에게 '성폭행'을 감행하는 인물이 퀼프가 아니라 트렌트 노인이라는 사실은 작품이 전달하는 사회적 현실의 배치 내지 배열에서 어떠한 의미를 지니는가. '일의 윤리'를 일방적으로 강조하여 기숙학교에 온 넬을 주눅 들게 만드는 몬플래더스의 설교나 지옥처럼 묘사되는 공업도시의 현실을 다루면서도 그것을 피카레스크적 구성 속에서 나열할 뿐이지 작품 진행의 유기적 일부로 통합하지 못하는 작가의 문제점이, 인물과 현실의 상호작용을 차단하고 인물의 공포를 극대화하는 수단으로 현실을 동원하는 방식에서 드러날 뿐 아니라 넬에게 가해지는 결정적인 위협을 퀼프가 아니라 할아버지 탓으로 돌리는 플롯 진행에서도 드러나는 것 아닌가. 결과적으로, (퀼프는 넬을 둘러싼 사회적 현실의 실패를 보여주는 인물이므로) 넬에게 공포와 두려움을 안겨주는 핵심이 사회적 실패에서 트렌트 노인의 인격적, 가정적 실패로 전이되는 셈인데, 넬이 느끼는 위협의 실체가 사회에서 집안으로 옮겨지는 이러한 '전이'는 사회적 현실을 구체적으로 점검하지 못하는 작가의 한계를 반영하는 것이자 그 한계에서 비롯하는 것으로 보인다. 문제의 근원을 가정 안에서 찾는다고 해서 그 자체를 비판할 일은 물론 아니지만, 가정이 계급차별과 일의 윤리, 도박과 투기 열풍, 산업화가 초래한 비참과 절망으로 드러나는 사회적 현실에 눈감는 구실로 이용된다면 가정에서 드러나는 근대사회의 문제 역시 제대로 다루어지리라고 기대할 수는 없는 노릇일 것이다. 무쎌화이트(David E. Musselwhite)는 작품이 다루는 사회적 현실에서 가정으로 도피하는 작가의 문제점을 다음과 같이 지적한다.

> 그것[퀼프와 밀랍인형에 대한 악몽- 인용자]은 사회적, 정치적, 경제적 상황과 연결할 수 있는 위협이지만 디킨즈가 다양한 방법을 통해 수행하기를 거부하는 것이 바로 그러한 연결이다. 그 대신에 그는 놀랄 정도로 아주 대담한 솜씨를 정말로 발휘한다. 그는 사회적 결합에 의해 생겨난 엄청난 전하(電荷)를 다른 곳으로 옮겨서 그것을 겉보기에는 덜 위험한 가정이란 맥락에 접지시킨다. … 달리 말하면, 넬은 퀼프에 의해, 즉 퀼프가 어떤 의미에서 대표하는 사회적 힘에 의해 성폭행을 당하는 대신 그녀 자신의 가정 한복판에서 성폭행을 당한다. 『골동품 가게』의 놀라운 점은 음흉하게 바라보는 퀼프의 색욕에도 불구하고 넬을 종국에 죽이는 것은 퀼프가 아니라 그녀 할아버지 — 넬은 할아버지와 관련해서 아이와 엄마, 딸과 누이동생이라는 가족의 모든 역할을 다한다 — 의 악덕과 집착이라는 사실이다.

> It is a threat that can be related to social, political and economic conditions but this, in many ways, is precisely what Dickens refuses to do. What he does, instead, is really quite an astonishing stroke of audacity. He transfers the massive charge generated by the social conjuncture and earths it in the seemingly less dangerous context of the family. … In other words, instead of being violated by Quilp — by, that is, the

> social forces which in a sense he represents — Nell is violated within the bosom of her own family. What is remarkable about The Old Curiosity Shop is that, in the end, Nell is not killed by Quilp, for all his leering lechery, but by the vices and obsessions of her grandfather in relation to whom she plays all the familial roles of child and mother, daughter and sister. (192-93)

물론 트렌트 노인이 보여주는 허위의식이나 도박 충동이 사회적 내용을 배제하는 것은 아니다. 자기가 도박을 하는 것은 모두 다 넬의 안전과 평화를 위해서라고 떠벌리고 본인 스스로도 그렇게 믿고 있지만 도박판에서 그가 진정 원하는 것은 "흥분과 위험의 반복"(Piggott 33)일 따름이다. 어린아이처럼 넬에게 의지하고 있으면서도 "내 삶의 걱정이자 목적"(49)은 넬뿐이라고 떠벌리고, 도박을 하면서도 모든 것이 넬을 위해서라고 강변하는 그의 허위의식은 신사 이상이 대표하는 빅토리아조 중산층의 허위의식에 닿아 있는 것으로 보인다. 도박이 대표하는 "투기적 야망"(Raina 50) 역시 개인의 도덕적인 실패를 보여주는 것이면서 주식투자와 금융사기로 점철된 당대의 역사적 맥락을 고려해야만 제대로 이해할 수 있는 병리적 현상이다. 18세기 말까지만 해도 도박은 귀족과 왕족에게 국한되었던 문제였지만 19세기에 접어들면서 중산층을 거쳐 하층민에게까지 확산되어서, 1830, 40년대가 되면 도박이 "국가적 망신거리"(Schlicke 18)로 간주될 만큼 도박의 폐해가 사회의 골칫거리로 부각되었다. 1837년 한 해에 대략 750만 내지 800만 파운드에 해당하는 돈이 도박으로 탕진되었고 그로 인해서 자살과 살인, 강도와 도둑질이 크게 늘어났다. 1840년대를 휩쓴, 철도에 대한 투기열풍을 가능케 한 일확천금의 꿈이, 도박이라는 투기적 방법을 통해 가족의 안전을 꿈꾸다가 급기야는 파멸하게 되는 트렌트 노인의 삶에 투영되어 있는 것이다. 트렌트 노인이 작중 현실에서 가정이라는 공간에 국한된 인물이 아니라는 점은 두말한 나위 없다. 그러나 퀼프에 비해서 트렌트 노인이 전달하는 사회적 의미는 그 폭과 깊이에서 부족한 것이므로, 넬의 죽음이 트렌트에 의해 가속화되는 작품 진행은 작품이 전하는 사회적 현실성의 약화로 이어질 수밖에 없는 것이다. 이렇게 보면, 악당으로 시종하던 퀼프가 강물에 빠져서 죽어버리는 다소 허무한 최후는 작품이 다루는 사회적 현실에 정면으로 맞설 준비가 덜 되어 있었던 작가로서는 어쩔 수 없는 선택이었을지 모른다.

III. 마무리에 대신하여

이제까지 살펴본 대로 『골동품 가게』는 넬과 퀼프라는 평면적 인물의 대립적 관계를 기본으로 하는 알레고리적 구성에도 불구하고 넬이 런던을 떠날 수밖에 없게 만들었던 할아버지의 도박 습관이 지닌 역사적 맥락과 유랑 길에 오른 넬이 경험하는 사회의 여러 측면을 포착하여 나름의 현실성을 확보한 작품이다. 특히 주변부로 내몰리고 있는 유랑 연희패의 모습과 피폐하고 황량한 공업도시에 대한 묘사는 19

세기 초 영국의 현실과 강한 관련성을 지니면서 이 작품의 빛나는 성취를 구성한다. 그렇지만 사회적 현실을 인물과의 상호작용을 통해 유기적이고 중층적으로 제시하지 못하고 피카레스크 구성을 통해 단편적이고 추상적으로 제시하는 약점은 넬을 실질적으로 파괴하는 핵심세력으로 퀼프가 아니라 트렌트 노인을 설정한 구성단계에서부터 이미 피할 수 없는 노릇이었다. "당대의 사회적 사건들에 대한 디킨즈의 상상적 반응이 무시무시한 세계 속에 있는 어린아이라는 이미지"(Schlicke 23)를 강화시키는 쪽으로 기울어 있지, 넬의 경험하는 작중 현실의 상호관련성이나 역사적 맥락을 살펴보는 쪽으로 향하고 있지는 않은 것이다. 그러나 이 작품을 쓸 당시의 디킨즈는 『피크윅 문서』(*The Pickwick Papers*, 1836-37)를 통해 소설 창작을 시작한 지 4년여밖에 지나지 않은 신예작가였고, 앞으로 30여 년의 세월 동안 영국을 대표하는 소설가로서 성장해나갈 재목이라는 점을 감안하면, 후기작의 성취에 견주어서 초기작이 지니는 이러저러한 약점을 논하기보다[10] 이 작품이 보여준 뛰어난 측면에 주목하고 그것이 후기작의 성취를 예시하는 면에 주목하는 편이 나을지 모른다.

그런 각도에서 보자면 공장지대에 대한 디킨즈의 묘사를 통해서 "디킨즈가 『돔비 부자 상사』(*Dombey and Son*)를 거쳐 『어려운 시절』의 결연한 고발로 어떻게 움직여나갈지 이

10) 『올리버 트위스트』(*Oliver Twist,* 1837-39), 『골동품 가게』 등 디킨즈의 초기작은 사회적 현실의 상호관련성을 포괄적으로 파악하고 제시하기보다 산발적으로 제시하는 차원에 그치는 느낌이다.

미 알 수 있다"(Raina 50)라고 평가한 레이너의 지적은 타락한 시대에 대한 전면적이고 종합적인 문제의식과 뛰어난 예술적 형상화를 과시하는 후기작을 상재하기 위해 『골동품 가게』가 꼭 필요한 디딤돌이었다는 얘기에 다름 아니다.[11] 결론적으로, 넬이 느끼는 위협과 그로 인한 정서적 혼란을 생생하게 환기시키는 작가의 솜씨와 퀼프의 활기나 스위블러의 성장을 생동감 있게 전달하는 묘사는 후기작의 성취를 앞질러 보여주는 몇몇 장면들과 합해져서 『골동품 가게』를 디킨즈 초기작을 대표할 수 있는 작품으로 만들어준다고 하겠다.

---

11) 사실, 후기적의 성취를 예시하는 이 작품의 빛나는 부분은 일일이 꼽을 수 없을 정도이다. 그 중에서 한두 가지를 소개하면, 도박에 빠진 트렌트 노인이 자기는 손녀의 미래를 위해 돈을 벌고자 하는 것이지 도박을 즐겨서 하는 게 아니라고 강변하는 데에서 드러나는 허위의식은 『막대한 유산』(*Great Expectations,* 1860-61)에서 매그위치(Magwitch)와 핍(Pip)이 펼치는 드라마의 아이러니가 생겨나는 토대이다(Raina 51). 그리고 스위블러와 결혼하는 하녀 마셔니스는 『우리 둘 다 아는 친구』(*Our Mutual Friend,* 1864-65)의 리지 헥삼(Lizzie Hexam) 못지않게 작품에서 중요한 비중을 차지하는 하층계급 출신의 여성이다(Coleman 43).

참 고 문 헌

이인규. 「디킨즈의 『골동품 가게』 재론—리틀 넬을 중심으로」. 『영어영문학』 48.3 (2002): 541-58.

Adorno, Theodor Wiesengrund. "An Address on Charles Dickens's *The Old Curiosity Shop.*" *Charles Dickens: Critical Assessments* vol II. 362-69.

Andrews, Malcolm. "Introduction." Charles Dickens. *The Old Curiosity Shop.* Ed. Angus Easson. Harmondsworth: Penguin, 1972. 11-31.

Coleman, Rosemarie. "Nell and Sophronia—Catherine, Mary, and Georgina: Solving the Female Puzzle and the Gender Conundrum in *The Old Curiosity Shop.*" *Dickens Studies Annual* 36 (2005): 33-55.

Dickens, Charles. *The Letters of Charles Dickens* vol. II. Ed. Walter Dexter. Bloomsbury: The Nonesuch P, 1938.

______. *The Old Curiosity Shop.* Ed. Angus Easson. Harmondsworth: Penguin, 1972.

Hollington, Michael, ed. *Charles Dickens: Critical Assessments* vol II. Mountfield: Helm Information, 1995.

Huxley, Aldous. "The Vulgarity of Little Nell." *Charles Dickens: Critical Assessments* vol II. 359-61.

Kincaid, James R. *Dickens and the Rhetoric of Laughter.* Oxford: Oxford UP, 1971.

Lucas, John. *The Melancholy Man.* 1970; Sussex: The Harvester P, 1980.

Marcus, Steven. *Dickens: From Pickwick to Dombey.* New York: Basic Books, 1965.

Musselwhite, David E. *Partings Welded Together: Politics and Desire in the Nineteenth-Century Novel.* London and New York: Methuen, 1987.

Pearson, Gabriel. *"The Old Curiosity Shop." Dickens and the Twentieth Century.* Ed. John Gross and Gabriel Pearson. London: Routledge and Kegan Paul, 1962. 77-90.

Piggott, Gillian. *Dickens and Benjamin: Moments of Revelation, Fragments of Modernity.* Farnham and Burlington: Ashgate, 2012.

Poe, Edgar Allan. *"The Old Curiosity Shop." The Dickens Critics.* Ed. George H. Ford and Lauriat Lane, Jr. Ithaca: Cornell UP, 1961. 19-24.

Pope, Norris. "*The Old Curiosity Shop* and the New: Dickens and the Age of Machinery." *Dickens Quarterly* 13.1 (1996): 3-18.

Raina, Badri. *Dickens and the Dialectic of Growth.* Madison: U of Wisconsin P, 1986.

Schlicke, Paul. "Embracing the New Spirit of the Age: Dickens and the Evolution of *The Old Curiosity Shop.*" *Dickens Studies Annual* 32 (2002): 1-35.

Underwood, Hilary. "Dickens and Contemporary Art." *Dickens and the Artists.* Ed. Mark Bills. New Haven and London: Yale UP, 2012. 69-109.

Waters, Catherine. "Gender, Family, and Domestic Ideology." *The Cambridge Companion to Charles Dickens.* Ed. John O. Jordan. Cambridge: Cambridge UP, 2001. 120-35.

스위블러의 변모와 성장: 『골동품 가게』

I. 머리말

빅토리아 시대를 대표하는 소설가 중의 한 명인 찰스 디킨즈(Charles Dickens, 1812-70)는 그의 네 번째 소설 『골동품 가게』(*The Old Curiosity Shop*, 1840-41)에서 천사 같은 넬 트렌트(Nell Trent)와 악마 같은 대니얼 퀼프(Daniel Quilp)의 대조를 중심으로 하여 선과 악, 시골과 도시의 극단적 대립에 기초한 알레고리를 제시한다. 넬과 퀼프의 대조는, 선악의 대조일 뿐만 아니라 맥없고 수동적인 인물과 활기차고 에너지에 가득 찬 인물의 대조이기도 하고, 삶을 초월하여 삶에 연연하지 않는 인물과 삶을 파괴하는 인물의 대조이기도 하다. 사실, "좋은 일이든 나쁜 일이든 우리 삶의 모든 일은 대조를 통해 우리에게 제일 큰 영향을 미친다"(493)라고 지적하는 서술자의 발언대로 『골동품 가게』는 다양한 인물들의 대조와 대립 속에서 그 의미를 구축하고 확장한다고 할 수 있는데, 이 작품이 포착하는 대조의 면면이 넬과 퀼프라는 두 인물 또는 둘이 대표하는 세력 사이의 대조에 그치는 것은 아니다. 또한 넬과 퀼프라고 해서 상반되는 요소만 보여주는 것도 아니다.

두 인물은 무엇보다도 심리적 성장이나 발전이 없는 평면적 인물이라는 공통점을 지니고 있다. 서술자가 "일종의 알레고리 속에 존재하는 것 같다"(56)라고 지적하는 넬이 시종일관 구원자나 천사의 모습으로 제시된다면, 『골동품 가게』가 재현하는 알레고리에서 핵심적인 위치를 차지하고 있는 또 다른 주인공 퀼프는 악당으로 시종하는 위인인 것이다. 따라서 작품이 담고 있는 대조의 또 다른 축은 변화하지 않고 고정되어 있는 인물들과 변화하고 성장하는 인물들 사이의 대조, 그리고 변화하는 인물이 보여주는 이전과 이후의 대조일 수밖에 없을 터인데, 본고에서 리처드 스위블러(Richard Swiveller)와 마셔니스(Marchioness)의 성장과 변모를 살펴보고자 하는 것도 입체적으로 변화하는 이들의 삶이 알레고리적 구성에 치우친 작품의 의미를 다양화하면서 인물과 환경의 관계를 동적으로 파악할 수 있는 실마리를 제공한다고 판단되기 때문이다. 스위블러와 마셔니스를 통해 제시되는 대조의 면면이 성장하지 않는 인물과의 대비라는 추상적 차원에 그치는 것은 아니다. 이들은 퀼프가 쌤슨 브라스(Sampson Brass)와 쌜리 브라스(Sally Brass) 남매를 통해서 벌이는 음모를 적발하고 바로잡는 역할을 수행하면서 어둠을 주도하는 세력과 대비될 뿐만 아니라 작품의 진행 속에서 각각, 예컨대 스위블러는 퀼프와, 마셔니스는 넬과 대조된다. 단적인 예를 들자면, 여주인공 넬이 처음부터 마지막까지 타인의 – 주로 남성들의 – 시선에 의해 끊임없이 대상화되는 수동적인 존재라면, 주체성과 에너지가 충만한 마셔니스는 변호사 사무실의 지하에 갇혀 있으면서도 열쇠구멍으로 바깥을 내다보고 돌아가는 상황을 파악해서 그에 적극적으로 대처하는 차이점을 보여준다. 넬과 마셔니스의 차이는 둘이 나이가 비슷한 또래이고 다 같이 고아로 등장할 뿐 아니라[1)] 그로테스크한 인물들에 둘러싸여 있고 골동품 가게와 변호사 사무실이라는 공적인 장소를 숙소로 삼고 있다는 유사성을 전제로 하고 전개되는 차이이기 때문에 더욱 두드러진다고 하겠다.

스위블러와 마셔니스를 제시하는 작가의 솜씨에 아쉬움이 없는 것은 아니다. 예를 들자면 스위블러는 넬의 오빠인 프레드 트렌트(Fred Trent)의 친구로 처음 등장하는데, 프레드는 조부와 언쟁을 벌이며 중요한 인물처럼 등장하고 스위블러는 별다른 비중을 지니지 못하는 군소인물처럼 등장한다. 그러나 이후 프레드가 특별한 설명 없이 작품에서 실질적으로 '퇴장'하는 반면에,[2)] 스위블러는 차지하는 비중이 점차

---

1) 14세인 넬이 부모 사망 후 할아버지 밑에서 지내는 고아라면 13세인 마셔니스의 혈통은 작품이 끝날 때까지 수수께끼로 남아 있다. 작품의 초고에서 작가는 마셔니스의 부친을 퀼프로, 모친을 쌜리로 설정했었지만, 긍정적 인물로 거듭나는 마셔니스가 사악한 부모에게서 태어났다는 설정이 무리라고 생각해서인지 최종 원고에서는 그 부분을 삭제하였기 때문에 우리는 그녀를 고아로 추측할 수밖에 없는 것이다. 그리고 『골동품 가게』를 구성하는 대조 내지 대립의 양상은 넬과 퀼프, 스위블러와 마셔니스를 중심으로 전개되는 대조 외에도, 예컨대 순수하고 나이 어린 넬과 늙은 트렌트(Trent) 할아버지 및 골동품 가게에 있는 그로테스크한 사물들의 대조, 스위블러와 마셔니스가 하는 크리비지(cribbage)라는 카드놀이와 트렌트 노인이 보여주는 도박 중독의 대비 등 많이 있지만 본고에서는 스위블러와 마셔니스에 집중하여 논의하고자 한다.
2) 23장에서 '퇴장'한 프레드는 이후 34장, 50장, 그리고 종장(終章)에서 언

높아지면서 전체적으로 의미심장한 성숙과 변모의 모습을 보여주기 때문에 독자로서는 작품의 구상이 중간에 바뀌었다는 느낌을 받을 수밖에 없다. 본고에서는 과다한 감상주의적 경향과 엉성한 인물 형상화 등 작품의 이러저러한 약점에 주목하기보다 주위 환경을 바꾸고 그 과정 중에 자기 자신도 바뀌어나가는 스위블러와 마셔니스의 모습을 통해 디킨즈의 초기작을 대표할 수 있는 작품으로 『골동품 가게』를 꼽을 수 있는 이유의 일부를 검토하고자 한다.

II. 스위블러의 변모

2장에서 프레드와 함께 트렌트 노인의 골동품 가게에 찾아온 스위블러는 유산 상속의 기대를 갖고 무위도식하는 젊은이로서 『막대한 유산』(*Great Expectations*, 1860-61)에 등장하는 런던 시절의 핍(Pip)이나 『우리 둘 다 아는 친구』의 유진 레이번(Eugene Wrayburn)이라는 한량과 비교될 만큼 나태하고 게으른 위인이다(Gold 113, Pykett 67). 할아버지가 자기

급되거나 잠깐씩 얼굴을 비추지만 플롯의 진행에는 영향을 미치지 못한다. 넬의 오빠인 프레드가 『골동품 가게』에서 뚜렷한 역할을 담당하지 못하는 모습은 『어려운 시절』(*Hard Times*, 1854)의 루이자 그랫그라인드(Louisa Gradgrind)와 톰(Tom), 『우리 둘 다 아는 친구』(*Our Mutual Friend*, 1864-65)의 리지 헥삼(Lizzie Hexam)과 찰리(Charlie), 『에드윈 드루드의 비밀』(*The Mystery of Edwin Drood*, 1870)의 헬리너 랜들리스(Helena Landless)와 네빌(Neville) 등, 디킨즈가 남매의 갈등을 작품 전개의 중요한 부분으로 자주 이용한다는 점에 비추어보면 예외적이라고 할 수 있다.

를 제외하고 재산 전부를 여동생인 넬에게 물려주려 한다고 생각한 프레드는, 스위블러에게 자기 여동생과 결혼해서 유산을 물려받은 다음에 재산을 자기와 나눠 갖자고 제의한다. 스위블러는 넬이 불과 14세에 불과한 어린아이라는 사실을 알고 처음에는 깜짝 놀라지만, 유산 상속을 기대하며 허송세월하는 처지에 공돈이 생길 기회를 흘려보낼 수는 없는 노릇이므로, 돈 많고 예쁜 여자와 결혼할 수 있다면 여자 친구인 쏘피 웨클스(Sophy Wackles)와 헤어질 수도 있겠다고 생각한다. 넬은 오빠와 스위블러의 '합의'가 품고 있는 위협에 대해서는 알지 못하지만 퀼프가 골동품 가게를 접수한 후 빌린 돈을 내어놓으라고 계속 압박할 뿐 아니라 심지어는 자기의 아내가 되어달라는 성적 위협까지 가해오자 그를 피해서 할아버지와 함께 런던을 탈출한다. 넬의 행방을 알 길이 없는 스위블러는 희망이 사라졌을 뿐 아니라 희망을 좇다가 쏘피마저 놓친 상황이 견딜 수 없다. 이런 상태에서 하루는 퀼프의 술을 얻어먹고 술김에 넬과 결혼하고 싶다는 속마음을 털어놓는데, 술에서 깨어난 다음 날 아침에는 악당이고 자기에게 하등의 도움이 될 리 없는 퀼프에게 공연한 얘기를 했다는 후회만 가중된다. 그렇지만 그의 '후회'는 그간의 생활과 행실에 대한 반성이라기보다 자기 운명에 대한 한탄과 일찍 사망해서 자기를 고아로 남겨놓은 부모에 대한 원망에 가깝다.

> … 스위블러 씨는 모자를 바닥에 집어던지고 신음 소리를 내면서 자기는 불행한 고아라고, 그리고 불행한 고아가 아니었으면

사정이 이렇게 나빠지지는 않았을 거라고 소리 내어 울게 되었다.

"어릴 때 부모가 돌아가셔서 고아가 되었고," 스위블러 씨는 자신의 가혹한 운명에 대해 비통해하면서 울부짖었다. "아주 어릴 때 세상에 던져져서 남을 속이는 퀼프 같은 난쟁이의 자비심에 매달리게 되었는데, 내가 약점을 보인다고 해서 누가 놀랄 수 있겠어! 나는 불쌍한 고아란 말이야." 스위블러 씨는 잠이 덜 깬 채로 주위를 둘러보고 한층 더 목소리를 높여서 소리쳤다. "불쌍한 고아라니까!"

"그렇다면," 근처에 있던 누군가가 말했다. "내가 자네의 아버지가 되어 주지."

… it occurred to Mr Swiveller to cast his hat upon the ground, and moan, crying aloud that he was an unhappy orphan, and that if he had not been an unhappy orphan things had never come to this.

"Left an infant by my parents, at an early age," said Mr Swiveller, bewailing his hard lot, "cast upon the world in my tenderest period, and thrown upon the mercies of a deluding dwarf, who can wonder at my weakness! Here's a miserable orphan for you. Here," said Mr Swiveller, raising his voice to a high pitch, and looking sleepily round, "is a miserable orphan!"

"Then," said somebody hard by, "let me be a father to you." (236)

스위블러가 생각하기에는, 자신이 퀼프에게 술을 얻어먹고 쓸데없는 얘기를 늘어놓은 것도, 쏘피를 버리고 넬 같은 어린아이와의 결혼에 매달리게 된 것도 모두 다 고아라는 "가혹한 운명" 탓일 뿐이다. 위의 인용문에서 두드러지는 것은 자신의 "약점"에 대한 반성이 아니라 부모를 여읜 자신의 처지에 대한 지독한 자기연민인데, 작품 말미에서 이상적인 신사로 거듭나기까지 스위블러가 가야 할 길은 먼 셈이다.3)

스위블러가 나태하고 방탕한 모습을 청산하지 못하고 술독에 빠져 빈둥거리는 생활을 계속하자, 도싯 주에 사는 그의 숙모는 송금을 끊고 유산 상속 명단에서도 그를 제외한다. 이제 그는 자기 힘으로 생계를 유지하고 부채도 갚아나가야 하는 처지가 되었는데, 퀼프가 쌜리에게 소개하는 대로 "젊은 시절의 경솔한 행동"(325) 탓에 비바이스 맑스(Bevis Marks)에 있는 브라스 남매의 변호사 사무실에 소속된 "직원이라는 비천한 지위"(같은 면)라도 감수할 수밖에 없게 된 것이다. 퀼프가 사무실을 떠난 후 사무실에 쌜리와 단둘이 남자, 스위블러는 책상에 앉아서 한동안 멍하니 있다가 마지못해 자신이 베껴 써야 할 서류가 무엇인지를 확인한다. 그러나 그 서류의 여섯 단어를 미처 옮기기도 전에 그의 관심은 쌜리의 "갈색 머리 수건"(328)으로 다시 옮겨가고 그녀가

---

3) 게으른 생활습관과 유산 상속의 기대 때문에 쓸모없는 젊은이로 시종하던 스위블러는 작품 말미에서 책임 있는 빅토리아조의 신사로 성장하는데, 그의 변모가 어떤 사건을 계기로 이루어지는지 분명하게 제시되진 않는다. (사실, 스위블러 같은 인물의 변모가 어느 한 순간에 시작되었으리라고 상정하는 것부터가 무리일지 모른다.) 앞으로 언급하겠지만 스위블러가 열병에 걸려 사경을 헤맨 후 그가 결정적으로 변모하는 것은 두말할 나위 없지만 그것은 변화가 시작된 후의 일이고 변화하기 시작하는 단초를 명확히 짚어낼 수 없다는 것이다. 마커스(Steven Marcus)는 위 인용문에서 자기연민에 빠진 채 신세 한탄을 하는 스위블러에게 퀼프 — 울부짖는 스위블러의 "근처에 있던 누군가"가 퀼프이다 — 가 아버지가 되어 주겠다고 한 후 스위블러가 자신의 현재 모습을 돌아보고 새로운 사람으로 거듭난다고 지적한다(165).

수건을 쓰지 않았으면 어떤 모습일지 상상하기에 바쁘다. 변호사 사무실이 암시하는 단조로운 일과와 형편없이 전락한 자신의 처지 때문에 짜증이 난 스위블러는 곧바로 "책상 위에 있던 아주 큰 자"(같은 면)를 집어서 자기 코를 문지르고 쌜리의 머리 근처에서 "도끼를 휘두르듯이"(같은 면) 그것을 휘두르다가 그녀의 머리 수건을 떨어뜨릴 뻔하기도 한다. 남에게 고용되어 일을 하면서도 여전히 권태와 짜증에 사로잡혀 있는 모습이 희극적인 사무실 장면 속에서 부각되는 것이다.

쌜리가 퇴근한 후 사무실에 혼자 남은 스위블러는 변호사 사무실의 직원으로 전락한 자기의 앞날에 무슨 일이 또 닥칠 것인지, 결국은 죄수가 되어서 감옥에 갇히는 운명을 맞는 게 아닌지, 라는 생각을 해본다. 프레드가 어려운 처지에 처한 자신에게 도움을 주기는커녕 직원으로 일하라는 퀼프의 제안을 받아들이라고 강권했다는 사실, 시골에 사는 숙모가 생활비를 보내주지 않을 뿐 아니라 유산 상속 명단에서 제외했다는 사실, 수중에 남은 돈이 없고 하숙집도 떠나야 하는 처지라는 사실 등, 자기에게 닥친 힘든 상황을, 그의 말을 빌리자면 "어려운 문제"(330)를 손가락으로 하나씩 꼽아 보던 스위블러의 생각은 다음과 같이 이어진다.

> "어려운 문제들에 짓눌려 있는 사람이 자유로운 사람으로 간주될 순 없지. 누구도 자기 자신을 때려눕히진 않아. 그리고 운명이 그를 때려눕혀도 운명은 틀림없이 그를 다시 들어 올릴 거야. 그렇다면 나는 내 운명이 이 모든 것을 자초했다는 것을 아주 다행으로 여기겠어. 그리고 할 수 있는 한 개의치 않을 것이고 아주 편안하게 지내서 운명에 앙갚음할 거야. 그러니, 자자,

이보게," 스위블러 씨는 천장을 바라보던 것을 그만두고 의미심장하게 고개를 끄덕이며 말했다. "우리 중 누가 먼저 지칠 것인지 두고 보세."

> "Under an accumulation of staggerers, no man can be considered a free agent. No man knocks himself down; if his destiny knocks him down, his destiny must pick him up again. Then I'm very glad that mine has brought all this upon itself, and I shall be as careless as I can, and make myself quite at home to spite it. So go on, my buck," said Mr Swiveller, taking his leave of the ceiling with a significant nod, "and let us see which of us will be tired first." (330-31)

자신과 운명 중 "누가 먼저 지칠 것인지" 두고 보자는 발언은, 스스로에 대한 무력감과 불쌍하고 비참한 고아일 뿐이라는 자기연민에 빠져서 운명을 한탄하던 앞서의 모습과는 미묘한 차이를 보여주는데, 이 차이는 위의 인용문에 이어서 스위블러가 "의기소침을 떨쳐버리고 무책임한 직원으로서 쾌활하고 편안한 태도를 취했다"(331)라는 지적에 의해 보강된다. 이제, 그는 가혹한 운명이더라도 감수하고 끝까지 가볼 수밖에 없다고 다짐할 정도로는 현실을 직시하게 된 것이다.

그러나 "무책임한 직원"이라는 서술자의 유보적 지적은 스위블러가 부주의하고 신중하지 못하다는 약점에서 벗어나지 못했다는 사실을 알려준다. 실제로 그는 킷 너블스(Kit Nubbles)를 감옥에 가두려는 퀼프와 브라스 남매의 음모에 연루되어서, "비록 내키지 않는 증인이었지만"(553), 킷이 샘슨의 돈을 훔쳤다고 판사 앞에서 증언하고, 킷이 "외국에 장기간 유배되는 형벌"(585)을 받는데 ― 본인의 의지와 상관

없이 — 일조하게 된다. 자신이 킷을 파멸시키려는 퀼프와 브라스 남매의 음모에 '동조'했고, 킷이 나쁜 짓을 저지른 게 아니라 쌤슨이 킷에게 "헤아릴 수 없이 나쁜 짓"(576)을 벌였을 수도 있다는 가능성을 배제할 수 없지만 사태는 이미 돌이킬 수 없이 진행된 다음이다. 부주의하고 조심성이 없는 탓에 넬에 대한 프레드의 꿍꿍이에 연루되었듯이 만사를 귀찮아하며 신중하게 생각하지 않는 탓에 퀼프와 브라스 남매의 어두운 음모에 "어리석은 공범"(Marcus 165)으로 연루된 것이다.

킷이 유죄 판결을 받던 날, 스위블러는 재판 중에 의식을 잃고 법정 바닥에 쓰러진 그의 모친을 안아서 집까지 데려다 준 후, 자신이 잘못 증언했을지 모른다는 후회와 그동안 쌓였던 피로가 몰려오면서, 상징적 죽음이라고 할 수 있는 "극심한 열병"(579)을 앓고 이전의 그와는 전혀 다른 사람으로 재생한다. 사실, 등장인물이 죽을 고비를 넘긴 후 새로운 사람으로 거듭난다는 플롯은 디킨즈가 인물의 변모를 제시할 때 후기작에서도 자주 사용하는 방식인데,[4] 이는 『골동품 가게』의 성공 이후 작가가 이 방법을 신뢰하게 되었다는 의미일 것이다. 스위블러의 극적인 변모는 절도 혐의자인 킷

4) 앞에서 우리는 나태하고 게으른 스위블러의 모습이 런던 시절의 핍이나 좋은 집안 출신의 한량 레이번의 모습과 비슷하다는 점을 지적한 바 있다. 스위블러가 죽을 고비를 넘긴 후 이제까지와는 근본적으로 다른 사람으로 변모하듯이, 핍은 수문 근처에서 올릭(Orlick)의 공격을 받고 사경을 헤맨 후 런던 시절에 그가 집중적으로 보여주던 속물적인 신사와 다른 모습을 보여주고, 레이번 역시 강가에서 브래들리 해드스톤(Bradley Headstone)의 공격을 받은 후 이제까지의 생활방식이나 가치관을 청산하고 새로운 사람으로 거듭난다.

을 끌고 변호사 사무실로 돌아올 때까지만 해도 만사가 "귀찮아서"(543) 사실대로 자백하면 당장이라도 도망치게 해주겠다고 제안할 정도였지만 사경을 헤매다가 살아난 다음에는 정의를 실현하기 위해 책임을 다하는 모습으로 드러난다.

그런데 작품을 자세히 읽어보면 스위블러가 권태에 빠져서 경솔한 행동을 일삼던 순간에도 부정적인 모습 일변도로 제시되는 것은 아니라는 사실을 확인할 수 있다. 이는 기본적으로 그가 자기중심적이거나 이기적인 인물이 아니기 때문인데, 실제 담배 냄새에 절고 술에 취한 채로 프레드와 함께 작품에 처음 등장한 장면에서도, 프레드는 트렌트 할아버지가 듣기에 고약한 말을 일삼지만, 스위블러는 그와 반대로 할아버지의 기분을 살피는 데 열심이다. 그리고 프레드를 데리고 자신의 하숙집으로 돌아와서 낙담한 친구에게 술을 권하는데, 스위블러는 "물을 탄 차가운 진"(101)을 "장밋빛 와인"(같은 면)이라며 내밀고, 단칸방에 살면서도 방이 여럿 있는 집에서 사는 체한다. 이때 스위블러는 친구에게 속임수를 써서 이익을 얻고자 하는 게 아니다. 프레드를 위로하고 기운을 북돋고자 하는 것인데, 이는 "자네처럼 유쾌하지도 현명하지도 않느니 현명하지는 않아도 유쾌하게 지내고자 한다"(102)라는 발언에서도 드러난다.

『골동품 가게』의 스위블러는 기본적으로 상상력이 풍부하고 창의성과 호기심이 많은 인물이다. 서술자의 지적대로 "비유적이고 시적인 특징"(101)을 잔뜩 지니고 있는 스위블러는 이야기를 할 때도 셰익스피어, 골드스미스(Oliver Goldsmith), 번즈(Robet Burns), 바이런(Lord Byron) 등의 고급문학뿐 아니라 민요와 대중가요의 가사를 언제나 인용한다. 사무실에 쌜리와 단둘이 있을 때 그가 유쾌하게 떠들며 노래를 읊조리고 오렌지 세 개를 한 손으로 받고 의자와 펜나이프를 턱과 코에 각각 올려놓고 균형 잡는 묘기를 부려서 "사무실에 박혀 지내는 권태"(349)를 잊고자 하는 것도 유희를 즐기는 그의 특징에서 비롯한다. 상상력이 풍부하고 놀이를 즐기는 스위블러는 어렸을 때부터 법률에만 관심을 쏟고 사실과 계산의 세계에 머무르던 쌜리와 여러 모로 대조되는 존재인데, 그런 쌜리에게 스위블러가 "새롭고 이제까지 꿈에도 생각해보지 못한 존재"(348)로 여겨지는 것은 당연하다. 작품에서 쌜리는 스위블러가 대표하는 유희의 정신과는 기본적으로 대립하는 세계 — 퀼프가 대표하는 탐욕스럽고 이기적인 세계 — 에 속하는 인물이므로 그에 대한 호감이 끝까지 유지될 순 없는 노릇이지만 이 단계에서 둘 사이에 "모종의 우정"(349)이 생겨났다는 서술자의 지적 또한 스위블러의 긍정적 특성이 인간관계에 미친 영향을 보여주는 예라고 하겠다.

작품 전체의 구도에서 스위블러의 분방한 상상력이나 유희에 대한 본능은 퀼프나 브라스 남매를 통해 드러나는 약탈적이고 억압적인 근대세계의 정신과 대조되는 것으로 보인다.5) 작품에서 스위블러 못지않게 새로운 것을 만들어내고 상상으로 뭔가를 꾸며내는 데서 재미를 느끼는 인물이 퀼프라는 사실은 부인할 수 없다. 그렇지만 그의 상상력은 스위블러의 상상력과는 반대 방향으로 작동하는바, 예컨대 그는 부인과 별거를 선언한 후 부둣가의 목조사무실에 그물

5) 근대사회의 정신에 닿아있는 퀼프의 면모에 대해서는, 장남수 76-88.

침대 등을 설치하고는 "로빈슨 크루쏘처럼 별장을 갖게 되었다"(465)라고 기뻐한다. 이 단계에서 퀼프가 타워 힐(Tower Hill)에 있는 자기 집을 박차고 나간 까닭은 순전히 자기 부인을 괴롭히기 위해서인데, 그의 창의성은 "아무 보상 없이 자신의 악의를 발산할 수 있는 상황을 새로 만들어내는 재능"(Kucich 67)의 다른 이름인 것이며, 그는 이 "재능"을 끝없이 발휘해서 넬과 킷의 모친과 주위 사람들을 악마처럼 괴롭히는 것이다. 퀼프의 창의성은 넘치는 에너지를 폭력적으로 발산하기 위해 사용된다는 점에서 자신의 즐거움을 다른 사람과 공유하고자 하는 스위블러의 창의성과는 반대되는 것이라고 할 수 있다.6)

절도 용의자인 킷이 무죄를 주장하며 자신의 순수함을 증언해 줄 위더든(Witherden)이라는 공증인에게 가자고 하자, 쌤슨은 그 자리에 있던 킷과 경관뿐 아니라 스위블러도 데리고 공증인의 사무실로 향한다. 그리고 그곳에 모인 사람들 앞에서 쌤슨은 "의회 제정 법률"(551)에 따라 연 12파운드를 내는 자신이야말로 신사이고, 자신은 "음악 연주자들, 무대 배우들, 글 쓰는 사람들, 그림 그리는 화가들"(같은 면)과는 다른 부류라고 강조한다. 쌤슨의 발언은 배우, 작가, 화가 등 예술가들에 대한 멸시와 적대를 바탕에 깔고 있는데, 그가 퀼프와 같은 편을 이루어서 사회적 정의를 우롱한다는 플롯 진행은 상상에 적대적인 세력의 실체를 폭로한다. 이렇게 보

---

6) 쉴릭(Paul Schlicke)은 『골동품 가게』에서 드러나는 오락의 정신에 대한 거부는 "퀼프의 탐욕과 이기심과 악의라는 극단적 형태로 구체화된다"(131)라고 지적한다.

면 잘리 부인(Mrs Jarley)에게 고용된 넬이 밀랍인형 전시회를 홍보하기 위해 광고지를 갖고 학교로 찾아오자, 몬플래더스(Monflathers) 교장선생님이 일은 하지 않고 유희만 좇는다는 이유로 "못돼 먹었다"(308)라고 꾸짖는 부분은 유희에 대한 적대 – 몬플래더스 선생님의 사고체계에서 유희에 대한 적대는 공장노동의 일방적인 강조로 귀결된다 – 가 근대사회의 정신을 구성한다는 사실을 간명하게 알려주는 일화이다.

그렇지만 사회의 주변부로 내몰린 유랑 연희패의 운명이 보여주듯이[7] 유희 정신도 사회적 책임감이나 인간관계의 창조성으로 이어지지 않는 한 근대를 주도하는 정신에 맞설 수 없는 노릇인데, 킷을 둘러싸고 벌어지는 "소설의 중심적인 상반되는 도덕"(Raina 55-56)에서 퀼프와 브라스 남매에 맞서 정의를 실현하고 킷에게 행복을 안겨다 주는 스위블러의 모습을 좀 더 살펴볼 필요가 있다. 열병에 걸려서 생사를 넘나들다가 깨어난 스위블러는 마셔니스의 결정적인 얘기를 듣고 킷이 억울한 누명을 썼다는 사실을 알게 된다. 이후 스위블러와 마셔니스의 노력을 통해, 퀼프가 "킷이 나를 방해하지 못하도록 그를 제거할 방책을 마련해서 실행하라"(479)

7) 『골동품 가게』에 제시된 연희패들은 "'펀치와 주디'(Punch and Judy)라는 인형극을 공연하는 코들린(Codlin)과 쇼트(Short), 등에 북을 지고 다니는 그라인더 씨와 죽마를 타고 있는 젊은 남녀를 포함하는 '그라인더 씨의 무리들'(Mr Grinder's Company), 제리(Jerry)와 네 마리의 묘기 부리는 개들, 거인과 난쟁이를 구경거리로 데리고 다니는 버핀(Vuffin), 카드 묘기를 부리는 윌리엄(William) 등을 포함"(장남수 75-76)하는데, 이들은 좀 더 자극적이고 대규모로 진행되는 오락을 선호하는 19세기 영국 사회에서 "대중오락이 겪게 되는 근본적 변화 및 이전보다 더욱 가혹한 생존경쟁에 내몰린 연희패들의 현실"(같은 글 76)을 보여준다.

라고 브라스 남매에게 지시했고, 따라서 "끔찍한 음모 전체를 꾸민 제일 중요한 사람"(604)이 퀼프라는 사실이 밝혀지고 퀼프는 비참한 최후를 맞는다. 한편 무죄로 석방된 킷은 바버러(Barbara)와 결혼해서 자식을 낳고 "최고로 행복한 사람"(625)이 된다. 줄거리를 놓고 보면 너무나 멜로드라마적이지만 중요한 사실은 악당인 퀼프를 두려워하지 않고 그와의 싸움에서 승리를 거둔 유일한 인물이 스위블러라는 점이다.[8] 사실, 퀼프와 대립하면서 퀼프의 세계에 대한 '대안'을 보여주는 스위블러의 모습은 작품의 도입부에 해당하는 13장에서 그가 퀼프를 쥐어박는 장면에서부터 준비되었던 것인데, 스위블러를 작품의 다른 인물들과 구별시켜주는 자질이 인간관계에서의 창조성으로 드러나는 그의 희극적 상상력이라는 점은 앞에서 지적한 대로이다. 이제 스위블러의 변모와 성장에서 핵심적인 역할을 하는 마셔니스와의 관계에 대해 살펴보겠다.

III. 마셔니스와의 관계

스위블러가 킷의 무죄를 입증하고 퀼프를 단죄해서 사회적 책임을 다하기까지 마셔니스의 역할은 결정적이었다고

8) 작품에서 퀼프와 대립하는 기본 축은 머리말에서 지적한 대로 넬이 차지하고 있다. 그러나 넬은 퀼프를 피해 유랑 길에 올랐다가 죽음을 맞이한다는 점에서 그에게 '패배'하는 인물인 반면, 스위블러는 퀼프와의 싸움에서 승리한다. 퀼프에게 속수무책으로 당하는 넬이 아니라 그의 음모를 분쇄하는 스위블러가 퀼프에 대한 '대안'을 구성하는 것은 당연한 노릇이다.

할 수 있다. 킷이 무죄라고 짐작하더라도 마셔니스의 확실한 증언이 없었으면 킷이 "즉각적으로 사면되고 석방"(598)될 순 없었을 것이고 퀼프와 브라스 남매에게 법적 책임을 물을 수도 없었을 것이기 때문이다. 또한 스위블러의 목숨 자체가 마셔니스에게 빚진 것이라는 사실을 제외하더라도, 그녀를 통해 인간관계에서의 창조성을 발휘할 기회가 없었다면 그는 과거에 대한 회한에 싸여서 쓸쓸하게 지내는 "독신신사"(the single gentleman)의 운명에서 벗어날 수 없었을 것이고, "우울이여 안녕"(Away with Melancholy)이라는 곡을 자정이 넘도록 "아주 느리게"(533) 연주하며 지내는 삶으로 시종했을지 모르기 때문이다(Buzard 204). 그러나 스위블러와 마셔니스의 관계에서 스위블러가 마셔니스의 도움을 일방적으로 받기만 하는 것은 아니다. 축축한 지하실에 갇혀 지내는 '죄수'였고, 친구는 물론 나이도 자기 이름도 모르는 그녀를 구출해서 먹을 것, 마실 것을 제공하고 이름까지 지어줘서 『골동품 가게』가 구현하는 세계에서 마셔니스가 넬 다음가는 여주인공이 되도록 이끈 것이 스위블러이기 때문이다. 스위블러와 마셔니스의 관계를 전체적으로 평가하면, 이들은 각자의 고립을 뛰어넘어 상대에게 긍정적인 영향을 미치고 그 과정 중에 자기 자신도 바뀌어나가는 모습을 보여준다고 할 수 있다.

스위블러가 변호사 사무실에서 일하는 마셔니스를 처음 만났을 때 그녀는 "가슴받이가 달린 더럽고 거친 앞치마를 입은 채"(332) "지하실에서 수수께끼같이 나타난"(334) 하녀로 묘사된다. 제대로 먹지 못해서 바싹 야위어 있고 키도 "3

피트"(같은 면) 정도에 불과하며 늘 코감기를 달고 있고, 씻거나 쉬거나 재미있는 놀이를 하는 법이 없는 그녀를 본 스위블러는 그녀가 뭘 먹는지 어디에서 잠을 자는지 궁금해서 관심을 갖게 된다.[9] 스위블러는 사무실에 혼자 있을 때면 소일거리로 크리비지라는 카드놀이를 자주 하는데, 57장에서도 혼자 카드놀이를 하다가 어린 하녀가 열쇠구멍으로 자기를 엿보고 있다는 사실을 눈치 챈다. 그는 쌜리가 두려워서 감히 방 안으로 들어오지 못하는 그녀를 측은히 여기고 같이 부엌으로 가서 그녀에게 크리비지 게임을 가르치고 근처 가게에서 빵과 술과 고기를 사와서 먹게 한다. "두뇌가 명석하고 영리한"(528) 하녀가 카드놀이를 금방 익히자, 스위블러는 6펜스 동전 두 개를 판돈으로 내놓고 놀이를 "좀 더 실감나고 재미있게"(같은 면) 하기 위해 그녀에게 '후작부인'이라는 뜻을 지닌 마셔니스라는 이름을 지어준 후 같이 놀이를 즐긴다. 유희를 즐기는 스위블러의 천성이 마셔니스에게 이름을 지어주고 놀이를 같이 하는 행동으로 표출되는 것이다. 스위블러가 권태와 짜증에 사로잡힌 일상 속에서도 긍정적으로 변모할 수 있는 단초를 꾸준히 보여준다는 점은 앞에서 지적한 바 있지만, 마셔니스를 처음 보고 생겨난 호기심은 불쌍한 처지의 사람에 대한 연민과 동정에서

9) 주변 사람이나 주변에서 일어나는 일에 대해 궁금해하는 것은 『어려운 시절』의 씨씨 주프(Sissy Jupe), 『작은 도릿』(*Little Dorrit,* 1855-57)의 에이미 도릿(Amy Dorrit)의 경우에서 보듯이 비인간적인 주위환경을 창의성을 발휘하여 인간적으로 바꿔나가는 인물들이 공통적으로 지니고 있는 특징이다. 그리고 이들은 사회질서를 대표하는 이들로부터 "궁금해하지 말라"라는 경고를 공통적으로 듣는다.

나오는 것인데, 그의 따스하고 관대한 마음씨는 감옥에 갇힌 킷에게 "흑맥주"(561)를 넣어 주고 위로하는 행동에서도 드러난다. 스위블러가 대화와 놀이로 마셔니스를 대한다면 쌜리는 폭력과 협박으로 그녀를 조종하는 예화에서 드러나듯이(Winter 47), 스위블러의 유희 정신과 평등한 상상력은 퀼프나 브라스 남매가 보여주는 대로 상상을 적대하고 수직적 위계질서를 강조하는 사고방식과는 배치되는 것이다.

쉴릭은 스위블러가 하녀와 같이 카드놀이를 하고 이름도 없는 하녀에게 마셔니스라는 이름을 지어준 것이 "그 시작은 따분한 저녁에 재밋거리를 찾고자 하는 시도에 불과한 것이었지만 처음부터 그것은 마술적인 것이었다"(Schlicke 134)라고 설명하는데, 둘이 상대방과의 경험을 통해 각자의 약점을 극복하고 긍정적으로 변모해가는 과정을 종합해 보면 "마술적"이라는 설명도 지나친 과장은 아닌 듯하다. 마셔니스와 같이 술과 음식을 먹고 카드놀이를 마친 후 하숙집에 돌아온 스위블러는 장화를 벗다 말고 다음과 같은 생각에 잠긴다.

> "마셔니스라는 이 여자는 … 아주 이상한 사람이군. 수수께끼에 싸여 있고 맥주 맛도 모르고 자신의 이름도 몰라 ─ 이거야 놀랄 만한 일도 아니지 ─ 더군다나 방문의 열쇠구멍을 통해 세상을 제한적으로 관찰하고 있어. 이 정도가 그녀의 운명인 걸까? 아니면 어떤 무명소졸이 운명의 판결에 반대하고 나설까? 이거야말로 대단히 불가해하고 어려운 문제로군!"

> "This Marchioness … is a very extraordinary person ─ surrounded by mysteries, ignorant of the taste of beer,

unacquainted with even her own name (which is less remarkable), and taking a limited view of society through the keyholes of doors — can these things be her destiny, or has some unknown person started an opposition to the decrees of fate? It is a most inscrutable and unmitigated staggerer!" (532)

작품의 플롯을 보면 스위블러는 마셔니스의 앞날과 관련해 본인이 궁금해한 운명 중에서 후자의 역할, 즉 "무명소졸"의 역할을 충실히 수행해서, 부엌데기이자 굶주린 채 갇혀 지내는 죄수였던 마셔니스를 현명한 여성이자 매력적인 아내로 재창조한다.

20일간 "극심한 열병"(579)에 시달리던 스위블러가 깨어나서 보니, 마셔니스가 자기 옆에서 간병 중이고 깨끗이 정돈되어 있는 방에는 약초 냄새가 가득하다. 처음에는 샐리가 그녀를 보내서 자기를 돌보게 했을 거라고 짐작했지만, 마셔니스는 "도망간 하녀"(602)라는 멍에를 쓰면서도 스위블러를 간병하기 위해 브라스 남매의 지하실에서 탈주했다. 자기에게 인간적 대접을 해준 스위블러에게 보답하기 위해 탈주를 감행하고, 필요한 약품과 음식을 구입하기 위해 스위블러의 옷가지라도 전당포에 맡기는 마셔니스의 진취성과 행동력은, 브라스 남매가 킷을 파멸시키기 위해 저지른 음모를 파악해서 그것을 분쇄하는 데 기여한 바와 합해져서, 그녀를 디킨즈의 수동적인 여주인공과는 달리 활동적이고 대담한 인물로 부각시키는 데에 기여한다. 콜먼(Rosemary Coleman)은 마셔니스가 보여주는 진취성과 대담성이 그녀를 『우리 둘 다 아는 친구』의 리지 못지않게 활동적이고 주체적인 인물로 부각시킨다는 사실을 강조한다.

> 마셔니스 이외에 디킨즈의 어떤 여주인공도 이처럼 왕성한 기력과 적극성을 보여주지 못한다. 역시 하층계급의 일원인 리지 헥삼이 물에 빠진 그녀의 애인을 구해내기 전까지는 말이다.
>
> No other Dickens heroine is allowed to be so athletic and aggressive until Lizzie Hexam (also a member of the lower orders) saves her man from drowning. (43)

『골동품 가게』에서 마셔니스가 지니고 있는 독특한 면은 그녀를 이 작품의 여주인공인 넬과 비교해 보면 확연히 드러난다. 예컨대, 넬은 주변에 있는 남성들의 시선에 의해 끊임없이 대상화되는 수동적 존재로서, 절망과 체념 속에서 죽음을 향해 조금씩 나아가는 반면에, 마셔니스는 지하실 바깥에서 벌어지는 일을 관찰하고, 브라스 남매의 이야기를 엿들어서 상황을 파악한 후에는, 대담하게 행동해서 자기의 은인을 살려낼 뿐 아니라 그 행동을 통해 쌜리에게 구박받는 하녀에서 적극적이고 주체적인 여성으로 거듭난다. 넬과 마셔니스의 이러한 차이는 넬이 "음식을 혐오"(426)하는 일종의 거식증을 앓고 있다면 생존에 대한 욕망과 에너지로 충만한 마셔니스는 맥주든 빵이든 고기든 마다하지 않고 뭐든 먹고 즐기는 모습의 대조로도 드러난다.

그러나 『골동품 가게』에서 마셔니스가 보여주는 변모는 왜소하고 무지한 하녀에서 상황을 기민하게 파악해서 킷의 무죄를 증언하고 스위블러를 능동적으로 구해내는 변화에 그치는 게 아니다. 마셔니스의 최종적인 변화는 인습을 무시하고 대담하게 행동하던 그녀가 중산층의 부인으로 '순치'돼서 사회와 타협하는 모습으로 완결된다. 긍정적으로 변모한 스위블러와 마셔니스에게 최대한의 '보상'을 해주고자 하는 작가의 결정이 둘이 행복한 가정을 꾸리는 결말로 나타나는 듯한데, "진정한 신사"(Pearson 89)의 자질을 갖고 무지렁이 하녀에게 스스럼없이 카드놀이를 가르치고 한자리에서 먹고 마시던 스위블러에게 하녀라는 마셔니스의 신분은 처음부터 문제 되는 게 아니었다. 그리고 오렌지 껍질과 물만 갖고도 허기를 채울 수 있는 체하는 마셔니스야말로 "물을 탄 차가운 진"(101)을 "장밋빛 와인"(같은 면)이라고 내놓고, 단칸방을 방이 여럿 있는 집인 체하는 스위블러에게 "어울리는 배우자"(Higbie 61)라고 할 수 있을 것이다. 마셔니스가 사회의 규범에 맞게 일정 정도 순치되는 두 번째 변모는 그녀가 "좋은 집안 출신의 신사"(325)인 스위블러와 결혼해서 행복한 가정을 일구기 위해 필요한 변화를 반영한다. 그녀는 무지를 깨칠 필요가 있고 퀼프와 브라스 남매에게 맞서던 대담성과 진취성보다는 중산층 부인에게 요구되는 세련과 교양을 익힐 필요가 절실한바, 스위블러는 그녀를 쏘프로니어 스핑크스(Sophronia Sphynx)라고 개명한 후10) "자기가 고른

10) 스위블러가 마셔니스를 쏘프로니어 스핑크스라고 이름 지은 것에 대해, 쇼어(Hilary M. Schor)는 "쏘피 웨클스와 쌜리 브라스에게 바치는 경의의 표시가 틀림없는데, 쏘피는 딕 스위블러가 넬을 좇느라고 그녀의 사랑을 희생시켰던 인물이고 쌜리는 마셔니스의 어머니이자 사적 세계에서 스핑크스 같은 존재이다"(43)라고 설명한다. 쏘피에 대해 스위블러가 미안해하는 마음을 갖는 것은 충분히 있을 수 있는 일이지만, 쌜리에 대한 설명은 — 그녀가 마셔니스의 어머니라는 설정은 초고에만 있던

학교"(667)에 보내서 "가정의 천사"로서 필요한 자질을 익히도록 한다. 그리고 마셔니스가 6년간의 교육을 마치자, 그녀에게 청혼하고 곧바로 결혼한다.

IV. 결론

마셔니스가 더 이상 도전적인 에너지를 보여주지 않는다고 해서 스위블러와 마셔니스의 결혼이 기성사회의 반복이 될 수는 없다. 스위블러 자신이 쏘프로니어 스핑크스를 6년간 학교에 보내느라 쪼들리는 생활을 하면서도 기꺼이 그 세월을 인내하고 어려운 생활을 감수할 정도로 개방적인 인물이고, 마셔니스도 학교에서 단연 두각을 나타낼 정도로 스위블러의 '희생'을 헛되이 하지 않을 재능의 소유자인 것이다. 스위블러의 후원 속에서 6년 만에 학교를 다닌 마셔니스는 발육부진이고 못생긴 하녀가 아니라 "미인이고 영리하며 명랑한"(668) 여성이다. "대단히 쾌활하고 다정하며 검소한 아내"(669)로, "사랑스럽고 가정적인 남편"(같은 면)으로 제시되는 이들 남녀의 결합이 만족스러운 것이라는 사실은[11] 작품에 묘사된 다른 부부와 이들의 관계를 비교해보면 쉽게

구상이라는 점은 차치하더라도 — 쎌리와 스위블러의 대립적 구도를 고려할 때 다소 엉뚱한 해석이라고 여겨진다.

11) 스위블러가 마셔니스와 이룩한 "감동적이고 진정한 관계"(Ballinger 335)에 대해, 쇼어는 둘의 결혼이 "디킨즈의 모든 소설 중에서 최고로 만족스러운 결혼 중의 하나"(Schor 43)라고 평하였고, 체스터튼(G. K. Chesterton)은 "디킨즈 전체 소설 중에서 유일한 진짜 로맨스"(Buzard 205 재인용)라고 하였다.

확인할 수 있다.

『골동품 가게』에는 햄스테드(Hampstead)의 작은 집에 전세를 얻은 이들 부부 외에도 타워 힐에 거주하는 퀼프 부부와 핀칠리(Finchley)에 살고 있는 갈랜드 부부가 등장한다. 퀼프 부인의 두 팔은 남편이 자꾸만 꼬집어서 "검푸르게 멍이 든 손가락 자국"(156)이 없는 날이 없다는 묘사에서 드러나듯 이들 부부의 관계는 한쪽이 휘두르는 폭력과 일방적 지배로 특징지어진다. 그에 비해 갈랜드 부부의 관계는, 작품에서 따로 다루어지지는 않았지만, 점잖고 친절한 마음씨의 소유자인 갈랜드 씨의 태도와 품성으로 미루어 보건대 중산층의 이상적 가정에 육박할 것으로 짐작된다. 그러나 스위블러와 마셔니스가 꾸려갈 가정과 비교하면, 갈랜드 씨 부부는 둘이 같이 겪은 경험의 폭과 깊이가 제한적이기 때문에 타인에 대한 공감과 이해에서 스위블러 부부에 못 미치며, 타락한 사회에 대해서도 근본적인 문제 제기를 하는 데에는 미달한다.

스위블러와 마셔니스의 모습이 물론 흡족한 것은 아니다. 예컨대, 스위블러만큼 방탕과 무위도식으로 시종하던 『막대한 유산』의 핍이 회상의 대상이 되는 어린 시절의 자신과 어리석은 과거를 회상하는 성인 서술자 사이의 긴장을 통해 감동적으로 성장한 자신의 모습을 입증하는 반면, 스위블러는 감상성을 시원하게 떨쳐내지 못했을 뿐 아니라 핍과 비교해서 빈약한 인물에 그치는 느낌이다. 마셔니스 역시 『우리 둘 다 아는 친구』의 리지가 지니고 있는 성적 매력과 성적 에너지가 배제되어 있기 때문에 한 인간으로서 온전히 제시되었다는 느낌에 미달한다. 템스 강가에서 노동하는 리지의 생업과 육체, 그리고 욕망을 통해 전달되는 그녀의 생명력은 그녀를 중산층의 가치관에 도전하는 인물로 부각시키지만 마셔니스의 최종적 모습은 중산층의 가치관에 함몰된 인물에 가깝다고 할 것이다. 이렇게 볼 때, 킷이 바버라와의 사이에서 낳은 자식들은 언급되지만 스위블러와 마셔니스 사이에서 낳은 자식은 언급되지 않을 뿐 아니라 이들의 부부 생활에서 "성적인 측면이 최소화"(Coleman 45)되는 결말부는, 마셔니스를 쏘프러니어 스핑크스로 바꾸면서 중산층 독자의 가치관에 과다하게 양보한 작가의 약점이 구체적으로 드러난 사례라고 하겠다.

그러나 후기작의 성취를 기준으로 디킨즈의 초기작을 평가하는 것은 적절하지 못할 듯하다. 오히려 변화하지 않고 고정된 인물들이 주로 등장하는 초기작의 세계에서 스위블러처럼 갈등을 겪으며 성장하는 인물을 제시했다는 것이 『골동품 가게』의 중요한 미덕이고 이러한 솜씨가 더욱 발전해서 후기작의 성과를 달성했다고 이해하는 편이 온당할 것이기 때문이다. 먹을 것과 마실 것, 재미와 오락거리가 풍부한 스위블러와 마셔니스의 가정은 어떻게 보면 유랑 길에 오른 넬이 찾아다니던 "종교적 천국"(Bowen 156)의 세속적 모습이라고 할 수 있을지 모른다. 그리고 이들 부부가 이루어낸 '세속적 천국'이 퀼프와 브라스 남매를 통해 드러나는 근대의 정신을 압도하지는 못하지만 그것과 대립하고 그 나름의 '대안'을 구성한다는 것이야말로 이 작품이 달성한 성취의 중요한 측면인 것이다.

참 고 문 헌

장남수. 「『골동품 가게』에 제시된 사회적 현실의 문제」. 『현대영미어문학』 31.4 (2013): 73-91.

Ballinger, Gill. *"The Old Curiosity Shop." A Companion to Charles Dickens.* Ed. David Paroissien. Oxford: Blackwell, 2008. 328-37.

Bowen, John. *Other Dickens: Pickwick to Chuzzlewit.* Oxford: Oxford UP, 2000.

Buzard, James. "Enumeration and Exhaustion: Taking Inventory in *The Old Curiosity Shop.*" *Contemporary Dickens.* Ed. Eileen Gillooly and Deirdre David. Columbus: Ohio State UP, 2009. 189-206.

Coleman, Rosemary. "Nell and Sophronia—Catherine, Mary, and Georgina: Solving the Female Puzzle and the Gender Conundrum in *The Old Curiosity Shop.*" *Dickens Studies Annual* 36 (2005): 33-55.

Dickens, Charles. *The Old Curiosity Shop.* Ed. Angus Easson. Harmondsworth: Penguin, 1972.

Gold, Joseph. "'For Love or Money': *The Old Curiosity Shop.*" *Charles Dickens: Radical Moralist.* Minneapolis: U of Minnesota P, 1972. 93-115.

Higbie, Robert. *Dickens and Imagination.* Gainesville: UP of Florida, 1998.

Kucich, John. *Excess and Restraint in the Novels of Charles Dickens.* Athens: U of Georgia P, 1981.

Marcus, Steven. *Dickens: From Pickwick to Dombey.* New York: Basic Books, 1965.

Pearson, Gabriel. *"The Old Curiosity Shop." Dickens and the Twentieth Century.* Ed. John Gross and Gabriel Pearson. London: Routledge and Kegan Paul, 1962. 77-90.

Pykett, Lyn. *Charles Dickens.* Basingstoke and New York: Palgrave, 2002.

Raina, Badri. *Dickens and the Dialectic of Growth.* Madison: U of Wisconsin P, 1986.

Schlicke, Paul. *Dickens and Popular Entertainment.* London: Allen & Unwin, 1985.

Schor, Hilary M. *Dickens and the Daughter of the House.* Cambridge:

Cambridge UP, 1999.
Winter, Sarah. "Curiosity as Didacticism in *The Old Curiosity Shop*." *Novel* 34.1 (2000): 28-55.

역사소설과 고딕적 상상력: 『바너비 러지』

I. 머리말

본고에서 다루고자 하는 『바너비 러지』(*Barnaby Rudge: A Tale of the Riots of 'Eighty*, 1841)는 디킨즈(Charles Dickens, 1812-70)가 집필한 열다섯 편의 장편소설 중 제목을 보충하는 부제를 추가로 갖고 있는 드문 경우이다. "1780년의 폭동 이야기"라는 부제는, 1841년 11월 27일에 주간 연재를 마치고 동년 12월에 단행본으로 출판할 때 붙인 서문에 등장하는 고든폭동(Gordon Riots) 내지 가톨릭 반대 운동(No Popery)에 대한 언급과 합해져서, 『바너비 러지』가 역사소설로 구상되고 쓰였다는 사실을 확인시켜 준다. 실제, 디킨즈는 이 작품에서 "근대영국역사에서 가장 대규모로 일어난 대중폭동의 예"(Paz 2)에 해당하는 고든폭동이 발발한 처음부터 군인들에게 진압되기까지의 과정을 사실주의적으로 충실하게 기록하면서, 반란의 진행 중에 드러나는 지배층의 태만과 무책임뿐 아니라 폭력의 확산에 기여하는 대중의 모습 또한 놓치지 않고 있다. 이 사건을 소재로 택한 디킨즈의 계산이 폭동의 혼란상을 보여 줘서 당대의 차티즘을 경계하기 위한 것이었는지, 아니면 1830년대 이후 복음주의의 영향을 받아 기세를 떨치던 동시대의 가톨릭 반대 운동이 지닌 위험한 경향을 경고하기 위해서였는지는 별도로 따져볼 문제이지만,[1] 디킨즈가 고든폭동을 통해 빅토리아시대 사람들에게 "괜찮은 교훈"(3)을 전달하고자 했다는 사실은 쉽게 짐작할 수 있다.

그러나 『바너비 러지』는 작품의 역사적 배경과 작품이 다루는 인물과 사건 사이에 유기적이고 인과적인 관계를 설정해서 "사회적 삶의 총체적 맥락을 묘사하는 것"(Lukács 290)을 목표로 하는 고전적 형태의 역사소설과는 적지 않은 차이점을 보여 준다. 이러한 괴리는 일차적으로 작품이 40퍼센트 정도 진행된 후에야 고든폭동이라는 핵심사건이 도입되고, 폭동을 촉발시킨 고든 경(Lord George Gordon)이 작품에서 차지하는 비중 또한 지나치게 적다는 점에서 비롯한다.[2] 더 나아가, 작품 제목에 나오는 주인공(titular hero)인 바너비는, 자신이 살해한 희생자의 유령에 평생을 쫓기는 그의 부친 러지에게 "희생자의 피에서 솟아난 존재"(574)로 보일 뿐 아니라 아버지의 죄 때문에 정신박약아로 출생했고 또한 그런 만큼 일반적인 주인공과는 거리가 먼 인물이다.

---

1) 『바너비 러지』를 차티즘에 대한 우회적 이야기로 읽는 대표적인 예로는, Brantlinger, *Spirit* 85. 이에 반해 파즈(D. A. Paz)는 영국민이 16세기 이래 갖고 있던 가톨릭 반대의 감정이 1830년대 들어서 한층 더 강화되었는데 외곬으로 치닫는 이러한 경향에 대한 디킨즈의 경고로 이 작품을 읽는다(160).

2) 작품에서 고든 경이 등장하는 부분은 총 82장 중 10여 장에 불과하며, 등장할 때에도 비서인 개쉬포드(Gashford)에게 '조종' 받는 수동적인 인물로 제시되는 경우가 많다.

바너비가 정신박약아이고 "피에서 솟아난 존재"라는 설명에서 엿볼 수 있듯이 이 작품에는 고딕 그로테스크나 멜로드라마라고 칭함직한 요소가 곳곳에 자리 잡고 있는바, "폐허, 비밀, 유령의 출현으로 가득한 고딕소설의 플롯"(Bowen, "Introduction" xvi)이야말로 『바너비 러지』를 기록된 증거와 사건을 다루는 일반적인 역사소설과 구별 짓는 요인이라고 할 수 있다. 첫 장에서 쏠로몬 데이지(Solomon Daisy)가 전하는 "메이폴 이야기"(Maypole story) 자체가 살인, 시체, 유령, 폭풍우가 몰아치는 밤, 교회 등이 등장하는 전형적인 고딕이야기이다. 그리고 그 이야기를 하는 시점은 1775년 3월 19일이고, 사건이 벌어진 시점은 정확히 22년 전인 1753년 3월 19일이라는 우연의 반복[3]은 "초자연적인 것에 대한 관심"(Mee 344)이라는 고딕의 핵심에 닿아 있다. 메이폴 객줏집과 함께 사건이 펼쳐지는 중요한 배경인 워른(Warren) 저택은 "폐허가 될 정도로 허물어져 가는"(114) 곳이고, 집주인이었던 루번 헤어데일(Reuben Haredale)이 살해당한 소식을 이웃에 전하던 지붕 위의 종소리는 "듣는 사람의 머리카락을 곤두서게 했던 바로 그 유령이 내는 소리"(116)로 여겨지며, 살인사건으로 인해 워른 저택의 마룻바닥에 생겨난 핏자국 역시

3) 『바너비 러지』는 전후반부로 구성이 나뉘는데, 32장까지의 전반부는 1775년에 벌어진 일들을 주로 다루고, 33장부터 시작하는 후반부는 5년의 공백이 흐른 후 1780년에 벌어진 일들을 다룬다. 독자들은 3월 19일이 되풀이되는 "우연의 반복"을 33장에서 다시 한 번 목격할 수 있다. 33장은 1780년 3월 19일에 메이폴 객줏집에서 주인장인 존 윌릿(John Willet)이 친구인 콥(Tom Cobb), 파크스(Phil Parkes)와 함께, 진눈깨비가 섞인 폭풍우가 몰아치는 밤에, 종탑의 시계태엽을 감기 위해 혼자 교회에 간 쏠로몬 데이지를 두 시간 반째 기다리는 장면으로 시작한다.

대패질을 한다고 없앨 수 있는 핏자국이 아니다(102). 러지 부인은 살인자의 아내인 자기 이름이 저택 안에서 언급되면 지붕이 무너지고 사방의 벽이 핏방울을 떨어뜨릴 것이라고 두려워한다(214). 브룩스(Peter Brooks)는 발작(Honoré de Balzac)에서 찾아 볼 수 있는 멜로드라마적 요소로 "과장된 인물, 충격적이고 거창한 사건, 숨겨진 관계와 위장한 정체성, 유괴, 서서히 작용하는 독약, 비밀결사, 수수께끼 같은 혈통"(3)을 제시하였는데, 우리는 독약을 제외한 모든 요소를 이 작품에서 만날 수 있는 것이다.

작품 곳곳에서 유령이나 혼령에 거듭 비유되는 러지는 자신이 22년 전에 살해했던 루번 헤어데일의 생사 여부에 대해 짐짓 모르는 체하고 메이폴에서 물어 보지만, "살아 있지도 죽지도 않았다. … 일반적인 방식으로 죽진 않았다"(16)라는 이상한 대답만 듣는다. 뉴깃에 갇혀 있다가 폭동 중에 풀려난 죄수들은 "매장하려고 했지만 수의를 입은 채 살아난 것 같다"(546)라고 묘사되며, 폭동에 가담한 군중은 혼란 중에 사망한 사람들이 "마치 살아 있는 것처럼 보이게"(552) 하려고 무기를 쥐어 줬다고 한다. 고딕적 상상력 속에서 산 자와 죽은 자의 구분이 흐려질 뿐 아니라 인간적인 것과 비인간적인 것의 구분도 명확하지 않은 것이 된다. 러지 자신이 "쫓기는 짐승"(145) 같은 삶을 살고, 메이폴에 기거하며 말을 돌보는 휴(Hugh)는 읽고 쓸 줄도 모르는 "동물"(98, 100)이거나 반인반마의 괴물인 켄타우로스(131, 194, 202, 622)라고 칭해진다. 또한 존 체스터(John Chester)가 보기에 가톨릭이고 세련되지 못한 매너를 지닌 제프리 헤어데일

(Geoffrey Haredale)은 "인간 오소리"(108)에 불과하다. 결국, 역사적 이해에 핵심적일 수 있는 "먼저 일어난 사건과 나중에 일어난 사건, 살아 있는 것과 죽은 것의 … 구분"(Bowen, *Other* 173)을 거부하는 『바너비 러지』는 "역사적 사건의 본질에 대해 그리고 소설에서 그 사건을 재현하는 것에 대해 19세기와 우리 시대에 공통적으로 지니고 있는 몇몇 뿌리 깊은 가정들, 예컨대 역사적 사건의 개별성, 인과적 순서, 진실한 묘사의 가능성에 대해 의문을 제기하고 교란시키는"(161) 기능을 수행한다고 할 수 있다. 고딕이 수행하는 이러한 기능이 작품에 얼마만큼의 성취로 작용하는지는 한두 마디로 논할 성질이 아니겠지만, 전작인 『골동품 가게』(*The Old Curiosity Shop*)를 지배하는 선악 이분법보다는 인간과 세상에 대한 한층 심화된 이해를 반영한다는 점은 분명한 듯하다.

II. 무너진 질서

『바너비 러지』의 서두에 등장하는 메이폴 객줏집은 추운 밤중에 온기와 빛을 사방에 발산해서 지나가는 나그네의 발을 끌어당기고 "유쾌하게 웅성거리는 목소리"(29)가 끊이지 않으며 술과 음식이 풍성한 곳으로서 오래된 영국(Old England)의 이상적인 모습을 대표한다고 할 수 있다. 그러나 메이폴이 보여 주는 질서와 조화는 가부장제가 지배하는 억압적 권위와 구습에 바탕하고 있는바, 실제는 "아버지의 법률이 절대적으로 통용되는 퇴영적이고 전제적인 구체제"(Pykett 73)에 불과하다고 해야 할 것이다.

메이폴을 가부장제의 "가짜 목가"(Duncan 236)가 지배하는 곳으로 만드는 핵심인물은 주인장인 존 윌릿이다. 이해력이 부족하고 완고한 존은 자기의 생각과 행동은 언제나 옳고, 자기와 다르게 생각하거나 행동하는 사람은 언제나 틀린 걸로, "자연과 신의 법칙"(8)에 의해 결정되어 있다고 믿는 위인이다. 20세에 도달한 아들 조(Joe Willet)를 여전히 "꼬마"(20)라고 생각하고, 런던으로 심부름 보내면서도 저녁 먹을 객줏집을 미리 지정해 주고 거기서 외상으로 식사를 해결하도록 한다. 아들에게 경제활동의 자유를 허용하지 않을 뿐 아니라 자기 생각을 말하지도 못하게 윽박지르고 더 나아가 시간의 흐름에 따른 성장과 변화마저 거부하는 존은 아들이 독립적인 인격체라는 사실 자체를 부정하는 것이다. 아버지가 누그러지지 않으면 "조만간에 한도를 어길 수밖에 없게 될 것이다"(31)라는 조의 말에서 엿볼 수 있듯, 메이폴이 대표하는 정체된 질서에 반발하는 에너지는 내부적으로 쌓여만 가고, "아들 조가 복종하면 할수록 아버지 존은 점점 더 전제적으로 되었다"(250)라는 서술자의 지적은 부자간의 갈등이 파국을 향해 치닫고 있음을 알려 준다. 대립과 갈등이 내부적 압력에 의해 폭발할지 모른다는 비유는 이 작품에서 조에게만 적용되는 게 아니다. 동물에 비유되는 휴는 "그가 지닌 모든 신체적 능력을 병에 넣어서 봉쇄하고 코르크 마개로 막아 두고"(98) 있다고 묘사되며, 몸집은 작지만 큰 야망을 지닌 싸이먼(Simon Tappertit)에 대해서는 "술을 크기가 너무 작은 통에 가둬 두면 통 안에서 끓어오르고 발효되고 마찰을 일으키듯"(42) 현재에 만족하지 못하는 야망이 결국은 요란한 소리를 내며 폭발할 거라고 묘사된다.

> 디킨즈의 비유를 따르자면, 소설 속의 젊은이들은 내용물이 압력을 받고 있는 마개로 막혀 있는 병들인데 권위를 지닌 자들에 의해 가학적으로 흔들리고 있다. 그들은 폭발하고자 해서가 아니라 물리학적으로 폭발하는 것이다.

> The young men of the novel are, in Dickens's metaphor, stoppered bottles whose contents are under pressure and who are sadistically shaken by those that have authority. They explode by physics, not choice. (Michasiw 580)

어리석고 완고한 아버지 밑에서 비등점으로 향하던 조의 인내는 그가 술집을 뛰쳐나와 군대에 입대하는 걸로 폭발하는데, 홀링턴(Michael Hollington)은 윌릿 부자의 갈등이 고든 폭동을 통해 제시되는 "기성 사회질서의 폭력적 전복이라는 주제"(101)를 소규모로 전달한다고 설명한다.[4] 조가 아버지의 부당한 대우를 무작정 참고 있을 수만은 없다고 반발하자, 그 자리에 있던 손님 중에서 바든(Gabriel Varden)이 "시의에 맞지 않는 반란 말고 절제된 항의"(31)로 대처하라고 다소 엉뚱한 용어로 충고하는 대목은, 부자 갈등이라는 가정 내의 혼란이 고든폭동으로 폭발한 기성사회의 문제점에 대한 상징 내지 비유로 배치된 것이기도 하다는 사실을 시사

4) 이 작품에서 부자 갈등이 고든폭동의 비유 내지 상징이라는 견해에 대해서는, Rice 172; Duncan 222; Bowen, *Other* 168; Ledger 135 등 참조.

한다. 사실, 엘리자베스 여왕이 사냥을 나섰다가 메이폴에 하룻밤 머물렀던 적이 있는데, 의무를 소홀히 한 시동을 여왕이 "그때 그 자리에서 주먹으로 때리고 손바닥으로 친 적이 있다"(5)라는 『바너비 러지』 첫 장의 서술부터가 이 집이 공적인 역사와 무관하게 존재하는 사적인 공간만은 아니라는 사실을 확인시켜 준다.

존 윌릿이 자기만족에 빠져서 시간의 흐름에 저항하고 구습을 고수하는 구세대의 문제점을 보여 준다면, 장차 국회의원이 되고 기사 작위까지 받는 존 체스터는 기성세대의 타락과 무책임, 이기심과 비도덕성을 한층 더 적나라하게 대표한다. 혼인을 이익과 거래의 관점에서 "민사상의 계약"(268)으로 대하는 그는 일찍이 처갓집의 재산을 노리고 정략결혼을 감행하였는데, 재산을 탕진한 후에는 아들인 에드워드(Edward)가 부잣집 상속녀와 혼인해서 "인생의 황혼기에 있는 자기를 고상하게 부양"(107)하기를 원한다. 냉혹하고 계산이 빠른 그가 에드워드를 키워온 방식은 신사교육을 통해 아들이 세상의 어떤 실제적인 일에도 부적합한 인물이 되도록 하는 것, 즉 "재산을 노리고 구혼하는 사람"(135) 말고 다른 인물로 살아갈 가능성을 없애서 자기가 바라는 방식의 삶을 살 수밖에 없게 만드는 것이었다. 다음 인용문은 에드워드가 자신이 자라온 방식과 처한 형편에 대해 부친에게 솔직하게 털어놓는 대목이다.

> "저는 어릴 때부터 사치와 게으름에 익숙했을 뿐 아니라 재산이 많고 받을 유산 역시 거의 끝이 없는 것처럼 여기며 자랐습

니다. 부자라는 생각에 아주 어릴 때부터 익숙했던 거지요. 사람들이 출세하여 재물과 지위를 갖게 되는 방법은 신경 쓰고 염려할 필요가 없는 걸로 생각하도록 배웠습니다. 흔히 하는 말로, 신사교육을 받아서 아무 쓸모없게 된 거에요. 결국 저는 제 자신이 아버지의 눈에 드는 거 말고는 어떤 방편도 없이 아버지께 전적으로 의지하고 있다는 걸 알게 되었습니다."

"From my childhood I have been accustomed to luxury and idleness, and have been bred as though my fortune were large, and my expectations almost without a limit. The idea of wealth has been familiarised to me from my cradle. I have been taught to look upon those means, by which men raise themselves to riches and distinction, as being beyond my heeding, and beneath my care. I have been, as the phrase is, liberally educated, and am fit for nothing. I find myself at last wholly dependent upon you, with no resource but in your favour." (132)

조와 에드워드는 자식 세대의 자율성과 차이를 인정하지 않고 위계적 질서와 타락한 가치를 강요하는 부친 세대를 더 이상 참지 못하고 집을 떠나는데, 기성사회와 구세대의 문제점을 구체적으로 증언하는 인물로는 휴를 빼놓을 수 없다. 휴는 존 체스터와 집시인 어머니 사이에서 태어났지만 그가 여섯 살 때 어머니가 "위조지폐를 유통시킨 죄"(628)로 교수형을 당한 뒤에는 메이폴에서 손님들의 말을 돌보며 마부로 지내고 있다.[5] 휴의 생부인 존 체스터는 집시 여인을

5) 휴의 모친이 사망한 뒤 그가 메이폴로 흘러오기까지의 과정은 작품에서 다루어지지 않는다. 다만 그의 부친이 혈족관계를 부정했듯 사회는 그를 제대로 양육하지 않았고, 그러한 '박탈'이 메이폴에 와서도 지속되었던 것은 분명하다.

데리고 잠시 즐긴 뒤 곧바로 관계를 끊은 것이기 때문에 휴가 아들이라는 사실을 밝히고 부양할 생각이 전혀 없다. 멸시와 천대 속에서 성장한 휴는 메이폴에 온 이후로도 "끔찍하게 게으르고 빈둥거리는 놈 … 저놈이 죽어버렸으면 좋겠다"(88)라거나 "동물이니까 … 그에 맞춰서 취급해야 한다"(100)라는 욕설과 저주 속에서 사람들과 사회에 대한 증오를 내면화하며 동물과 같은 삶을 이어갈 따름이다. 폭동이 진압된 후 바든이 존 체스터를 찾아와서 감옥에 갇힌 휴가 친자식이라는 사실을 알리고, 이제라도 그 사실을 공개적으로 밝히고 휴가 저지른 죄에 대해 늦기 전에 참회할 수 있도록 하라고 충고하지만, 체스터는 휴가 아들이라는 사실 자체를 부인하며 꿈적도 않는다. 휴를 폭동에 가담하도록 내몰고 급기야 처형하는 세력은 무책임하고 타락한 아버지들로 이루어진 기성사회인데, 이런 환경에서 성장한 그가 폭동 주도세력에 가담한 직후, "가톨릭 반대"(No Popery 316)라는 반란의 공식목표를 "재산 소유 반대"(No Property 316)로 바꿔서 이해하는 것은 사회가 그를 다뤄온 방식에 대한 응답으로서 그 나름의 논리적 귀결이라고 하겠다.

휴는 생부인 존 체스터나 고용주인 존 윌릿과의 관계에서 드러나듯 기성사회와 구질서의 희생자이지만 다른 한편으로는 작품의 폭력성을 주도하는 악당이기도 하다. 폭동에 가담한 후 내면에 잠재해 있던 폭력성을 폭발시키는 휴[6]는 존

6) 평자들은 휴가 폭동에 가담하는 게 어떤 구체적인 이념 때문이 아니라 "폭력이 주는 순전히 실존적인 기쁨"(McCalman 473) 또는 "폭력적 흥분이 주는 전율"(Hollington 106) 때문이라고 이해한다.

체스터에게 “내게 적절한 시빗거리를 줘요 … 끝이 어떻게 되는지는 별로 중요하지 않아요!”(336)라고 하면서 다툼과 폭력을 갈망한다. 개쉬포드에게 “목숨이 걸린 일거리를 주시오, 목숨이 걸린 일거리를 달라니까요”(368)라고 소리치는 대목 역시 피에 굶주린 휴의 모습을 부각시킨다. “흠 없이 탄탄한 체격에 거인 같은 힘을 지닌 젊은이”(98)라는 서술자의 지적이 암시하는 대로 타고난 용맹성 덕분에 데니스(Dennis)나 싸이먼을 제치고 지도자의 지위에 오른 휴는 군인들의 표적이 되지만 “불사신이라도 되는 양”(559) 번번이 상처 하나 없이 살아남는다. 폭동이 막바지에 다다랐을 무렵, 군인들에게 잡혀 간 무리를 구하기 위해 수비대를 공격하는 휴의 모습은 다음과 같다.

> 휴는 … 일군의 포로들을 철책 안에 가두어두고 지키던 수비대를 공격해서 그들을 퇴각하게 했다. 그러고 나서 그들이 감금하고 있던 포로들을 구해 자기 일행을 늘리고는 술과 흥분에 취해서 악마처럼 그들에게 소리 지르며 돌아왔다.

> He … attacked a guard of soldiers who kept watch over a body of prisoners within the iron railings, forced them to retreat, rescued the men they had in custody, and with this accession to his party, came back again, mad with liquor and excitement, and hallooing them on like a demon. (560)

워른 저택이 불길에 휩싸인 날 그가 돌리(Dolly Varden)와 에마(Emma Haredale)를 납치해서 성적 욕망을 채우려고 하는 장면 역시 악당이고 가해자인 휴의 모습이 납치라는 장치를 통해 부각되는 대목이다.

휴가 희생자이고 피해자이지만 악당이고 가해자이기도 하다는 이중성을 제시하고, 그의 동물성 역시 "소설의 핵심에 있는 사회적 불의"(Stuart 29)를 반영하는 것이자 평생을 무시 받은 탓에 "주위 사람들이 눈치 채지 못한 채 오랫동안 그 속에서 들끓고 있던 폭력성"(같은 글 31)이 발현된 것이기도 하다는 사실을 포착하고 고딕적 상상력으로 강렬하게 채색한 것이 이 작품의 빛나는 성과 중 하나인 것은 두말할 나위 없다. 특히 "부드럽고 설득력 있는 말씨 … 세련된 태도 … 우아한 옷차림"(194)으로 휴를 꼼짝달싹 못하게 압도하고 틈 날 때마다 휴를 켄타우로스(194, 202, 622) 등의 동물에 비유하는 존 체스터가 실은 『어려운 시절』(*Hard Times*)의 하트하우스(James Harthouse)에 버금가는 악당이고[7] 실질적인 야만인에 불과하다는 진실은 독자에게 누가 문명이고 누가 야만인지를 자문하도록 유도한다(Hollington 106-07). 그러나 휴를 "악마"나 "괴물"로 제시하는 데 치우치는 고딕적 상상력이 휴라는 인물이 가진 복잡성을 역사적으로 충분히 살피지 못하게 제한하는 측면이 있다는 사실은 부정할 수 없을 듯하다.

휴를 논외로 하더라도, 『바너비 러지』에는 인간이 지닌 선

---

7) 존 체스터와 제임스 하트하우스는 둘 다 자신이 비도덕적인 인물이라는 사실을 솔직하게 인정하고 바로 그러한 '솔직성'을 남들과 다른 자신만의 장점으로 내세운다는 면에서 비슷한 유형이다. 이들은 또한 세상만사를 냉소적으로 대하는데, 체스터가 제프리 헤어데일에게 "환경에 순응하고 시류를 따라서 … 거품을 실체로, 표면을 심층으로, 가짜 돈을 진짜 돈으로 기꺼이 여겨야 한다"(104)라고 말하는 대목은 그의 냉소주의를 잘 보여준다.

천적 폭력성에 주목하도록 유인하는 대목이 적지 않다. 폭동에 대한 소식이 런던 주변으로 확산되어서 사람들이 그 소식을 "지구가 창조된 이래 인간이 자연적으로 갖게 된 특징이라고 할 수 있는 놀라운 것에 대한 욕구와 끔찍한 것을 사랑하는 마음으로"(446) 접했다는 서술자의 지적 역시 인간성의 본원적 측면에 대한 작품의 관심을 증언한다. 그리고 이러한 관심의 연장선상에서, 고든폭동을 "인간성에 내재해 있다고 디킨즈가 파악한 잔인성과 공격성이라는 강력한 충동이 전염병처럼 발생한 것"(Magnet 6)으로 이해할 수도 있을 것이다. 멀쩡한 일꾼이 하루일과를 마치고 집에 왔다가 한순간에 연장통을 내던지고 폭동에 가담하는 일이 비일비재하게 벌어지는 고든폭동의 진행을 작가는 전염병의 확산에 비유한다.

> 한 마디로 말해서 도덕적 질병이 시내에 창궐했다. 소음과 소동 그리고 흥분이 수많은 사람들을 도저히 저항할 수 없게 끌어당겼다. 전염병이 무서운 열병처럼 확산되었고, 아직 정점에 도달하지 않은 광기라는 전염병은 시시각각 새로운 환자들에게 달려들었다. 그리고 이들이 외치는 소리를 듣고 사회는 떨기 시작했다.

> In a word, a moral plague ran through the city. The noise, and hurry, and excitement, had for hundreds and hundreds an attraction they had no firmness to resist. The contagion spread, like a dread fever: an infectious madness, as yet not near its height, seized on new victims every hour, and society began to tremble at their ravings. (438)

작품 후반부에서 가장 중요한 고딕의 초점은 폭동에 휘말려든 군중이 보여 주는 광기라고 해야 할 것이다.[8] 가톨릭 구제법(Catholic Relief Act)에 반대하는 청원서를 의회에 전달하기 위해 의사당 안팎에 가득 찬 군중은 "미친 괴물"(408) 내지 "사냥감을 노려보는 야수"(408)에 비유되며, 워른 저택에 불을 지르고 파괴와 약탈에 몰두하는 군중들은 베들럼(Bedlam) 정신병원을 탈출한 "미치광이들"(462)보다도 더한 광인으로 묘사되는데, 저택을 태우는 불길이 "점점 더 요란한 소리를 내고 타오를수록 이들은 점점 더 거칠어지고 잔인해져서"(460) 마치 "마귀"(460)로 변한 것 같다고 표현된다. 폭동에 가담하는 대중들만 광인으로 제시되는 게 아니다. 청원이 좌절된 후 폭동을 이끄는 지도자로 부각된 싸이먼, 데니스, 휴는 술을 마시고 "팔짱을 낀 채 미친 사람처럼 소리를 지르거나"(328) 성당을 습격하여 사제복과 제단 장식 등을 약탈하는 데 "흉측한 광인처럼"(419) 열심이다. 청원이 실패한 직후 "정말로 정직하고 솔직한"(415) 사람들은 대열에서 이탈하여 다시 돌아오지 않았다는 서술자의 진술은, 원초적 공격성이 폭발하여 자연 상태의 야만적 무질서가 지배하고 있는 현장에 대한 작가의 판단을 예시한다. 시골에서 런던으로 귀경하다가, 청원서를 제출하기 위해 대규모로 움직이는 군중을 목격한 바너비가 가톨릭 반대 운동에 관심을 보이자, 러지 부인은 고든 경에게 그 아이는 제정신이 아니

---

8) 홀링턴은 고딕이나 환상적인 것이 현실과 충돌하여 그로테스크라는 모순적 예술을 만들어낸다고 설명하면서(24) 작품 후반부에서는 군중이 그로테스크의 초점이라고 주장하는데(108), 본고에서는 고딕과 그로테스크, 멜로드라마를 비슷한 의미로 사용한다.

니 운동에 가담시키지 말라고 호소한다. 고든 경은 진실과 대의를 지지하는 사람들을 광인으로 간주하는 시대의 타락상을 개탄한 후, “아들에게 정신이상의 기색이 보이더라도 약간 특이한 점을 광기로 해석해선 안 된다”(400)라고 하며 “만일 특이성을 광기로 해석하는 원칙이 확립되면 우리 중 누가 … 안전할 수 있겠는가!”(같은 면)라고 얼굴을 붉힌 채 반문한다. 미친 사람과 그렇지 않은 사람을 나누기가 쉽지 않을 뿐 아니라 어쩌면 모두가 광인일지 모른다는 고딕적 불안감이 고든 경의 의식을 지배하는 것이다. 이제까지 우리는 고딕적 요소가 사실주의적 요소만큼이나 『바너비 러지』에서 적지 않은 비중을 차지하고 있다는 사실을 확인하였는데, 앞으로는 고딕적 상상력이 작품의 공과로 이어지는 면을 간단히 살펴보자.

III. 고딕 그로테스크

쏠로몬 데이지가 매해 3월 19일에 같은 장소에서 같은 사람들을 대상으로 반복하는 이야기의 소재는 1753년 3월 19일에 워른 저택에서 벌어졌던 살인 사건이다. 작품 후반부가 시작하는 33장에서도 존 윌릿을 비롯한 친구들은 익히 알고 있는 그 이야기를 기대하며 객줏집에서 밤늦게까지 쏠로몬이 돌아오길 기다린다. 그리고 쏠로몬은 “공포의 완벽한 화신”(276) 같은 모습으로 급히 들어와서, 교회묘지에서 끔찍한 비명소리를 들었고 “살해당한 사람과 똑 닮은 사람”(280)의 유령과 조우할 뻔했다는 이야기를 털어놓는다. 세 명의 친구들은 물론이고 작품을 처음 읽는 독자들도 쏠로몬이 루번 헤어데일의 유령을 봤다는 의미로 이해하지만, 쏠로몬을 스쳐갔던 유령은 ― 27년 전에 루번과 정원사를 살해한 후 정원사에 의해 살해당한 것으로 위장했던 ― 러지의 유령이다.9)

러지가 저지른 살인 행위는 그 자신을 포함하여 관련된 많은 사람들을 과거에서 벗어나지 못하게 묶어놓고 있다. 바너비는 부친의 죄 때문에 팔목에 지워지지 않는 핏자국을 갖고 태어난 것처럼 정신적으로도 장애를 안고 평생을 살아야 하며, 바너비의 모친은 남편의 죄가 아들에게 추가적인 해를 끼칠까 봐 "둘을 떼어놓으려고 한평생 노력했다"(609)라고 고백할 만큼, 남편을 피해 런던에서 시골로, 시골에서 다시 런던으로 연속적으로 삶의 터전을 옮긴다. 바너비 모자에게 러지는 과거의 화신이고 일상에 드리워져 있는 그림자로써 어디를 가든 좇아오는 것이다(Marcus 178). 루번 헤어데일의 동생인 제프리 헤어데일은 형을 죽인 살인자에게 복수하고 자신이 "자기 형을 살해했다는 의심"(549)에서 벗어나기 위해, 살인자가 현장으로 돌아오길 기다리며 27년째 워른 저택에만 머무르고 있다. 개인적으로 그는 작품에 등장하는 억압적이고 독단적인 아버지들과 비교할 수 없을 만큼

9) 포(Edgar Allan Poe)는 정원사와 러지가 살해범과 살해당한 사람의 위치를 맞바꾸는 역전이 워른 저택에서 27년 전에 일어났던 루번 헤어데일 살인을 둘러싼 수수께끼를 증폭시키는 고딕적 효과를 거두지만, 전후 단서를 꿰맞추지 않고는 그 비밀을 이해할 수 없고, 작품을 다시 읽는 경우에만 이해할 수 있는 단서들이기 때문에 별로 가치 없는 것이라고 혹평한다(106).

점잖고 괜찮은 사람이지만 과거에 매여서 한 발짝도 벗어나지 못하는 것이다. 꿈에 그리던 복수가 이루어지고 결백이 밝혀진 후에도, 세상을 등졌던 과거는 돌이킬 수 없을 뿐 아니라 "한때 지니고 있었던 비뚤어진 마음"(657)에서 벗어날 수 없다는 생각 때문에 우울해 하는 대목은, 과거가 이미 지나갔거나 끝난 것이 아니라 현재까지 지속되면서 계속 문제되는 것이라는 사실을 새삼 일깨워 준다.

주인인 루번 헤어데일의 돈을 자기 것으로 삼기 위해 살인까지 서슴지 않았던 러지이지만 돈이 생겼다고 해서 그가 유족한 삶을 편안하게 누렸던 것은 아니다. 그는 자신이 살해한 루번의 기억에서 그리고 과거에서 벗어나 앞으로 나가고 싶지만 그러기는커녕 "자신의 의지보다 더 강한 무엇"(512)에 이끌려 사건 현장으로 자꾸 되돌아올 뿐이다. 워른 저택이 고든폭동 가담자들에 의해 전소되던 날 밤에도 그는 근처에 있었는데, 멀리 들판 전체를 밝히는 화염과 함께 요란한 종소리가 울리자 갑자기 "벼락에 맞은 것처럼"(457) 휘청거린다. 러지가 온몸을 떨며 전율하는 까닭은, 바람결에 들려온 종소리를 27년 전에 루번을 살해할 때 루번이 줄을 당겨서 울리게 했던 바로 그 소리라고 생각했기 때문인바, 평생 그를 괴롭히는 과거의 진실이 종소리와 함께 되살아나면서 "억압된 것의 귀환"(return of the repressed)이 본격적으로 이루어지는 것이다. 사실주의적 언어로 전달하기 어려운 러지의 죄의식과 공포를 멜로드라마적 언어로 생생하게 환기시키는 대목을 다소 길지만 인용해 본다.

인간이 아주 터무니없는 망상으로 일찍이 상상했던 무서운 형체 중에서 최고로 무서운 형체가 그 앞에 나타나서 그를 건드린다 하더라도 시끄럽게 울리는 저 쇳소리를 처음 듣고 그가 비틀거리며 뒤로 물러난 것처럼 물러나지는 않았을 것이다. 두 눈이 튀어나올 지경인 그가 사지를 벌벌 떨며 보기에도 아주 끔찍한 표정을 짓고서 한쪽 팔을 공중으로 높이 치켜들었다. 그러고는 다른 손으로 뭔가 상상 속의 대상을 꼼짝 못하게 뒤에서 잡고는 마치 칼을 쥐고 있는 것처럼 칼을 겨누었다가 심장까지 찔렀다. … 종소리가 멈췄지만 그의 귀에는 계속 들렸다. 종소리는 그의 가슴에서 울렸던 것이다. 인간이 만들어낸 어떤 물건도 끊임없이 하늘에 소리치겠다고 경고하면서 가슴에서 울리는 저 종소리 같은 소리를 낸 적이 없었다. 저 종소리를 듣고서 그 소리가 뭘 말하는지 모를 사람이 누가 있을까! 종소리의 음조마다 살해 — 잔인하고 무자비하고 야만적인 살해 — 주인의 신뢰를 모조리 차지했던 자가 남을 잘 믿는 사람을 살해했다는 소리가 울려 퍼졌다.

If the ghastliest shape the human mind has ever pictured in its wildest dreams had risen up before him, he could not have staggered backward from its touch, as he did from the first sound of that loud iron voice. With eyes that started from his head, his limbs convulsed, his face most horrible to see, he raised one arm high up into the air, and holding something visionary, back and down, with his other hand, drove at it as though he held a knife and stabbed it to the heart. … It ceased; but not in his ears. The knell was at his heart. No work of man had ever voice like that which sounded there, and warned him that it cried unceasingly to Heaven. Who could hear that bell and not know what it said! There was murder in its every note — cruel, relentless, savage murder — the murder of a confiding man, by one who held his every trust. (457-58)

위 인용문은 "워른 저택에서 울리는 종소리를 듣고 양심의 가책을 느끼는 러지의 반응"(John 105)을 고딕적 상상력으로 극화한 대목이다. 워른 저택의 종소리가 멈춘 뒤에도, 죄의식과 그로 인한 내적 혼란 때문에 하루하루 지옥 속에서 지내는 러지에게 마음속에서 울리는 종소리는 멈추지 않는다. 그에게 종소리는 "죽은 사람들이 하는 말"(458)이고 그의 가슴속에서 나는 소리인바, 자꾸 되돌아오는 그날 밤의 기억에서 해방되기 전에는 그치지 않을 소리이고 어디를 가도 피할 수 없는 소리인 것이다.

과거에 고정되어서 세상의 변화를 도외시하는 인물이 바너비 모자나 제프리 헤어데일, 그리고 작품에서 제일 고딕적인 인물이라고 할 수 있는 러지(Stone 88)에 국한되는 것은 아니다. 앞 장에서 살펴본 대로 존 윌릿이나 존 체스터 등의 아버지 세대는 시간의 흐름을 거부한 채 과거를 현재에 반복하길 원하는 위인들이다. 교수형을 당하는 휴의 최후 역시 어머니의 운명을 되풀이하는 것이고, 고든폭동은 아버지 세대의 폭력을 국가적 규모로 반복하는 것이라고 할 수 있다. 결국, 『바너비 러지』에서 과거가 거듭해서 반복되고 되풀이되는 고딕적 상황은 과거는 지나간 것이고 대체된 것에 불과하다는 "온갖 편안한 의식"(Hollington 100)에 도전하는 효과를 거둔다. 브랜틀링거(Patrick Brantlinger)의 지적대로 디킨즈 작품에서 "시간과 역사는 과거에서 현재로 일직선으로 똑바로 나아가서 조만간 더 나은 미래를 자동으로 가져오는게 아니다. 오히려 디킨즈 작품 어디서나 과거와 현재는 복잡하고 그로테스크하게 얽혀 있으며 미래라는 결과는 미결

정 상태에 놓여 있다"("History" 69)라고 이해해야 할 것이다.[10)]

"근대 역사학은 과거는 확실히 끝난 것이고 객관적인 지식의 대상이 될 수 있다는 생각에 근거해 있지만"(Bowen, "Introduction" xvi), 그러한 인식에 의문을 제기하고 일상적인 의식을 혼란에 빠뜨리는 고딕의 힘은 작품의 결말부에서도 확인할 수 있다. 『바너비 러지』는 폭동이 진압된 후 반란의 지도자들뿐 아니라 변화를 거부하고 구습에 매달리던 아버지들은 직간접으로 모두 처벌 받고, 질서를 회복하는 데 크게 공헌한 조와 에드워드는 각기 돌리, 에마와 결혼하여 자식을 낳고 다복한 삶을 누리는 권선징악적 매듭을 보여 준다. 그러나 해피엔딩으로 일관하지 않고 작품에는 묘한 '유보'가 있고 갈등이 남아 있다고 보는 게 좀 더 정확할 듯한데, 이는 "초자연적 생물"(60) 또는 "악을 나타내는 악령"(212)에 비유되는 그립(Grip)이라는 까마귀의 존재에 힘입은 바 크다. 『작은 도릿』(*Little Dorrit*)에서 머들 부인(Mrs Merdle) 옆을 지키는 앵무새처럼, 말을 할 줄 알면서 인간과 동물의 구분이 간단치 않을 수 있다는 사실을 일깨우는 그립은 바너비와 늘 붙어 다니면서 바너비를 가끔 사로잡는 악마적 충동을 구체화한다(Spence 16). 그립은 47장에서 50개의 코르크 마개를 연속으로 뽑아내고 "놀랄 만큼 거만한 태도로"(389) 치안판사를 노려보는 등의 동작으로 코르크 마개

---

10) 역사가 앞으로 진행하기보다 반복된다는 사실을 주장하기 위해 보웬이 제시하는 심리적 반복, 부자관계 등 가족 내에서의 반복, 현재가 과거를 되풀이하는 역사적 반복, 고통과 괴로움이 시간을 멈추고 혼란에 빠뜨리는 외상적(traumatic) 반복에 대해서는, Bowen, "Introduction" xvi-xviii.

로 막고 있던 내용물의 폭발, 즉 임박한 폭력적 혁명을 암시하기도 하는데, 러지와 더불어서 작가의 고딕적 상상력이 최고도로 발휘된 '등장인물' 중의 하나라고 해야 할 것이다.

독자들이 바너비 모자가 메이폴 농장에 정착하여 행복하게 지낸다는 묘사를 접하면서 작품이 제시하는 고딕적 상황은 끝이 났고 대단원의 막을 내렸다고 생각하는 순간, 1년 동안 깍깍거리기만 하고 침묵을 지키던 그립이 갑자기 "난 악마야, 악마라고, 악마라니까!"(688)라고 하며 자기 정체성을 다시 환기시킨다. 그리고 "바너비가 노인이 되었을 때에도 그립은 까마귀치곤 겨우 젖먹이였으므로 지금까지도 계속 말을 하고 있을 가능성이 대단히 많다"(688)라는 서술자의 진술로 소설은 끝을 맺는다. 해피엔딩으로 향하는 작품의 흐름을 가로막는 그립의 마지막 대사와 존재는 독자들로 하여금 폭동이 진압된 후 회복된 질서가 폭동 이전과 질적으로 다른 질서인지 다시 한 번 자문하게 만든다. 폭동에 참가한 대중은 "나쁜 형법들, 감옥의 나쁜 규정들, 그리고 상상할 수 있는 최악의 경찰들"(407) 때문에 대규모로 가담하게 되었던 것인데, 그 원인이 개선되고 해결되었다는 암시가 작품 어디에도 없는 것이다. 더 나아가, 가부장제에서 비롯하는 윌릿 부자의 갈등이 약하지만 '재연'될지 모른다는 불안감 역시 근거 없는 기우가 아닐지 모른다. 이것은 조와 돌리가 결합하여 이룩하는 질서가 가부장제에 대한 전면적 순응에 기초하고 있기 때문인데, 돌리의 아버지인 바든은 혼란이 수습된 후에도 여전히 "가족 모두를 비추는 태양이자 체계의 중심"(665) 같은 존재이고, 돌리는 조에게 주도적으로 청혼하면서도 “당신의 참을성 있고 부드러우며 지치지 않는 부인이 되어서 … 가정과 당신 이외에 다른 소망이나 근심을 갖지 않겠다”(654)라고 맹세한다. 둘 사이에 “쉽게 셀 수 없을 만큼 많은 어린 조들과 어린 돌리들”(685)이 태어났다는 서술자의 정리는 조 역시 아버지의 권위를 주장하느라 아이들의 – 이름조차 제시되지 않는다는 사실이 암시하는 대로 – 독자성과 인격, 자율성과 자유를 억압하는 것은 아닌지 의심하게 유도한다. 결국, 『바너비 러지』가 거둔 성과의 중요한 일부는 “메이폴의 새롭고 활기찬 질서와 그립이 가하는 최고로 야만적이고 악마적인 혼돈의 위협, 둘 사이의 긴장을 설득력 있게 상기시키는 것”(Stuart 37)으로 작품을 맺었다는 사실에서 비롯한다고 할 수 있다.

일상적 생각을 혼란에 빠뜨려 한 번 더 생각하게 만드는 고딕의 효과는 이 작품이 “역사에서 진정한 변화 또는 발전의 어려움”(Hollington 98)을 의식하면서 “역사적 차원뿐 아니라 개인적 차원에서 가짜 발전이 아니라 진짜 발전을 성취할 방법”(같은 책 99)에 대한 관심을 주제로 삼고 있다는 홀링턴의 지적을 부각시킨다. 휴와 체스터의 관계에서 누가 문명이고 누가 야만인지를 심문하고, 체스터의 실질적인 야만성이 휴의 동물성에 버금가는 게 아닌지 자문하게 만드는 성취에 대해서는 이미 살펴보았지만 작품이 던지는 질문이 이것만은 아니다. 존 윌릿이 대표하는 구습과 구태의 역사적이고 사회적인 결과로 드러나는 고든폭동은 데니스가 보여주듯이 “이제 사라져버린 ‘정상적’ 세계가 감추고 있던 괴물성의 결과”(같은 책 108)라고 할 수도 있다. 데니스는 교수형

집행리라는 직업에 대한 자부심을 갖고 사형 집행에 수반하는 가학적 쾌락에 탐닉하는 인물로서 사회 질서에 깃들어 있는 야만성과 냉소주의를 잘 보여 준다. 그가 폭동에 가담하게 된 것도 “건강하고 프로테스탄트적이며 헌법을 수호하는 영국적인 일”(311), 즉 죄수를 교수형에 처하는 일을 유지하기 위해서이다. 그가 현상을 유지하기 위해 폭동에 가담했다는 역설은 뉴깃 습격에 가담한 까닭이 죄수들을 풀어 주기 위해서가 아니라 이틀 후에 교수형에 처해질 그들을 보면서 즐기기 위해서라는 역설에서도 반복되는바, 사회가 자기를 지키려고 세운 권위가 사회가 그것으로부터 우리를 보호하려고 하는 예의 그 폭력에 근거를 두고 있다는 역설이 두드러진다(Magnet 162). 휴를 통해 문명과 야만을 심문했던 디킨즈가 데니스를 통해서는 정상과 비정상에 대해 우리가 갖고 있는 통념에 의문을 던지는 것이다. 바너비와 존 윌릿, 바너비와 존 체스터의 관계에서 드러나는 대로, 누가 바보이고 누가 현인인가, 하는 질문 역시(Hollington 105-06) 섣부른 판단의 위험성을 경계하면서 겉으로 드러나지 않고 숨겨져 있는 이면의 진실에 주목하도록 유도한다.

IV. 나가는 말

지금까지 우리는 단선적 역사이해와 선악 이분법을 벗어나 있는 고딕적 상상력의 성과에 대해 살펴보았다. 그러나 『바너비 러지』에서 고딕적 상상력이 성취로만 연결되는 것은 아니다. 잭슨(Rosemary Jackson)은 디킨즈가 『피크윅 문서』(*The Pickwick Papers*)에 삽입된 9개의 이야기에서 보듯 독자 대중의 양심을 일깨우고자 고딕 모티프와 방법을 사용했고, 이를 통해 자본주의경제의 결과인 "심리적 혼란과 사회적 박탈"(345)을 표현하고 급격한 공업화의 폐해를 극화했지만, 이러한 창작방법은 "인물이 가진 불만의 역사적, 이데올로기적 원인을 너무 세밀하게 검토하지 않으려는 경향"(346)를 뒷받침한다고 비판한 바 있다. 우리는 이 작품에 대해서도 비슷한 문제점을 지적할 수 있다.

아들 세대를 "마개로 막혀 있는 병들"(Michasiw 580)에 비유하고, 이들이 물리학적으로 폭발할 수밖에 없다고 앞에서 설명했던 부분은, 메이폴이 구체화하는 억압적 힘이 내부적 압력을 이기지 못하고 혁명적 폭발로 이어지는 상황을 시사한다. 그리고 『바너비 러지』의 전반부에 그려진 가정적 혼란이 후반부에 그려진 사회적 혼란, 즉 고든폭동의 비유라면, 고든폭동이야말로 영국사회의 내적 모순이 비등하여 폭발한 것으로 이해해야 논리적일 것이다. 그러나 디킨즈는 고든폭동을 영국사회의 내적 모순이 폭발하는 필연적인 사건으로 제시하지 않고 우발적인 사건으로 제시하는 모순을 범하고 있다. 이러한 불일치는 폭동 전 영국사회의 모습으로 그려진 것과 폭동의 원인으로 제시된 종교적 광신주의 사이에 적지 않은 차이가 존재한다는 의미이기도 하다(Lucas 103-04). 폭동에 가담한 대중은 현실의 모순을 고치겠다는 어떤 이념이나 이상이 아니라 "그들 자신의 저돌적인 격정, 빈곤, 무지"(438)에 이끌리고 있고, 가톨릭 반대라는 폭동의 명분 역시 “피와 약탈에 대한 대중의 욕망을 발산할 구실에 불과”(Paz 33)한 것으로 제시된다. 요컨대, “약탈과 파괴에 열중하는”(454) 대중의 광기가 전염병 같이 확산되는 모습을 충격적으로 제시하여 독자대중에게 자기 시대에 대한 “괜찮은 교훈”(3)을 전달하고자 한 작가의 계산이 고딕적 상상력을 극대화하고 역사적이고 구조적인 설명을 등한시하도록 유도했다고 해석할 수 있는 것이다. 작품의 빛나는 성과에 해당하는 휴의 이중성에 대해서도 그를 짐승으로 만든 사회적 불의를 보여 주는 면에서 다소 소홀했다는 아쉬움을 지적할 수 있을 듯하고, 구습을 고수하는 부모 세대들의 모습 역시 역사적 상황의 산물이라기보다 개인적 특성으로 제시되는 면이 많다는 점을 빼놓을 수 없을 것이다(Case 141-44).

문제를 역사적으로 살피기보다 고딕적으로 제시하는 데 치우쳤다는 평가는 작품의 전반부에 제시된 아버지와 아들, 기성세대와 젊은 세대의 대립이 고든폭동이라는 사회, 정치적 충돌과 유기적으로 결합되어서 일관된 주제의식으로 형상화되지 못했다는 의미이기도 하다. 그렇지만 우리는 『바너비 러지』에 대해, 1836년에 구상을 시작해서 1841년에 본격적인 집필에 착수하기까지 5년여에 걸친 “복잡하고 성가신 역사”(Butt and Tillotson 77)가 암시하는 긴 준비과정을 거친 작품이라는 점을 기억해야 한다. 이 작품은 피카레스크식 구성을 지닌 다른 초기소설들과 달리 “가정과 국가 사이에 기본적인 유사성”(Rice 175-76)을 설정하는 “비유적 방법”(175)을 통해 작품의 통일성을 확보하고, 사회의 상층부터 하층까지 모든 계층을 망라하여 영국사회의 모습을 제시하려고 하는 등 작가로서 디킨즈가 성장하는 과정에서 중요한 전환점을 이룬 작품이기 때문이다.

참 고 문 헌

Bowen, John. *Other Dickens: Pickwick to Chuzzlewit.* Oxford: Oxford UP, 2000. [*Other*로 표기]

______. "Introduction." *Barnaby Rudge: A Tale of the Riots of 'Eighty.* Ed. John Bowen. London: Penguin, 2003. xiii-xxxiv. ["Introduction"으로 표기]

Brantlinger, Patrick. *The Spirit of Reform: British Literature and Politics, 1832-1867.* Cambridge, Mass.: Harvard UP, 1977. [*Spirit*으로 표기]

______. "Did Dickens Have a Philosophy of History? The Case of *Barnaby Rudge.*" *Dickens Studies Annual* 30 (2001): 59-74. ["History"로 표기]

Brooks, Peter. *The Melodramatic Imagination: Balzac, Henry James, Melodrama, and the Mode of Excess.* New York: Columbia UP, 1985.

Butt, John and Kathleen Tillotson. *Dickens at Work.* London and New York: Methuen, 1982.

Case, Alison. "Against Scott: The Antihistory of Dickens's *Barnaby Rudge.*" *Clio* 19.2 (1990): 127-45.

Dickens, Charles. *Barnaby Rudge: A Tale of the Riots of 'Eighty.* Ed. John Bowen. London: Penguin, 2003.

Duncan, Ian. *Modern Romance and Transformations of the Novel: The Gothic, Scott, Dickens.* Cambridge: Cambridge UP, 1992.

Hollington, Michael. *Dickens and the Grotesque.* London and Sydney: Croom Helm, 1984.

Jackson, Rosemary. "The Silenced Text: Shades of Gothic in Victorian Fiction." *Charles Dickens: Critical Assessments* vol. IV. Ed. Michael Hollington. Mountfield: Helm Information, 1995. 341-55.

John, Juliet. *Dickens's Villains: Melodrama, Character, Popular Culture.* Oxford: Oxford UP, 2001.

Ledger, Sally. *Dickens and the Popular Radical Culture.* Cambridge: Cambridge UP, 2007.

Lucas, John. *The Melancholy* Man. Brighton: The Harvester P. 1980.

Lukács, Georg. *The Historical Novel.* Trans. Hannah and Stanley Mitchell.

Harmondsworth: Penguin, 1969.

Magnet, Myron. *Dickens and the Social Order.* Philadelphia: U of Pennsylvania P, 1985.

Marcus, Steven. *Dickens: From Pickwick to Dombey.* New York: Basic Books, 1965.

McCalman, Iain. "Controlling the Riots: Dickens, *Barnaby Rudge* and Romantic Revolution." *History* 84 (1999): 458-76.

Mee, Jon. *"Barnaby Rudge." A Companion to Charles Dickens.* Ed. David Paroissien. Malden and Oxford: Blackwell, 2008. 338-47.

Michasiw, Kim Ian. "*Barnaby Rudge:* The Since (*sic!*) of the Fathers." *ELH* 56.3 (1989): 571-92.

Paz, D. A. *Dickens and Barnaby Rudge: Anti-Catholicism and Chartism.* Monmouth: The Merlin P, 2006.

Poe, Edgar Allan. "A Review in *Graham's Magazine.*" *Dickens: The Critical Heritage.* Ed. Philip Collins. New York: Barnes & Noble, 1971. 105-11.

Pykett, Lyn. *Charles Dickens.* Basingstoke and New York: Palgrave, 2002.

Rice, Thomas Jackson. "The End of Dickens's Apprenticeship: Variable Focus in *Barnaby Rudge.*" *Nineteenth-Century Fiction* 30.2 (1975): 172-84.

Spence, Gordon. "Introduction." *Barnaby Rudge: A Tale of the Riots of 'Eighty.* Ed. Gordon Spence. Harmondsworth: Penguin, 1973. 11-31.

Stone, Harry. *Dickens and the Invisible World: Fairy Tales, Fantasy, and Novel-Making.* Bloomington and London: Indiana UP, 1979.

Stuart, Barbara L. "The Centaur in *Barnaby Rudge.*" *Dickens Quarterly* 8.1 (1991): 29-37.

희생자 휴: 『바너비 러지』

I. 들어가는 말

찰스 디킨즈(Charles Dickens, 1812-70)의 다섯 번째 작품인 『바너비 러지』(*Barnaby Rudge,* 1841)는 작가가 "처음으로 집필 계획을 갖고 그에 따라 집필했던 소설"(Slater 57)로서 『피크윅 문서』(*The Pickwick Papers,* 1836-37) 등 다른 초기작에 비해 작품이 담고 있는 메시지와 그것을 탐구하고 표현하는 방식에서 새로운 깊이와 발전을 보여준다고 할 수 있다. 그렇지만 "디킨즈 작품 중 가장 덜 읽히고 가장 덜 사랑받는 작품"(Eslick 153)이라거나 "일관되게 가장 과소평가되고 가장 오해받는 디킨즈 소설 중 하나"(McCalman 458)라는 평가가 보여주듯 일반 독자들과 비평가들은 이 작품에 대해 별로 호의적이지 않았다. 필자는 이와 같은 상대적 무관심이 작중 인물 중 한 명인 휴(Hugh)에 대한 공감 어린 이해의 부재로도 드러나는 현실에 주목하여, 불의한 사회제도에 희생되는 휴의 모습을 살펴보고자 한다.

디킨즈가 『바너비 러지』의 앞부분에서 여러 쌍의 부자 관계를 통해 검토하는 사항은 위계적 질서와 타락한 가치를 강요하는 부친 세대의 문제점이다. 후반부에 제시된 고든폭동은 전반부에서 집중적으로 제기된 문제가 사회 전체적으로 재생산되고 재해석된 결과인바, 가정과 사회 또는 가정과 국가 사이에 유사성에 근거한 비유 관계를 설정하여 작품의 의미를 확장하고 있다. 등장인물 중 휴는 부도덕한 기성 사회와 구세대의 문제점을 사회에서 배제된 희생자요 하층민이라는 위치에서 증언하는데, 이성적 저항을 넘어서서 본능적 욕망과 폭력적 성향에 매몰되기도 하는 아슬아슬한 위치에 걸쳐 있다. 인간과 짐승의 경계선에 있다고 할 수 있는 휴를 적극적으로 이해하려는 시도가 기존에 아주 없었던 것은 아니다. 필자만 해도 다른 글에서 피해자이자 가해자인 휴의 이중성을 다음과 같이 지적한 바 있다.

> 휴가 희생자이고 피해자이지만 악당이고 가해자이기도 하다는 이중성을 제시하고, 그의 동물성 역시 "소설의 핵심에 있는 사회적 불의"(Stuart 29)를 반영하는 것이자 평생을 사회에서 무시 받은 탓에 "주위 사람들이 눈치 채지 못한 채 오랫동안 그 속에서 들끓고 있던 폭력성"(같은 글 31)이 발현된 것이기도 하다는 사실을 포착하고 고딕적 상상력으로 강렬하게 채색한 것이 『바나비 러지』의 빛나는 성과 중 하나인 것은 두말할 나위 없다. … 그러나 휴를 "악마"나 "괴물"로 제시하는 데 치우치는 고딕적 상상력이 휴라는 인물이 가진 복잡성을 역사적으로 충분히 살피지 못하게 제한하는 측면이 있다는 사실은 부정할 수 없을 듯하다.(장남수 159)

위 인용문에서 지적한 미진함은 일차적으로 작품 자체의

약점에 대한 지적이지만 인용문이 포함되어 있는 논문 자체도 군인들에게 체포된 후 교수형을 앞두고 휴가 보여주는 마지막 모습을 소홀히 취급하여 그가 도달한 인간적이고 비극적인 차원을 놓치고 있다는 약점에서 자유로운 것은 아닌 듯하다. 예컨대, "작품의 빛나는 성과에 해당하는 휴의 이중성에 대해서도 그를 짐승으로 만든 사회의 불의를 보여주는 면에서 다소 소홀했다는 아쉬움을 지적할 수 있"(같은 글 168)다고 하면서도 휴를 온전하게 이해하는 데 관건이라고 할 수 있는 그의 — 마지막 순간에 특히 두드러지는 — 인간적 모습과 통찰에 대한 논의는 여전히 빠져 있는 것이다. 본고에서는 이러한 점을 보충하고자 한다.

II. 희생자 휴의 모습

메이폴(Maypole) 객줏집의 마구간에서 말을 돌보며 마부로 지내는 휴는 주인장인 존 윌릿(John Willet)이 일상적으로 가하는 멸시와 천대 속에서 인간 이하의 삶을 이어가고 있다. 조잡하고 거친 옷을 헐렁하게 걸치고 잠자리로 쓰는 볏짚을 머리뿐 아니라 여기저기에 묻힌 채로 지내는 그가 날마다 듣는 말은 "저 녀석이 죽어버렸으면 좋겠다"(88)라는 식의 욕설과 저주이다. 존은 술집을 찾아온 자기 친구들에게 휴라는 "저 녀석은 동물 말고는 어떤 것과도 별다른 관련을 맺어본 적이 없고, 같이 지내고 있는 동물처럼 사는 거 말고 다르게 살아본 적이 없는 **동물**이므로 동물처럼 다뤄야 한다”(100, 강조는 원저자)라고 강조한다. 메이폴에서 휴의 생활은 이름과 나이를 모를 뿐 아니라 읽고 쓸 줄도 모르는 채 짐승과 다름없는 차원에서 이루어진다.

휴는 원래 집시 모친과 신사인 존 체스터(John Chester) 사이에서 태어났지만, 파렴치한 존 체스터에게 집시 여인은 처음부터 농락의 대상이었지 진지한 만남을 추구하는 대상이 아니었기에, 태어나자마자 어머니와 단둘이 어려운 삶을 살 수밖에 없었다. 남편 없이 아이를 키워야 했던 휴의 모친은 휴가 여섯 살일 때 “위조지폐를 사용한 죄”(628)로 다른 죄수들과 같이 교수형에 처해졌고,[1] 그 이후 휴는 메이폴로 흘러와서 짐승을 돌보며 헛간에서 지내게 된 것이다. 메이폴에서의 휴의 삶이 자세히 다루어지는 것은 아니지만 주인인 존 윌릿의 됨됨이에 크게 영향받기 마련인바, 우리는 그 실상에 대해, 존이 스무 살인 자기 아들을 철부지라고 무시하며 사사건건 가부장적 권위를 앞세우는 행태를 통해 충분히 짐작할 수 있다. 기본적으로 고지식하고 완고한 존은 자기의 생각과 행동은 언제나 옳고 자기와 다르게 생각하고 말하고 행동하는 사람은 언제나 틀린 걸로 “자연과 신의 법칙”(8)에 의해 결정되어 있다고 믿는 위인이다. 현재에 안주하여 변화와 에너지를 죄악시하는 존은 고답적인 메이폴에 새로운 기운을 불어넣을 수 있는 아들 조(Joe)에게 조금의 자유도 허

1) 남편이 군대에 징집되고 홀로 아이들을 키우던 메리 존스(Mary Jones)라는 열아홉 살의 여성이 굶주린 아이들을 먹이기 위해 가게에서 옷가지를 훔치다가 발각되어 교수형에 처해지는 일이 1771년에 있었는데, 사소한 죄 때문에 사형을 당하는 휴의 집시 모친은 “메리 존스의 소설적 변형태”(Collins 221)라고 할 수 있다.

용하지 않고 기존의 규칙을 무조건 강요한다.[2] "젊은 조가 복종할수록 늙은 존은 독단적이 되었다"(250)라는 서술자의 지적대로 한계를 모르는 그의 "정복욕"(같은 면) 때문에 아들인 조는 분노와 좌절 속에서, 휴 같은 하인은 증오와 복수심을 내면화하며 하루하루를 보내게 된다.

존을 통해 드러나는 포악하고 무책임한 기성세대의 문제점은 생부인 체스터와의 관계에서 더욱 극적으로 강조된다. 그는 어린 휴를 외면하여 가난과 고통을 맛보게 했을 뿐 아니라 어른이 된 휴를 만나서는 신학교 때부터 맞수이고 연적이었던 제프리 헤어데일(Geoffrey Haredale)에게 개인적인 복수를 행하는 "진짜 목적"(336)을 달성하는 데 필요한 "거친 도구"(334)이자 "적절한 도구"(336)로 서자(庶子)인 그를 이용한다. 그리고 휴가 친아들이라는 사실을 공개해서 그의 영혼에 도움을 줄 수 있을 때에도 사실을 밝히지 않은 채 휴가 교수대에서 최후를 맞이하도록 방치한다. 아들을 도구로 간주하고 이용하는 행태는 서자인 휴에게만 적용되는 게 아니다. 그가 적자(嫡子)인 에드워드(Edward)를 대하는 태도 역시 자식을 오로지 도구로 여기는 모습을 보여준다. 그가 에드워드와 엠마(Emma)의 혼인을 반대하는 실질적 이유는 아들이 부잣집 여자와 혼인해서 "인생의 황혼기에 있는 자기를 고상하게 부양"(107)하기를 원하기 때문인바, 그에게 에드워드의 사랑이나 장래 인생은 관심사가 아니다. 자기의 이익과 계산만이 절대적이고 중요하며 아들은 거기에 봉사

---

2) 아들인 조의 인격과 자유를 부정하고 억압해서 그의 성장과 성숙을 가로막는 존의 면모에 대해서는, Michasiw 579-80.

하는 도구일 따름인 것이다. 젊었을 때 아내와의 결혼도 귀족이라는 자신의 지위와 중산층 처가가 지닌 재산을 교환한 것이었을 정도로, 처음부터 마지막 순간까지 그는 지배세력의 무책임과 비도덕성, 그리고 그 바탕에 놓인 이기적 계산속을 대표한다. 자신이 "가짜이고 속이 텅 비어 있다"(192)라는 사실을 노골적으로 자랑하며 "환경에 순응하고 시류를 따라서 거품을 실체로, 표면을 심층으로, 가짜 돈을 진짜 돈으로 기꺼이 여겨야 한다"(104)라고 강조하는 체스터는 『어려운 시절』(*Hard Times,* 1854)에서 좋은 가문 출신의 신사이지만 작가의 동정 한번 못 받는 악당인 하트하우스(James Harthouse)의 원조에 해당하는 셈이다.[3)]

결국, 존 윌릿과 존 체스터로 대표되는 폐쇄적 구체제와 타락한 사회가 휴를 인간 이하의 "동물"로 만든 것인데, 변화를 거부한 채 억압을 일상화하는 기성세대와 사소한 죄까지도 사형에 처하는 잔인한 사회가 무한정 지속되기는 어려운 법이다.[4)] 작가는 지나친 억압과 그 반작용으로서 저항의 필연성에 대한 생각을 "병에 넣어서 봉쇄하고 코르크 마개로 막아 둔"(98) 휴의 에너지를 포함하여 아들 세대와 하층민을 "마개로 막혀 있는 병들"(Michasiw 580)에 비유하여 전달한다. 플롯 진행으로 보면, "아버지에 의해 혈육 관계를,

---

3) 세련된 귀족 존 체스터가 보여주는 실질적 야만성과 야생적 에너지로 가득한 휴의 대조에 주목하여, 『바너비 러지』 가 누가 야만이고 누가 문명인가, 하는 문제를 우리에게 묻고 있다는 설명에 대해서는, Hollington 106-07.

4) 존 윌릿과 존 체스터라는 부친 세대가 조, 에드워드, 휴 등 자식 세대에게 가하는 억압의 문제에 대한 자세한 설명으로는, Marcus 169-212 등 참조.

사회 – 자식을 먹여 살리기 위해 물건을 훔친 어머니를 교수형에 처한 사회 – 에 의해 양육을 거절당한"(Manning 68) 휴 속에 들끓는 에너지가 고든폭동(Gordon Riots)으로 폭발하는 셈인데, 폭동에 가담하게 된 휴가 "가톨릭 반대"(No Popery 316)라는 폭동의 공식 목표를 "재산 소유 반대"(No Property 같은 면)로 바꿔서 이해하는 것은 사회가 그를 대했던 방식에 대한 정당한 반응으로서 "논리적 귀결"(Paz 23)이라고 하겠다.

사회에 의해 괴물로 성장한 휴가 지니고 있는 증오와 복수심이 그 나름의 타당성과 정당성을 지닌다는 사실은 휴와 그의 패러디(Pykett 75)라고 할 수 있는 싸이먼(Simon Tappertit)의 대조를 통해서도 확인할 수 있다. 싸이먼은 자물쇠 제조와 수리를 전문으로 하는 게이브리얼 바든(Gabriel Varden) 밑에서 기술을 배우는 도제이고, 게이브리얼은 – 그의 가정과 작업장에 문제가 없는 것은 아니지만 – 작품의 아버지 세대 중 유일하게 진실하고 성실한 인물이다.[5] 그렇지만 작품의 아들 세대 중 윗세대에 대해 가장 맹렬한 증오와 복수심으로 불타는 인물이 싸이먼인데, 이는 그가 자신에 대한 과대망상에 사로잡혀서 과거를 이상화하고 과거에 고착되어 있기 때문이다. 즉, 싸이먼이 지닌 현실에 대한 불만은 허구로 상상해낸 '좋았던' 과거에 대한 이상화와 동전의 앞뒷면과 같은 관계인바, 옛날엔 도제들이 곤봉을 갖고 다니며 원하는 대로 할 수 있었지만 지금은 상황이 나빠져서 각종 규

---

5) 게이브리얼 바든이 남편과 아버지로서뿐 아니라 고용주로서 가부장제의 이상에 미달하는, 무기력하고 무능력한 모습에 대해서는, Slater 164.

제의 대상이 되었다고 주장한다. 싸이먼이 주도하는 도제기사단(the 'Prentice Knights)은 "과거로 되돌아가는 지혜"(76)를 발휘하여 "좋았던 옛날의 영국적 관습을 복원시키는 변화 이외의 다른 변화는 모조리 거부하고 단결"(같은 면)할 것을 강조한다. 일체의 변화를 거부하고 과거를 이상시하는 싸이먼은 어떤 면에서 존 윌릿과 같은 세계에 거주하고 있는 셈이라고 할 수 있다. 따라서 싸이먼과 휴가 후반부에서 폭동의 지도자로 같이 움직이는 작품 진행은 불의에 저항하는 휴의 정당성이 제한적이라는 사실을 암시하는 것이기도 하다.

III. 휴의 인간적 위엄

우리가 휴의 정당성에 주목한다고 해서 폭동에 가담한 후 살육과 약탈을 주도할 뿐 아니라 돌리(Dolly)와 엠마를 납치하고 희롱하는 폭력성과 잔인성까지 옹호하자는 것은 아니다. 휴에게는 희생자이면서 동시에 가해자이고 악당이라는 이중적 모습이 존재하는데(Mee 341), 휴의 부정적 측면 중 그를 동물로 만든 환경 속에서 강인한 야생적 생명력으로 살아남도록 기여한 '동물성'의 문제에 대해서는 다음 장에서 살펴볼 예정이다. 이 장에서는 군인들에게 체포된 후 교수형을 받기까지 휴가 보여주는 인간적 모습 내지 인간적 위엄을 중점적으로 검토한다.

고든폭동의 지도자 중 한 명으로 활동하다가 뉴깃(Newgate)에 끌려온 데니스(Dennis)는, 휴와 같은 감방에 수감되었다는 사실을 깨닫자, 그를 밀고하여 체포되게 한 것에 대해 휴가 복수심에 불타서 자기를 해칠까 봐 공포에 휩싸인다. 그렇지만 휴는 이미 벌어진 일이고 돌이킬 수 없는 일이라며, 처형당하기 전까지 남은 날들을 복수하는 것보다 먹고 마시고 자는 것, 햇볕을 쬐는 것 같은 기본적인 일에 신경 쓰며 지내고자 한다. 데니스에게 "어째서 내가 자네에게 일부러 복수해야 하는가? … 어째서 **자네에게** 신경 써야 하는가?"(620, 강조는 원저자)라고 되묻는 휴에게 눈앞의 복수는 더 이상 관심사가 아니다.[6] 존 윌릿과 존 체스터에 대한 증오를 내면화한 채 복수심에 불타서 폭동에 가담하고 작품의 폭력성을 주도하던 이전의 휴도 물론 아니다.

뉴깃에서 교수형을 집행하던 관리인 데니스는 자기 일에 대해 "건강하고 프로테스탄트적이며 헌법을 수호하는 영국적인 일"(311)이라는 자부심을 갖고 있다. 그가 폭동에 가담하게 된 것도 어떤 이념을 따라서가 아니고, 하던 대로 자기 일을 계속하기 위해, 즉 변화를 거부하고 현상을 유지하기 위해서이다. "사회의 바로 그 틀"(578)을 지키고자 하는 데니

---

6) 휴가 복수에 초연하게 된 이유나 계기가 작품에서 별도로 다루어지는 것은 아니기에 우리는 전후사정을 짐작할 뿐이다. 폭동 마지막 날 포도주상 겸 제조업자인 랭데일(Langdale)의 집을 습격할 때, 에드워드와 조의 공격을 받고 부상을 입은 채 말에서 떨어진 휴는 바너비(Barnaby)의 헌신적 보살핌 덕에 겨우 목숨을 구한다. 바너비 모친의 만류에도 불구하고 그를 폭동에 끌어들인 것도 휴이고, 워른(Warren) 저택을 습격할 때 바너비가 방해할까 봐 그를 제외시킨 것도 휴인데, 바너비는 휴에 대해 원망하거나 앙심을 품기는커녕 결정적인 순간에 위험을 무릅쓰고 그를 구해준 것이다. 우리가 휴의 생각을 정확히 알 수는 없지만 복수의 허망함에 대한 인식과 복수가 현실을 바꾸는 적절한 행동방식이 아닐지 모르겠다는 자각이 혼재되어 있을 듯하다.

스의 일이, 실은 휴의 집시 모친이나 메리 존스 같은 하층민을 사소한 죄로 교수형에 처해서 고든폭동 같은 폭발을 불러일으켰다는 역설은 사회질서에 깃들어 있는 야만성을 잘 보여준다. 홀링턴(Hollington 108-10)이 지적한 대로 우리는 데니스를 통해 '정상적'인 세계가 감추고 있던 괴물성의 결과를 목격하는 것이다. 뉴깃에 끌려온 데니스가 유일하게 믿는 구석은 자신은 사형 집행인으로서 쓸모가 있으니 결국엔 풀려날 거라는 생각이다. 아무리 기다려도 고대하던 "집행취소명령서"(635)가 오지 않자 데니스는 휴에게 미칠 것 같다고 하소연한다. 데니스의 넋두리에 대해, 휴는 "여기선 제정신보다 미치는 게 낫지. … **미쳐버리게**"(635, 강조는 원저자)라고 대꾸하는데, 이는 빨랫줄에 걸린 옷가지를 보고 그저 옷가지일 뿐이라고 지적하는 체스터에게 "나리처럼 현명하게 말하느니 바보 같은 게 훨씬 낫겠군요!"(94)라고 대답했던 바너비의 발언을 상기시키는 면이 있다. 맥마스터(McMaster)의 지적대로 "이성과 문명이 충동을 다스리기 위해 만들어낼 수 있는 것이 무능력한 법률 그리고 '법의 존엄성을 상징하는 … 교수대'보다 별로 나을 게 없는 제도라면, 그땐 미치는 게 최고로 정신 멀쩡한 짓"(7)일 수 있기 때문이다. 바너비는 부친 러지(Rudge)가 행한 살인의 영향으로 정신이 이상해진 백치이지만 모순적이고 역설적인 발언을 통해 현실 아래에 있는 핵심에 육박하는 통찰을 보여준 것인바,[7] 휴와 함께 야만과 문명, 정상과 비정상, 바보와 현인

7) 바너비를 민간신화의 '성스러운 바보'(holy fool)나 셰익스피어의 광대같이 어리석은 말 중에 예지를 담은 위트를 구사하는 인물로 파악하는 비

의 구분이 간단치 않은 현실을 실감나게 한다.

단순한 복수욕에서 해방된 휴는 마지막까지 목숨을 구걸하는 데니스와 달리 바너비를 폭동에 끌어들인 데 대해 자기 책임을 당당히 인정한다. 그리고 처형을 앞두고 행한 최후 진술을 통해 바너비 모자의 용서를 구하고 그 자리에 참석한 관리들에게 바너비를 살려달라고 부탁한다.[8] 사형집행 시간이 다가오자, "극단적으로 비굴한 겁쟁이"(636)처럼 사지를 벌벌 떨며 "돌바닥"(644)에 엎드린 채 뭔가 "착오"(같은 면)가 있다고 애걸하는 데니스와 달리, 자기 잘못을 고백하고 자기 운명을 수용함으로써 "죽음이 가까이 다가오자 영감으로 가득 차게 된 미개한 예언자"(646) 같은 모습을 보여주는 것이다. 휴가 처음에 존 체스터에게 복종하여 그가 지시하는 대로 행동한 까닭은 교수대에서 최후를 맞이한 모친의 운명을 자신도 되풀이할지 모른다는 두려움, 즉 체스터에게 맞서는 순간 그가 자기를 재판에 넘겨서 교수형을 받게 할 거라는 "이루 말할 수 없는"(199) 두려움에 압도되었기 때문이다. 그렇지만 "사자 같은 걸음걸이"(646)로 당당하게 형장으로 향하는 휴에게 목숨에 대한 단순한 집착은 남아 있지 않다.[9] 마지막 순간의 휴는 데니스와 대조될 뿐 아니

평에 대해서는, Stone 86-87 및 Marcus 191-93 등 참조.

8) 작품에서 바너비는 휴의 청원 덕분이 아니라 게이브리얼과 제프리 헤어데일이 장관과 면담해서 받아낸 사면장 덕분에 처형을 면한다.

9) 교수형 집행인으로 실제 고든폭동에 가담했던 에드워드 데니스(Edward Dennis)라는 실존 인물은 작품 속의 데니스가 상상했던 그 '쓰임새' 때문에 형 집행을 면제받고 다른 죄수들에 대해 교수형을 집행하는 일을 다시 담당했다고 한다(Tambling 134). 결국, 작품에서 데니스가 맞이하는 운명은 작가가 실제 역사를 거슬리면서 자신의 창작 의도를 관철시킨 결

라 체스터와도 대조되고 러지와도 대조된다. 바너비에 대한 자기 책임을 인정하는 휴의 행동은 폭동에 가담하도록 휴를 사주하여 그가 사형에 처해지도록 하고도 휴가 아들이라는 사실을 밝히기는커녕 철저히 외면할 뿐 아니라 사형제도가 "사회의 안락을 위해"(622) 좋은 제도라고 오히려 옹호하는 체스터의 야만성 내지 무책임성을 두드러지게 한다.

작품에서 데니스 이상으로 죽음을 두려워하는 사람은 살인자 러지이다. 감옥에 갇힌 그의 떨리는 입술과 잿빛 안색, 끈적이는 이마와 풀린 눈빛이 알려주는 내용은 "그의 심장과 머리를 끊임없이 갉아먹는 … 죽음에 대한 공포"(632)에서 그가 한순간도 자유롭지 못하다는 사실이다. 죽음을 앞둔 그가 아내와 자식에게 부드럽게 행동하지 않고 거칠게 행동하는 것도, "창백한 입술을 빠져나온 마지막 말"(같은 면)이 가족에 대한 저주인 것도 죽음이 주는 공포를 빼고는 설명하기 어렵다. 이에 반해, 형장에 끌려나온 휴는 사형이 집행되는 장면을 구경하기 위해 잔뜩 모여든 사람들이 내는 "소리에 위축되지 않"(642)을 뿐 아니라 이들이 처형이라는 구경거리를 얼마나 기다리는지, 즉 "사형 집행인을 얼마나 환영하는지"(같은 면) 곧 알 수 있을 거라고 재미있다는 듯이 지적한다. 휴가 모여든 군중을 조롱할 수 있는 까닭은 자신을 포함한 폭동 가담자들이 폭동 중에 보여준 야만성이나 처형을 구경거리로 여기는 사회의 야만성이나 별 차이가 없다는 반발심 때문일 것이다. 마지막 예배를 주관하기 위해

과인 셈인데, 작가의 '의도'는 휴와의 대조를 통해 후자가 도달한 인간적 깊이 내지 인생에 대한 통찰을 강조하고자 한 걸로 보인다.

현장에 참석한 목사가 휴의 적절하지 못한 행동을 꾸짖고 행동을 바꾸라고 충고하자, 휴는 다음과 같이 대꾸한다. 좀 길지만 인용해본다.

> "그런데 왜 그렇게 해야 하죠, 목사님?" 휴가 물었다. "태평하게 견디는 것보다 더 잘 견딜 수 있는 방법이 있나요? **목사님도** 아주 태평히 견디시잖아요. 아! 아무 말씀 마세요." 상대방이 입을 열려고 하자 그가 소리쳤다. "목사님은 슬픈 표정과 침통한 표정을 짓고 계시지만 이 일에 대해 별로 생각하지도 않으시잖아요! 사람들 말이 목사님이 런던에서 바다가재 샐러드를 최고로 잘 만든다고 하더군요. 하하하! 이전에 그런 얘기를 들었단 말입니다. 오늘 아침에 맛있었나요? 직접 만드셨어요? 보기에는 어땠나요? 충분히 만들어서 여분이 있었으면 좋겠네요. 굶주린 이 사람들이 구경거리가 끝난 후 자리를 잡고 앉아서 먹을 수 있게 말입니다."
>
> "자넨 구제 불능이군." 목사가 고개를 가로저으며 말했다.
>
> "맞습니다, 전 구제 불능이죠." 휴가 단호하게 대꾸했다. "위선자가 되지 마세요, 목사님. 목사님은 달마다 처형 장면을 놀이로 삼으시잖아요. 나도 즐겁게 지낼 수 있게 내버려 두세요."

> "And why, master?" said Hugh. "Can I do better than bear it easily? You bear it easily enough. Oh! never tell me," he cried, as the other would have spoken, "for all your sad look and your solemn air, you think little enough of it! They say you're the best maker of lobster salads in London. Ha, ha, ha! I've heard that, you see, before now. Is it a good one, this morning — is your hand in? How does the breakfast look? I hope there's enough, and to spare, for all this hungry company that'll sit down to it, when the sight's over."
>
> "I fear," observed the clergyman, shaking his head, "that you are incorrigible."

> "You're right. I am," rejoined Hugh sternly. "Be no hypocrite, master. You make a merry-making of this, every month; let me be merry, too." (642-43)

공개처형을 "구경거리"나 "놀이"로 생각하고 새벽부터 모여든 군중이 독자에게 알려주는 바는 사소한 죄에 대해 책임을 묻는답시고 휴의 모친이나 메리 존스를 사형에 처했던 사회가 폭동이라는 비극을 겪은 뒤에도 전혀 바뀌지 않았다는 사실, 즉 "폭동을 통해 성취한 바가 거의 없는 것 같다는 암울한 사실"(Stuart 37)이다. 죽음을 앞두고 자기 책임을 인정하고 용서를 구하면서도 사람들의 야만성과 목사의 위선을 지적하는 휴의 발언은 작품이 담고 있는 사회 비판의 백미이자 비극적 주인공의 위엄에 근접하는 휴의 모습을 확인시켜 준다고 할 수 있다. 휴가 "소설에서 최고로 비극적인 인물"(Tsutsui 10)이라거나 처형을 앞두고 데니스와 달리 "고결함"(Feldman 246)을 획득한다는 지적은 모두 다 휴가 보여주는 인간적 깊이나 인생과 사회에 대한 통찰을 증언한다. 휴는 자신이 기르던 개에 대해 다음과 같이 이야기하며 삶을 마감한다.

> "내가 살던 집에 내가 키우던 개가 한 마리 있습니다. 그 개보다 나은 개를 찾기는 쉽지 않을 겁니다. 그 개는 처음엔 낑낑거리겠지만 곧 그칠 거예요. 내가 지금 개에 대해 생각하는 것을 여러분이 이상하게 여길지 모르겠군요." 그가 웃는 소리 비슷한 소리를 내면서 덧붙였다. "누구든 그 개의 절반만큼이라도 생각할 만한 사람이 있으면 그 사람을 생각할 텐데요."

> "There's one, belongs to me, at the house I came from; and it wouldn't be easy to find a better. He'll whine at first, but he'll soon get over that. — You wonder that I think about a dog just now," he added, with a kind of laugh. "If any man deserved it of me half as well, I'd think of him." (648)

휴가 마지막에 도달한 통찰과 위엄이 없다면 위 인용문은 개만도 못한 사람들에 대한 단순한 비난 이상이 되기 어렵다. 그러나 비극적 주인공으로서의 휴의 위치가 마지막 발언을 단순한 욕설에서 건져내어 인간과 사회에 대한 비판으로 격상시켜 주는 것이다.

이제까지 우리는 휴가 지닌 야만성이 일방적인 희생을 강요하는 사회에 대한 그 나름의 '정당한' 반응일 뿐 아니라 작품에서 최고로 폭력적이고 동물적인 모습을 보여주는 휴가 죽음을 맞이하여 그 나름으로 비극적 위치에 도달하기도 했다는 사실을 살펴보았다. 다음 장에서는 휴의 동물성 문제를 간단히 점검하기로 한다.

IV. 마무리에 대신하여

휴는 근육질에 "흠 없이 단단한 체격, 거인 같은 힘 … 햇볕에 그을린 얼굴에 가무잡잡한 목덜미"(98) 등 동물적 에너지가 넘치는 모습으로 묘사된다. 그의 에너지와 활력은 모친을 여읜 후 존의 학대를 받으면서도 메이폴에서 살아남을 수 있었던 야생적 생명력의 토대이지만 선천적으로 타고난 동물성의 표현이기도 하다. 휴가 돌리에게서 빼앗은 편지를 갖고 체스터의 숙소로 처음 찾아갔던 날, 체스터는 그에게 술을 권하면서 얼마나 마실 수 있는지 묻는다. 휴는 얼마든지 마실 수 있다고 하면서 "술을 충분히 많이 줘 봐요, … 그러면 요구에 따라 살인도 할 수 있어요!"(196)라고 대답한다. 그렇지만 휴가 술에 탐닉하는 것은 단순히 술고래여서가 아니다. 모친마저 여윈 휴에게 "추운 밤 추위를 몰아내 주고 굶주렸을 때 허기를 잊게 해 준"(같은 면) 것도 술이고 "약하고 병든 불쌍한 아이"(같은 면)에게 "힘과 용기"(같은 면)를 북돋아 준 것도 술이었기 때문인바, 가정과 사회를 대신하여 술이 휴의 생명을 지켜줬던 것이다.

폭동에 가담한 휴가 개쉬포드(Gashford)에게 "목숨이 걸린 일거리"(368)를 달라고 소리치는 부분, 파괴와 방화에 앞장서는 그를 보고 데니스가 "자넨 악마 같은 친구야"(430)라고 지적하는 대목, 그리고 "술과 흥분에 취해서"(560) 군인들을 공격하는 모습 등은 모두 다 휴의 폭력성이 타고난 것이라는 인식을 강화시킨다. 예컨대, 폭동을 주도한 영국개신교연합(Great Protestant Association of England)에 가입하여 그동안 자신을 무시했던 사람들에게 복수할 수 있게 되자, 휴는 "내가 마음대로 돌아다닐 수 있게 되었으니 내가 알던 사람들은 나보단 야생의 사자가 그들 사이를 돌아다니는 게 나을 거다"(335)라고 말하는데, 이러한 발언은 폭동 가담자들을 괴물이나 야수, 미치광이, 마귀로 제시하고, 폭동으로 인한 혼란과 혼돈을 "최후 심판 날이 닥쳐서 온 우주가 불에 타는 듯했다"(569)라고 묘사하는 언어와 합해져서, 휴를 포함한 폭동 가담자들에 대한 부정적 인식을 강화시킨다. 특히 주위 사람들에 의해 "켄타우로스"(centaur 131, 194, 202, 622)나 "싸티로스"(satyr 176)로 인식되고, 돌리와 엠마를 납치하고 희롱하여 "새장에 갇힌 불쌍한 새"(590)로 만들어버리는 휴의 폭력성이 악당이고 가해자로서 그가 대표하는 본능적 욕망과 폭력적 성향을 두드러지게 하는 것은 사실이다.[10)]그러나 휴가 어렸을 때부터 술독에 빠져 지낸 것도 타고난 술꾼이어서가 아니고 불우한 가정환경과 가혹한 성장환경을 빼고는 설명하기 어렵듯이 그의 폭력성 역시 원초적 공격성의 발현에 그치는 것이 아니라는 사실을 잊지 말아야 할 것이다. 전체적으로 휴는 악당과 희생자, 동물과 인간의 경계선에 있다고 할 수 있는바, 이러한 휴의 위치는 『바너비 러지』가 역사적 소재를 고딕 그로테스크의 틀에 넣어서 역사적 진보의 진정한 의미를 묻도록 하는 데 일조한다.[11)]

역사적 소재를 고딕적 상상력으로 다룬 작가의 계산은 사태를 일면적으로 보기보다 다각적으로 살펴보고 숨겨져 있는 이면의 진실에 주목하려는 노력으로 이어지는바, 이러한 균형감각은 해피엔딩으로 향하는 작품의 진행을 가로막고

---

10) 『바너비 러지』에 인간 조건 내지 인간의 원형적 심리에 대한 탐구라고 칭함직한 것이 존재하는 것은 사실이다. 그러나 매그넛(Magnet)처럼 원초적 공격성이 폭발한 결과인 고든폭동은 문명 자체에 대한 반발이자 문명 이전으로 돌아가려는 시도라고 이해하는 것(105-09)은 심리적 해석의 과잉을 보여주는 듯하다.

11) 작품이 담고 있는 고딕 그로테스크의 특징과 그 성과에 대해서는, Bowen xiii-xxxiv 및 Hollington 99-100 등 참조. 작품이 보여주는 역사소설적 측면과 고딕적 상상력의 상호작용 및 그 공과에 대해서는, 장남수 151-70.

그립(Grip)이라는 까마귀를 다시 등장시켜서 작품을 마무리하는 데서도 확인된다. 폭동이 진압되고 메이폴에 평화가 다시 찾아온 시점에서 "악을 나타내는 악령"(212)이자 작중 인물을 사로잡았던 악마적 충동을 구현하는 그립의 등장은 폭동 진압 후 새로 확립된 질서와 안전이 존이 대표하던 가부장적이고 퇴영적인 질서와 안전의 반복이 아닌지 반문하게끔 유도한다. "메이폴의 새롭고 활기찬 질서와 그립이 가하는 최고로 야만적이고 악마적인 혼돈의 위협, 둘 사이의 긴장을 설득력 있게 상기시키는 것"(Stuart 37)으로 작품을 맺었다는 사실이 『바너비 러지』가 거둔 성과의 중요한 일부분인 것이다.

참 고 문 헌

장남수. 「『바너비 러지』 연구: 역사소설과 고딕적 상상력」. 『현대영미어문학』 37.4(2019): 151-70.

Bowen. John. "Introduction." *Barnaby Rudge: A Tale of the Riots of 'Eighty.* Ed. John Bowen. London: Penguin, 2003. xiii-xxxiv.

Collins, Philip. *Dickens and Crime.* London and New York: Macmillan and St Martin's Press, 1962.

Dickens, Charles. *Barnaby Rudge: A Tale of the Riots of 'Eighty.* Ed. John Bowen. London: Penguin, 2003.

Eslick, Mark. "*Barnaby Rudge* and the Jesuit Menace." *The Oxford Handbook of Charles Dickens.* Ed. Robert L. Patten, John O. Jordan and Catherine Waters. Oxford: Oxford UP, 2018. 153-65.

Feldman, Alex. "A 'Prentice-Knight in Days of Yore': The Culture and Drama of Apprenticeship in Dickens's *Barnaby Rudge." Dickens Studies Annual* 51.2 (2020): 223-51.

Hollington, Michael. *Dickens and the Grotesque.* London and Sydney: Croom Helm, 1984.

Magnet, Myron. *Dickens and the Social Order.* Philadelphia: University of Pennsylvania Press, 1985.

Manning, Sylvia Bank. *Dickens as Satirist.* New Haven and London: Yale UP, 1971.

Marcus, Steven. *Dickens: From Pickwick to Dombey.* New York: Basic Books, 1965.

McCalman, Iain. "Controlling the Riots: Dickens, *Barnaby Rudge* and Romantic Revolution." *History* 84 (1999): 458-76.

McMaster, Juliet. "'Better to be Silly': From Vision to Reality in *Barnaby Rudge." Dickens Studies Annual* 13 (1984): 1-17.

Mee, Jon. *"Barnaby Rudge." A Companion to Charles Dickens.* Ed. David Paroissien. Malden and Oxford: Blackwell, 2008. 338-47.

Michasiw, Kim Ian. "*Barnaby Rudge:* The Since (*sic!*) of the Fathers." *ELH* 56.3 (1989): 571-92.

Paz. D. G. *Dickens and Barnaby Rudge: Anti-Catholicism and Chartism.*

Monmouth: The Merlin Press, 2006.
Pykett, Lyn. *Charles Dickens.* Basingstoke and New York: Palgrave, 2002.
Slater, Michael. *Charles Dickens.* New Haven and London: Yale UP, 2009.
Stone, Harry. *Dickens and the Invisible World: Fairy Tales, Fantasy, and Novel-Making.* Bloomington and London: Indiana UP, 1979.
Stuart, Barbara L. "The Centaur in *Barnaby Rudge.*" *Dickens Quarterly* 8.1 (1991): 29-37.
Tambling, Jeremy. *Dickens, Violence and the Modern State: Dreams of the Scaffold.* Basingstoke and New York: Macmillan and St. Martin's Press, 1995.
Tsutsui, Mizuki. "Disguise and Deception in *Barnaby Rudge.*" *Dickens Studies Annual* 51.1 (2020): 1-19.

조너스의 탐욕과 자기분열: 『마틴 처즐윗』

I. 머리말

본고에서 다루고자 하는 『마틴 처즐윗』(*Martin Chuzzlewit*, 1843-44)은 19세기 영국을 대표하는 소설가 중의 한 명인 찰스 디킨즈(Charles Dickens, 1812-70)가 1843년 1월부터 이듬해 7월까지 총 19회에 걸쳐 월간으로 분할 출판한 작품이다. 디킨즈는 분할 출판이 끝난 직후인 1844년 7월 14일에 이 작품을 단행본으로 발행하였고, 그때 붙인 서문에서 "모든 악 중에서 가장 흔한 악이 다양하게 드러나는 양상을 보여주고자 하는 계획"(5)에 따라 작품을 집필했다고 밝혔으며, 1850년에 보급판(Cheap Edition)을 발행하면서는,[1] 단행본에서 밝혔던 목적을 좀 더 상술해서 "이기심이 어떻게 번식하고 그것이 작은 것에서 출발하여 얼마나 무시무시한 괴물로 성장할 수 있는지 보여주는 것"(783)이 자신의 주된 창작 목

1) 『마틴 처즐윗』의 보급판은 브래드버리와 에반스(Bradbury and Evans) 출판사에서 1849년 12월에 발행되었지만 공식적인 출판년도는 1850년으로 기록되어 있다.

적이었다고 진술하였다.

빅토리아조 사회에서 드러나는 이기심의 문제를 검토하겠다는 작가의 공언을 차치하더라도 『마틴 처즐윗』의 주제는 비교적 단순하고 명확하다고 할 수 있다. 디킨즈는 다양한 등장인물을 통해 이기심과 위선의 19세기적 형태라고 할 수 있는 물질적 탐욕과 금전숭배의 문제를 심문하는데, 우리는 자기중심주의의 파괴적 영향에 사로잡혀 있는 인생이 탐욕과 집착 때문에 망가지고 왜곡되는 모습을 어렵지 않게 확인할 수 있다.[2] 이처럼 『마틴 처즐윗』이 선명한 주제의식하에 집필되었기 때문에, 혹자는 읽고 해석하기에 별로 까다롭지 않은 작품이라고 생각할 수도 있겠으나, 자세히 보면 읽기 불편한 구석이 오히려 많은 작품인 듯하다.[3]

이러한 '불편'이 생겨나는 까닭을 자세히 설명하기는 어렵지만, 제일 큰 원인으로는 이기적인 인물의 됨됨이와 행태를

---

2) 엥겔(Monroe Engel)은 "추하게 망가뜨리는 결과를 안겨주는 돈의 사회적 영향력이 이 소설을 구성하는 핵심적 관심사이다"(103)라고 지적하였다.

3) 킨케이드(Kincaid)는 다양한, 심지어는 모순되는 해석을 허용하는 작품의 여러 측면을 가리키면서 『마틴 처즐윗』은 해석을 허용하지 않는 작품, 즉 "해독불가능성을 극화한 작품"(*Annoying* 68)이라고 지적하였다. 디킨즈의 다른 작품에 비해 『마틴 처즐윗』에 대한 국내외의 연구가 적은 것도 이 작품이 독자에게 안겨 주는 예의 '불편'과 무관하지 않은 듯하다. 필자의 과문 탓인지 모르겠으나, 『마틴 처즐윗』 에 대한 국내의 연구는 이영희 교수와 신희섭 교수가 발표한 논문 정도인데, 두 경우 모두 디킨즈의 다른 여행기나 다른 작품을 논하면서 이 작품을 부수적으로 다루고 있다. 외국의 대표적 디킨즈 저널인 『연례 디킨즈 연구』(*Dickens Studies Annual*)와 『디킨즈 애호가』(*The Dickensian*)의 경우, 본고를 쓰고 있는 2014년 8월까지로 한정지어 보면, 2010년 이후에 이 작품에 대해 발표된 글로는 멕키어(Jerome Meckier)의 글이 유일하며, 『계간 디킨즈』(*Dickens Quarterly*)에는 2010년 이후에도 서너 편이 실려 있지만 본고의 관심사와는 다른 주제를 다루고 있어서 논외로 한다.

문제시하는 도덕적인 플롯과 유머와 활력이 두드러지는 희극적인 재미가 서로 충돌한다는 사실을 꼽을 수 있다(Kincaid, *Laughter* 134, 151). 예컨대, 세스 펙스니프(Seth Pecksniff)는 플롯상 지독한 위선자이고 형편없는 악당으로 시종하기 때문에 독자가 그의 행보에 동의하거나 공감할 이유가 별로 없는 위인이다. 그러나 펙스니프가 전달하는 웃음과 재미는 "지상에서 최고의 악당"(198)인 그를 혐오하거나 싫어하지만은 못하게 유도한다. 펙스니프는 윌트셔(Wiltshire)에 있는 그의 집에 돌풍이 불어와서 현관문이 세게 닫히는 바람에 집 안으로 들어오려다가 문에 부딪히고, 그래서 계단 아래에 벌렁 드러누운 모습으로 처음 등장한다(2장). 계속해서 그는 토저스 부인(Mrs. Todgers)의 여인숙에서 술에 취한 채 횡설수설하며 신발을 벗다가 벽난로에 떨어져서 머리카락을 태울 뻔하기도 하고(9장), 건축술을 배우러 온 마틴 처즐윗(Martin Chuzzlewit)을 쫓아낼 때는 그가 자기를 때리려는 줄 알고 뒤로 물러나다가 엉덩방아를 찧기도 한다(12장). 펙스니프의 두드러지는 면은 바닥에 넘어지거나 엉덩방아를 찧는 촌극이 주는 웃음도 웃음이지만 상황에 굴하지 않는 그의 말재간이다. 플롯을 조종하고 작품을 해피엔딩으로 마무리하기 위한 "편의적 인물 또는 기계장치에서 나온 마법의 신"(a convenience, a magical *deus ex machina*) (Stone 92)이라고 할 수 있는 마틴 할아버지(Old Martin)는 작품의 말미에서 펙스니프의 정체를 폭로하며 그를 지팡이로 때려 쓰러뜨리고 바깥으로 끌어내도록 한다. 펙스니프는 바닥에 쓰러진 채 끌려 나가면서도 "처즐윗 씨, 이 자리에 있는 사람들 중에서

… 나를 속이지 **않았던** 사람은 아무도 없습니다. 그렇지만 나는 그 사람들을 바로 용서했습니다"(758, 강조는 원저자)라는 진술을 통해 그 나름의 위엄을 유지하고 상황을 역전시키려고 한다.

펙스니프 같이 말재주를 부려서 다른 사람들이 객관적 진실에 도달하지 못하게 하는 재능이 단연 돋보이는 인물로는 갬프 여인(Mrs Gamp)을 들 수 있다. 갬프 여인은 총 54장으로 이루어진 『마틴 처즐윗』에서 불과 10여 장에 등장할 뿐이지만 끊임없이 먹고 마시며 발산하는 에너지 때문에 독자의 뇌리에서 결코 지워지지 않는 인물이다. 플롯으로 보면 펙스니프 못지않게 이기적이고 몰인정하고 탐욕스러운 이 부인은 "부자가 낙타를 탈 수는 있지만 바늘귀를 통해 보기는 쉽지 않습니다"(388)[4]라고 모울드 씨(Mr Mould)에게 말하는 대목에서 드러나듯이 성서나 격언을 자기 편의에 맞추어 인용하는 식으로 빅토리아 시대의 엄숙주의와 도덕주의를 패러디하기도 하고, 독특한 발음이나 어법을 구사하면서 상대방이 알아듣기 어려운 말을 엄청나게 쏟아내기도 한다.[5] 자유로운 상상력과 뛰어난 언어적 재능의 소유자인 갬프 여인에 대해 "또 다른 작가"(Fiedler 533)라거나 "폴스타프와 바스의 여걸로 이루어진 위대한 전통을 … 잇는 예술가"(Barickman 106)라고 평가하는 것도 디킨즈에 필적할 정도로 독창적인 말재주를 과시하는 그녀의 희극적 특징이 인격적

4) 원문을 보면, "Rich folks may ride on camels, but it an't so easy for 'em to see out of a needle's eye."

5) 갬프 여인의 언어가 조이스(James Joyce)의 언어를 상기시킨다는 지적으로는, Bowen 218; Pykett 86; Marcus 217, 221 등 참조

결함을 압도하기 때문일 것이다. 독자로서는 유머와 활력이 넘치는 갬프 여인을, 비록 환자를 돌볼 때나 상가에서 장례를 치를 때나 자신의 편의와 안락을 무엇보다 우선시하는 위인이지만, 규범적인 이유로 단죄할 수만은 없는 것이다.

펙스니프와 갬프 여인을 중심으로 해서 나타나는 도덕적 플롯과 희극적 재미의 충돌이 전체적으로 보면 『마틴 처즐윗』의 통일성을 해치는 것이 사실이지만, 이들을 통해 표현되는 희극적 상상력의 가치나 의미를 폄하할 필요는 없을 듯하다. 오히려 단선적인 해석을 허용하지 않는 작품의 복잡성으로 이해할 수도 있을 듯한데, 그렇다고 해서 이 작품이 디킨즈의 대표작이 보여주는 뛰어난 성취에 버금가는 성공을 거두었다는 의미는 아니다. 예컨대, 우리는 이 작품이 보여주는 피카레스크식 구성의 문제점을 지적할 수도 있고 (Morgentaler 350), 펙스니프가 사기꾼 몬태규 티그(Montague Tigg)에게 투자했다가 파산한다는 플롯이 사실주의적 기율을 위배한 것이라는 점을 지적할 수도 있다.[6] 그러나 여기서 이 작품의 약점을 이리저리 짚어보는 것은 별로 생산적인 일이 아닐지도 모른다. 35여 년에 걸쳐 14편의 장편소설을 포함하여 수많은 글을 발표한 디킨즈의 창작세계에서 『마틴 처즐윗』은 "마지막 습작품"(Stone 99)으로 평가될 만큼 미숙한 구석이 남아 있고, 작가적 역량이 담뿍 담긴 후기작과는 대국적 사회인식과 그것을 표현하는 예술적 역량에

6) 펙스니프가 티그 때문에 파산하기 위해서는 그에게 전 재산을 투자했다는 사실이 전제되어야 하지만, 두 사람이 투자의 세부사실을 확정한 날 티그가 살해되었기 때문에 투자가 실제 이루어졌을 리는 없다. 이에 대해서는, Lucas 115-16.

서 차이를 보이기 때문이다.[7] 따라서 후기작의 성취를 기준으로 이 작품의 문제점을 지적하기보다 후기작에서 드러나는 성취를 예시(豫示)하는 이 작품의 뛰어난 부분에 주목하는 편이 나을 듯하다. 본고에서 조너스 처즐윗(Jonas Chuzzlewit)의 물질적 탐욕과 그로 인한 비극적 결과를 검토하고자 하는 것도 작품에 대한 평가는 최고의 성취를 보여주는 부분을 중심으로 이루어져야 한다고 믿기 때문이다.

II. 조너스의 탐욕과 그 결과

조너스는 『마틴 처즐윗』에서 가장 사악하고 이기적인 인물이다. 그는 유산을 차지하기 위해 부친 앤서니 처즐윗(Anthony Chuzzlewit)을 '독살'했을 뿐 아니라[8] 부친살해라는 약점을 잡고 자신을 협박하는 티그를 숲 속에서 다시 살해할 정도로 악당이며, 결혼 전에 자신을 무시했던 아내를 "주

7) 디킨즈의 작품세계에서 『마틴 처즐윗』까지는 작가로서의 성장 과정을 보여주는 초기작으로 평가하고, 그 다음 작품인 『돔비 부자 상사』(*Dombey and Son,* 1846-48)부터를 작가로서의 원숙미가 발휘된 후기작으로 평가한다. 『마틴 처즐윗』에서 19세기 주요소설가가 직면한 형식적.주제적 딜레마가 분명히 드러나고, 그 딜레마를 해결하려는 시도가 처음으로 이루어진다는 지적에 대해서는, Webb 60-62.

8) 앤서니의 임종을 지켰던 충직한 하인 처피(Chuffey)가 작품 말미에서 증언하는 바에 따르면, 오랫동안 앓은 병으로 기력이 쇠했던 앤서니가 사망에 이르게 된 직접적 계기는, 자신을 독살하려는 아들 조너스의 계획을 알게 된 후 그가 받은 충격과 감당할 수 없었던 절망 때문이지 독약을 먹었기 때문이 아니다. 그러나 처피의 증언이 있기 전까지, 조너스는 자신이 계획했던 대로 부친을 독살했다고 믿고 있었고 그래서 티그의 협박에 순순히 따를 수밖에 없었다.

인"(435)을 섬기는 "노예"(같은 면)로 순치시키기 위해 폭력을 서슴지 않을 정도로 야만적이기도 하다. 조너스의 살인과 폭력은 타인의 지배에서 벗어날 수 있는 물질적 수단과 사회적 인정을 확보하기 위한 것이었지만 그때마다 그는 타인의 뜻과 의지에서 벗어날 수 없는 자신의 처지를 역설적으로 확인할 뿐이며, 티그를 살해한 후에는 발각에 대한 "두려움과 공포"(681) 탓에 "자기 자신에 대해 **걱정할** 뿐 아니라 자기 자신을 **두려워하는**"(같은 면, 강조는 원저자) 분열에 시달리게 된다. 이 작품의 빛나는 부분은 부친살해를 빌미로 협박을 일삼는 티그를 살해한 후, 죄책감도 죄책감이지만 자신의 행적이 발각되어서 처벌을 받을까 봐 두려움에 떠는 조너스의 내면이 생생하게 제시된다는 점인데, 이러한 성취가 처음에는 멜로드라마의 상투적 악당으로 제시되던 조너스라는 인물을 입체적으로 만들고 그를 구체적으로 살아 있는 인물로 부각시키는 데 기여한다.

조너스를 작중 누구보다도 이기적이고 탐욕스러운 인물로 만든 것은 어릴 때부터 "아주 엄격한 사리(私利)의 원칙"(124)에 따라 그를 양육한 아버지의 훈육방식이다. 아버지인 앤서니 처즐윗 밑에서 조너스는 처음 배우게 된 낱말이 "이익"과 "금전"(같은 면)일 정도로 돈과 계산에 밝은 인물로, 그리고 다른 사람들의 아픔과 감정에는 무감각한 채 자신만을 아는 인물로 성장한다. 그러나 앤서니가 조너스를 키운 방식은 그 자신도 예상하지 못했던 결과를 가져왔으니 조너스는 아버지가 하루라도 빨리 죽어서 유산을 물려받을 날이 오기를 간절히 고대한다.

꼼꼼히 지켜보던 아버지가 처음에는 분명히 내다보지 못했을 두 가지 결과만 없었다면 조너스가 받은 교육은 나무랄 데 없는 것이라고 할 수 있었을지 모른다. 그 결점 중 하나는 모두를 속이라고 아버지로부터 오랫동안 배웠기 때문에 어느 사이엔가 그 존경할 만한 감시자마저 속이는 것을 좋아하게끔 되었다는 것이다. 또 다른 결점은 어릴 때부터 만사를 재산의 문제로 생각하던 습관 때문에 자기 아버지를 일정한 유산으로, 즉 활개치고 다닐 권리가 전혀 없고 흔히 관이라고 칭해지는 특정한 종류의 철제 금고 안에 안전하게 넣어서 무덤에 예치해야 하는 유산으로 점차 조바심하며 간주하게 되었다는 것이다.

> But for two results, which were not clearly foreseen perhaps by his watchful parent in the beginning, his training may be said to have been unexceptionable. One of these flaws was, that having been long taught by his father to over-reach everybody, he had imperceptibly acquired a love of over-reaching that venerable monitor himself. The other, that from his early habits of considering everything as a question of property, he had gradually come to look, with impatience, on his parent as a certain amount of personal estate, which had no right whatever to be going at large, but ought to be secured in that particular description of iron safe which is commonly called a coffin, and banked in the grave. (124)

조너스의 타락한 인간성은 멀쩡히 살아 있는 아버지를 "유령"(ghost 176)이라고 부르고 진작 죽어서 자기에게 유산을 넘겼어야 할 부친이 여전히 생존해 있다는 사실에 대해 반감을 표하는 대목에서 두드러지는데, 늙은 마틴의 지적대로 유산 상속에 대한 기대는 조너스를 "아버지와 무덤 사이에 놓인 거리가 차차 줄어드는 것을 매일 매시간 가늠하며 유산을 탐욕스럽게 기다리는 사람"(369)으로 만든 것이다. 앤서니는 이러한 아들을 보면서도 개의치 않을 뿐 아니라 "내 인생의 커다란 최종목적"(179)이 달성되었다고 오히려 기뻐한다. 그러나 무섭도록 탐욕스럽게 자란 아들을 보며 기뻐하던 앤서니는 아들이 바로 그 탐욕 때문에 자신을 독살하려 한다는 사실을 알게 되자, 자신의 양육방식을 후회하고 아들이 "좀 더 착한 사람"(734)이 되기를 바라지만 사태는 이미 돌이킬 수 없이 진행된 후이다.

어릴 때 받은 훈육과 유산상속에 대한 기대 탓에 이기적이고 파괴적인 인간형으로 성장한 조너스의 모습은 『마틴 처즐윗』에 제시된 세계에서 예외적인 경우가 아니다. 조너스의 구제할 길 없는 인간성이 앤서니라는 '본'을 보면서 끊임없이 훈육 받은 결과이듯, 작품 제목에 나오는 주인공(titular character)인 마틴 처즐윗의 이기심과 자기중심주의 역시 늙은 마틴 밑에서 보고 배운 결과이기 때문이다. 마틴은 원래 "솔직하고 관대한"(497) 본성의 소유자였으나, 할아버지를 보면서 "내 보호자는 자기 자신을 엄청 생각하기 때문에 **나 자신이** 똑같이 행동하지 않으면 나는 망각되고 말 거야"(497, 강조는 원저자)라고 생각하면서 자랐고, "그래서 그는 이기적으로 되었다"(같은 면)라고 서술자는 기록하고 있다. 조너스가 유산상속에 대한 조바심 때문에 지독한 악당으로 전락하듯이 마틴 역시 할아버지의 유산이 약속하는 미래의 안락과 신분에 대한 기대 속에서 주위 사람들의 필요와 아픔에 무감각하고 자기만을 생각하는 이기적인 위인으로 성장한다.[9] 그러나 마틴의 이기심은 조너스의 이기심에 비하면 비교할 수 없을 정도로 '무해'한 것인데, 그가 보여주는 이기적 행동은 기껏해야 난롯불을 독차지해서 톰 핀치가 온기를 느끼지 못하게 가로막거나, 자기가 잠들어도 책 읽어주는 소리를 들으면서 기분 좋게 깨어날 수 있도록 계속해서 책을 읽어달라고 톰에게 부탁하는 정도이다. 자기만을 생각하는 마틴의 자기중심주의 역시 미국으로 가는 스크루 호(The Screw)의 3등선실 안에서 주위 사람들의 겪는 고통보다 자기의 안락과 편리를 우선시하는 정도이며, 그의 무감각 역시 메리 그레이엄(Mary Graham)이 전해준 반지 – 미국으로 가는 마틴이 비상시에 사용할 수 있게끔 그녀가 일부러 구입해서 전해준 반지 – 에 대해 할아버지가 그녀에게 줬던 반지를 자기에게 다시 준 거라고 착각하는 정도이다. 메리와의 사랑을 진지하게 생각해볼 기회를 그냥 흘려보내는 마틴의 무감각과 이기심이 그 자체로 사소한 것은 아니지만, 전체적으로 볼 때 마틴 처즐윗의 이기심은 그와 동명의 작품

---

9) 유산상속에 대한 기대가 등장인물에게 미치는 파괴적 영향이라는 면에서 보자면, 『마틴 처즐윗』에서 유산을 물려받은 또 다른 인물인 존 웨스트락(John Westlock)이 상속을 받은 이후 "제대로 된 신사"(195)가 되어서 옛날 친구 톰 핀치(Tom Pinch)를 환대할 뿐 아니라 그에게 진실한 도움을 아끼지 않는 모습은 오히려 예외적인 경우라고 하겠다. 마틴과 조너스를 통해 드러나는 유산상속의 기대와 그 결과에 대한 묘사는 디킨즈가 후기작에서 보여주는 관심의 시발점에 해당하는데, 『데이빗 커퍼필드』(*David Copperfield*)의 제임스 스티어포스(James Steerforth), 『블리크 하우스』(*Bleak House*)의 리처드 카스톤(Richard Carstone), 『작은 도릿』(*Little Dorrit*)의 헨리 가원(Henry Gowan), 『막대한 유산』(*Great Expectations*)의 핍(Pip), 『우리 둘 다 아는 친구』(*Our Mutual Friend*)의 유진 레이번(Eugene Wrayburn)은 모두 다 유산상속을 기대하면서 갖게 된 헛된 꿈에 사로잡혀서 자기 인생을 낭비하거나 쓰라린 경험을 한 후에나 그 꿈에서 깨어나는 인물이라고 할 수 있다.

이 제시하는 이기심과 물질적 탐욕의 문제를 감당하기에 턱없이 부족한 걸로 보인다. 또한 미국에서 힘든 경험을 하고 마크 태플리(Mark Tapley)와의 생활이 주는 교훈 속에서 마틴이 자신의 이기심을 반성하고 타인을 배려하며 노동의 소중함을 깨닫는 식으로 변모하지만, 그 변화라는 것도 “극화되지 않고 서술될”(*Hardy, Dickens* 8) 뿐이어서 피상적 차원에 그치는 느낌이다. 이렇게 보면 인물로서의 생동감이나 심리적 깊이라는 면에서 마틴은 결격사유가 있는 셈이며, 우리의 관심은 조너스에게로 향할 수밖에 없다.

조너스가 아버지의 약에 독약을 섞어 놓으면서까지 세상에서 자기의 위치를 추구했던 행동은 펙스니프의 둘째 딸인 머씨(Mercy Pecksniff)와의 결혼생활에서도 반복된다. 조너스가 처음에는 펙스니프의 첫째 딸인 채러티(Charity Pecksniff)에게 지속적인 관심을 보였기 때문에, 펙스니프 가족은 물론이고 주위 사람들도 그가 채러티에게 청혼할 줄로 생각하고 있었다. 그러나 조너스 자신은 펙스니프의 두 딸 중 누구와 결혼할지 마음을 정하지 못한 상태였고, 그런 상태에서 아버지인 앤서니의 장례식을 마친 후 휴식을 갖기 위해 펙스니프와 같이 윌트셔에 있는 그의 시골집으로 향한다. 마차를 타고 가는 중에 조너스가 딸들이 결혼하면 지참금으로 얼마를 줄 작정인지 묻자, 펙스니프는 4,000파운드를 생각하고 있다고 하고, 그 말을 들은 조너스는 그 숫자에 덧셈, 뺄셈, 곱셈, 나눗셈 등 온갖 계산을 해본 후 “모종의 분명한 결론에 도달해서 고통스러울 만큼 불확실한 상태에서 벗어난 사람”(317)처럼 아주 흡족한 표정을 짓는다. 조너스가 만족스러운 표정을 지은 까닭은 펙스니프의 집에 도착한 후 채러티가 아니라 머씨에게 청혼하면서 밝혀지는데, 그는 펙스니프에게 "당신이 매우 좋아하는 딸"(324)이 아니라 다른 딸과 결혼할 테니 1,000파운드를 더 내놓으라고 요구한다. 지참금을 놓고 예비 장인과 흥정하는 조너스의 모습은 그가 태어나서 처음 익힌 낱말이 "이익"과 "금전"이라는 사실을 상기시킬 뿐 아니라 결혼을 경제적 거래로 생각하는 후기작의 인물들을 앞질러 보여준다고 할 수 있다.[10]

조너스를 분노하게 만든 것은 그의 청혼을 받은 머씨의 반응이다. 조너스가 언니인 채러티를 좋아한다고 생각했을 뿐 아니라 세련되지 못한 그에게 별로 호감도 없던 머씨는 "당신을 보고 있는 것도 견딜 수 없다"(323)라고 청혼을 거절하며, 그래도 조너스가 혼인을 계속 고집하자, 자신이 만일 결혼한다면 "그것은 순전히 평생 당신을 증오하고 괴롭히기 위해서이다"(같은 면)라고 도발한다. 가부장적인 앤서니 밑에서 자란 조너스로서는 남편이 될 자기를 존중하기는 커녕 사람들 앞에서 공개적으로 모욕한 머씨를 용서할 수 없다. "머지않아 네 년이 톡톡히 값을 치르도록 하겠다"(382)라고 다짐한 조너스는 결혼한 이후 온갖 폭력을 행세해서 그녀를 순종적인 여인으로 길들이는 데 성공한다. 공포에 절은 채 절망 속에서 살아가는 머씨를 우연히 보게 된 베일리 2세(Bailey junior)는 "그녀가 관 속에 조용히 누워 있는 모습

10) 디킨즈는 남녀 간의 결혼을 시장에서의 거래 내지 흥정으로 간주하는 인물들을 작품에 등장시켜서 배금주의적인 빅토리아조 사회의 가치관을 풍자하는데, 대표적인 예로는 『돔비 부자 상사』의 돔비와 이디스 그레인저(Edith Granger) 부부, 『작은 도릿』의 머들(Merdle) 부부를 들 수 있다.

을 보았어도 이보다는 덜 놀랐을 것이다"(433)라고 생각할 정도이다. 46장에서 자기 집에 톰 핀치가 와 있는 것을 목격한 조너스는 폭력을 쓸 것처럼 행동해서 그를 내보낸 후, 머씨에게 다시는 톰을 만나지 말 것과 자기 허락 없이는 자기에 대한 얘기를 누구와도 나누지 말라고 명령한다. 남편에게 순종하는 여인으로 순치된 머씨는 "원하는 바를 말하면 저는 따를 것이고 당신을 기쁘게 하기 위해 노력할 거예요"(671)라고 온순하게 대답한다. 남편이 원하는 대로 뭐든 하겠다는 머씨의 말에서 결혼 전에 보였던 기백은 찾아볼 수 없는데, 물질적 계산과 폭력이 지배하는 조너스의 세계에서 가정의 행복은 불가능하고 지배와 복종만 있을 뿐인 것이다.[11] 아내를 "가정의 천사"로 길들이고, "누가 주인이고 누가 노예인지 알아야겠다!"(435)라고 다짐하는 조너스의 계산은 결혼 전에 자기를 무시한 아내에게 단순히 복수하겠다

11) 남편의 지배와 아내의 복종으로 이루어진 조너스-머씨의 관계가 빅토리아조 가정의 전형적인 모습이라면 채러티와 모들(Augustus Moddle)의 관계는 그와 정반대라고 할 수 있다. 채러티가 모들과 결혼하려는 것은 동생 머씨를 사랑하던 그를 차지해서 동생에게 '앙갚음'하고 '과시'하기 위한 까닭도 까닭이지만 모들이 잘생겼고 돈도 많을 뿐 아니라 "그는 다루기 쉽다"(481)라는 이유가 결정적인데, 실제 신혼집에 들일 가구를 보기 위해 거리를 다닐 때에도 채러티는 "불행한 모들을 포로로 잡고 그가 가구를 구경하도록 제단으로 끌고 가는 양처럼 데리고 다녔다"(654)라고 묘사된다. 이들의 결혼은 식을 올리기로 한 당일에 모들이 태즈메이니어(Tasmania)로 가버리는 바람에 성사되지 못하지만, 일방적 지배와 복종으로 이루어진 가정이 온전히 존속하기 어렵다는 디킨즈의 메시지는 뚜렷한 셈이다. 배릭먼(Richard Barickman)은 『마틴 처즐윗』에서 드러나는 작가의 명시적인 의도는 이기심을 비판하고자 하는 것이지만 실제 작품이 달성한 성과는 "빅토리아조의 가정관을 직접적으로 그리고 가차 없이 비판한 디킨즈의 첫 작품"(99)이라는 의미가 두드러진다고 지적한다.

는 생각을 반영하는 것이 아니다. 오히려 아버지의 유산을 차지하기 위해 그를 독살하려고 할 때와 마찬가지로 누구에게도 휘둘리지 않는 자기의 위치를 확보하고 그것을 인정받고 싶은 욕망이 절대적인데, 아버지를 보며 배우고 익힌 가치관 – 가부장적이고 물질적이며 공리주의와 친화성을 보인다는 면에서[12] 빅토리아조의 지배적 가치관 – 에서 벗어나지 못하는 한 "조너스의 운명은 … 아버지와의 관계를 재연하는 것"(Marcus 234)이 될 수밖에 없는 것이다.

단순하고 폭력적인 성격만큼이나 성급하고 남을 잘 믿는 조너스는 머씨와 결혼한 직후 그녀의 생명보험을 가입하기 위해 앵글로-벤갈리 보험회사(Anglo-Bengalee Insurance Company)로 티그를 찾아간다.[13] 최고급 카펫이 깔려 있고 온갖 그림과

---

12) 『마틴 처즐윗』의 가부장제 비판이 빅토리아조 사회 비판으로서 갖는 의미에 대해서는, Barickman 99-101. 이 작품에서 다루고 있는 이기심과 그 바탕을 이루는 자아(self)의 문제가 작품이 발표된 전후인 1830, 1840년대에 "공리주의의 윤리규범 비판"(a critique of utilitarian ethical norms)으로서 갖는 의미에 대해서는, Bowen 211.

13) 앵글로-벤갈리 회사에 대한 묘사는 디킨즈가 투기의 비중이 높아지는 동시대 자본주의의 변화에 대해 예리한 감각을 지닌 작가라는 사실을 확인시켜 준다. 작품이 포착하는 사회적 변동은 사무실이 숙소를 겸하는 등 고답적 방식에 따라 운영되던 앤서니 처즐윗 부자(Anthony Chuzzlewit and Son)의 오래된 회사가 앵글로-벤갈리 보험회사로 대치되는 과정을 포함하는데, 사기꾼 몬태규 티그가 별 자본도 없이 설립한 후자는, 특별히 추진하는 사업이 없으면서도 엄청난 이윤을 약속하는 달콤한 말과 번지레한 겉모습으로 다른 사람의 돈을 끌어들여서 성공한 회사이다. 1840년대의 영국은 철도에 대한 엄청난 투자 열풍과 웨스트미들섹스 연금회사(West Middlesex General Annuity Company)의 파산이 보여주는 대로 투기자본주의가 대두하는 시기였고, 독자로서는 사기술에 기초한 앵글로-벤갈리 사의 성공을 목격하면서 투기와 금융조작이라는 자기 시대의 문제점을 다시 한 번 생각할 수 있었을 것이다.

중국제 자기가 가득한 사무실에서, 값비싼 옷과 반지, 윤기가 흐르는 모자와 신발로 치장한 티그를 만난 조너스는, 자기 회사를 "그저 맹금류"(420)라고 소개하는 티그의 냉소적인 태도에 혹해서,[14] 그리고 댄디 같은 그의 외모와 화려한 사무실이 표상하는 부(富)라는 기표에 혹해서(Morris 48) 앵글로-벤갈리 사의 주식을 매입하고 공동 투자자가 된다. 회사에 투자한 조너스가 어느 날 투자액만큼 자기의 권리가 보장되지 않는다는 사실에 대해 이의를 제기하자, 티그는 그의 귀에 대고 사설탐정인 내짓(Nadgett)을 통해 알게 된 그의 약점 − 부친살해범이라는 약점 − 을 속삭이고, 얼굴이 하얗게 질린 조너스는 "공포와 비참과 분노의 화신"(562)이라고 할 만큼 애처로운 모습을 한 채 힘없이 주저앉는다. 머씨에게 "노예"의 삶을 강요할 만큼 지배욕이 강한 조너스였지만, 티그에게 철저히 끌려다니며 그의 명령과 지시를 받들 수밖에 없는 처지가 되었고, "새장에 갇히고 빗장이 질러지고 덫에 걸린 채로 파멸이라는 최고로 깊은 구덩이에 빠진 … 느낌"(같은 면)에서 벗어날 수 없게 된 것이다.

14) 상대방의 말을 신뢰할 수 있을지의 여부를 판단해야 할 때, 상대가 무례하고 무관심하게 행동하는 것을, 자기의 환심을 사서 자기를 속이려는 의도가 없는 거라고, 따라서 믿어도 좋다는 판단의 근거로 삼는 태도는 조너스나 펙스니프 같이 이 작품에 등장하는 악당들이 공통적으로 지닌 태도이다. 티그에게 부친살해의 약점이 잡힌 조너스는 티그의 지시를 받고 장인인 펙스니프를 만나서 앵글로-벤갈리 사에 투자하도록 설득하는데, 그때 조너스가 "펙스니프에게 평소보다 좀 더 버릇없고 무례한"(638) 태도로 말하자, 펙스니프는 오히려 조너스의 말을 신뢰하고 티그의 회사에 투자하기로 결심한다.

> 조너스는 안팎으로 완전히 티그가 생각하는 존재가 되었다. 쌔디스트인 그가 다른 사람들을 조절해서 자신의 정체성을 조절하기는커녕 결국에는 전적으로 다른 사람들에게 휘둘리는 존재, 즉 그들이 맘대로 조절하는 바에 좌우되는 존재가 되고 만 것이다.

> Jonas has become altogether, inside and out, what Tigg took him for. The sadist, far from controlling his identity by controlling others, has ended entirely at the mercy of others and of their freedom to control him. (Miller 129)

아버지의 유산을 차지해서 세상에서 자신의 위치를 확인하고자 했지만 오히려 티그의 노예로 전락하고 만 조너스는 그를 피해 외국으로 도망가야겠다고 결심한다. 그리고 아무도 모르게 안트베르펜(Antwerp)으로 가는 배에 오르지만, 내짓과 티그의 감시망에 걸려서 좌절한 채 다시 티그의 사무실로 끌려오게 된다. 이제 조너스에게 남은 방법은 한 가지뿐이다. 사무실로 끌려오는 조너스는 궁지에 몰리고 좌절했으면서도 뭔가 단단히 결심한 기색인데, 그것은 티그의 협박에서 벗어나기 위해서는 그를 살해할 수밖에 없다는 다짐이다.15)

결심을 굳힌 조너스는 자기의 약점을 잡고 자기에게 명령을 내리는 티그를 해치울 방법을 이리저리 궁리한 후, 칠흑

---

15) 아이러니하게도 조너스가 티그가 생각하는 진짜 살인범이 되는 것은 그 자신이 계획했던 대로 아버지를 살해해서가 아니라 자신을 협박하는 티그를 살해했기 때문이다. 살인죄로 체포된 후 독약을 먹고 자살하는 조너스의 비극은, 타인의 감시망에서 벗어나 자유를 원하지만 그 감시망에서 벗어날 수 없고, 타인의 생각대로 휘둘릴 수밖에 없는 인생의 비극을 극명하게 보여준다.

같이 어둡고 천둥과 번개가 치며 폭우가 쏟아지는 밤에 펙스니프에게 투자를 권유하기 위해 티그와 같이 마차를 타고 펙스니프의 집으로 향하는데, 그때의 악천후는 조너스의 어두운 내면에 휘몰아치는 두려움의 폭풍우이기도 하다. 펙스니프를 설득하는 법을 알고 있는 조너스의 계산대로 펙스니프는 앵글로-벤갈리 사에 투자하기로 결심하고, 티그는 펙스니프와 투자의 세부사실을 조율하기 위해 그곳에 혼자 남는다. 집으로 돌아온 조너스는 아내에게 밤새 잘 테니 절대로 깨우지 말라고 지시해서 그날 밤에 실행할 티그 살해에 대해 그 나름의 알리바이를 만든 후 한밤중에 다시 집을 나선다. 시골사람같이 차려입고, 방문을 잠그고, 사람들 몰래 집을 빠져나와서 길을 가는 조너스를, 그러나 온 우주가 지켜보고 몸서리치는 조너스를, 디킨즈는 다음과 같이 묘사한다.

> 어두운 거리를 지나던 사람들 중 조너스가 자기들 뒤로 살며시 다가오자 까닭 없이 움츠린 사람은 없었는가? 그가 조용히 지나갈 때, 죄를 지은 유령이 침대를 덮치는 느낌이 어렴풋하게 들어서 순결하게 잠을 자다가 혼란에 빠진 아이는 없었는가? 그를 물어뜯기 위해 덜거덕거리는 목줄을 끊으려고 짖고 버둥거렸던 개는 없었는가? 그가 하려고 하는 일을 냄새 맡고, 그가 베푼 잔치에서 게걸스럽게 주연을 즐기기 위해 그를 따라 길을 갉아내려고 땅을 파는 쥐는 없었는가? 그가 어깨 너머로 뒤를 돌아본 것은 서둘러 움직이는 걸음이 먼지 쌓인 길에 여전히 마른 먼지를 일으키는지 확인하기 위해서인가, 아니면 카인의 맨발을 더럽혔던 붉은 진흙이 벌써 젖은 채 달라붙어 있는지 확인하기 위해서인가!
>
> Did no men passing through the dim streets shrink without

> knowing why, when he came stealing up behind them? As he glided on, had no child in its sleep an indistinct perception of a guilty shadow falling on its bed, that troubled its innocent rest? Did no dog howl and strive to break its rattling chain, that it might tear him; no burrowing rat, scenting the work he had in hand, essay to gnaw a passage after him, that it might hold a greedy revel at the feast of his providing? When he looked back, across his shoulder, was it to see if his quick footsteps still fell dry upon the dusty pavement, or were already moist and clogged with the red mire that stained the naked feet of Cain! (675)

카인에 비유되는 조너스가 남의 눈을 피해 살금살금 움직이자 길을 가던 사람들이 몸을 움츠릴 뿐 아니라 아이들은 유령이 나타나는 꿈에 시달리고 개들은 요란하게 짖고 쥐들은 땅을 팔 정도이다. 집에서 멀어진 조너스는 길을 재촉하기 위해 마차를 얻어 탄다. 밤이 더 깊어졌지만 달과 별은 물론이고 나무와 바람, 어두운 오솔길과 넓은 들판, 심지어는 "자라는 풀잎과 옥수수 잎 중에서도 그를 지켜보지 않는 잎사귀는 하나도 없었다"(676)라고 서술자는 묘사한다. 불안과 초조에 시달리는 조너스 마음의 어두운 구석을 사실적이라기보다 상징적이고 초자연적인 묘사를 통해 전달하는 이 장면은 "디킨즈의 증가하는 예술적 수완"(Stone 97)을 보여주는 좋은 예라고 할 것이다.

조너스는 불안감으로 가슴을 조이면서도 계획대로 티그를 숲 속에서 살해한다. 살인을 저지른 조너스를 설명하는 작가의 첫 묘사는 "자신이 한 행동에 대해 후회하지 않았다"(680)

라는 것인데, 살인 외에는 "자기 자신을 해방시킬"(681) 길이 없기 때문이다. 그러나 어쩔 수 없었다고 스스로를 다독여도 불안은 줄어들지 않는다. 오히려 감당할 수 없는 공포가 자기분열로 이어지는 고통을 맛보는데, "우리의 관심을 사로잡는 것은 … 이기심의 분석이라기보다 범죄와 처벌의 심리"(Hardy, "*Martin*" 116)라는 지적이 적중하는 셈이다. 후회하지 않는다고 거듭 되뇌는 조너스의 혼잣말은 그의 불안감과 공포가 그만큼 크고 걷잡을 수 없다는 반증일 텐데, 티그 살해 후 자기분열을 겪는 조너스의 모습이 제시되는 대목을 조금 길지만 인용해 보자.

> 여전히 후회하지 않았다. 조금도 후회하지 않았다. 그는 그 사내를 지독히 혐오했던 것이고, 아주 필사적으로 그리고 아주 오랫동안 자신을 해방시킬 결심을 하고 있었던 것이다. 그런 일을 다시 겪는다면 또다시 그렇게 할 것이었다. 악성으로 복수심에 불타는 그의 분노는 그렇게 쉽게 누그러질 게 아니었던 것이다. 살인을 계획하는 동안 후회든 회한이든 없었던 것처럼 살인을 저지른 지금도 후회든 회한이든 없었다.
>
> 두려움과 공포가 그를 엄습했다. 절대 믿을 수 없을 정도의, 그리고 도저히 감당할 수 없을 정도의 두려움이고 공포였다. 집에 있는 그 지옥 같은 방이 지독하게 두려웠는데, 그 사실이 우울하고 흉악하고 터무니없이 자기 자신에 대해 **걱정할** 뿐 아니라 자기 자신을 **두려워하게** 만들었다. 말하자면 그 방의 일부로서 그 방에 있었던 걸로 추정되었지만 그 방에 있지 않았던 존재였기 때문이다. 그는 그 방에 대해 불가사의한 공포를 갖게 되었다. 그가 이틀 밤이라는 어두운 시간 동안 그 고약한 방이 거짓으로 조용히, 거짓으로 조용히 있었다는 사실을 속으로 그려보았을 때, 또한 헝클어져 있는 침대와 침대에 누워 있었으리라고 사람들이 생각하겠지만 누워 있지 않았던 자신을 속으로

그려보았을 때, 어떤 의미에서 그는 그 자신의 유령이자 혼령이 되어서, 불안하게 하는 혼령이자 겁에 질린 사람이 되었다.

Still he was not sorry. No. He had hated the man too much, and had been bent, too desperately and too long, on setting himself free. If the thing could have come over again, he would have done it again. His malignant and revengeful passions were not so easily laid. There was no more penitence or remorse within him now, than there had been while the deed was brewing.

Dread and fear were upon him. To an extent he had never counted on, and could not manage in the least degree. He was so horribly afraid of that infernal room at home. This made him, in a gloomy, murderous, mad way, not only fearful *for* himself but *of* himself; for being, as it were, a part of the room: a something supposed to be there, yet missing from it: he invested himself with its mysterious terrors; and when he pictured in his mind the ugly chamber, false and quiet, false and quiet, through the dark hours of two nights; and the tumbled bed, and he not in it, though believed to be; he became in a manner his own ghost and phantom, and was at once the haunting spirit and the haunted man. (681, 강조는 원저자)

조너스가 티그 살해를 전후로, 이기심과 탐욕의 화신으로 정형화된 채 등장하던 처음 모습에서 벗어나 입체적인 인물로 부각될 수 있는 것도, 앞에 두 개의 인용문이 예시하는 대로, 비극으로 치닫는 그의 모습과 두려움에 떠는 그의 심리를 생생히 환기시키는 작가의 시적인 언어구사에 힘입은 바가 크다고 할 것이다. 디킨즈의 초기작에 등장하는 인물 중 조너스 이상 가는 악당으로는 단연코 『골동품 가게』(*The*

Old Curiosity Shop, 1840-41)의 대니얼 퀼프(Daniel Quilp)를 꼽을 수 있다. 그러나 퀼프는 “엄청난 에너지와 악마적 활기로 사람들을 좌지우지”(장남수 78)하면서도 성장과 발전이 없는 알레고리적 인물이기 때문에 내면풍경이 세밀히 제시된 조너스에 비해 인물로서의 실감에서 훨씬 못 미친다. 더욱이 조너스 자신이 개인주의적이고 물질주의적인 빅토리아조의 가치관과 밀접하게 연결되어 있는 인물이므로(Pykett 82) 조너스는 이 사회에서 예외적인 개인에 그치는 게 아니다. 이 사회의 가치관을 답습하는 한 누구도 벗어날 수 없는 운명을 대표하는 인물로서, 그의 비극을 낳은 시대적 특징과 결별할 필요성을 역으로 부각시킨다고 할 수 있겠다. 디킨즈가 『마틴 처즐윗』의 속표지에 독자들을 향해 “이 작품에서는 당신들 가정이 무대이고 당신들 자신이 배우입니다!”(Forster 296)라는 풍자적 문구를 처음에 삽입했었던 것도 조너스의 비극을 잉태한 빅토리아조 사회에 대한 비판의식을 보여주는 징표라고 하겠다.

III. 마무리에 대신하여

앞에서 우리는 조너스가 정형화된 악당 중의 하나로 등장했지만 공포에 사로잡힌 어두운 심리가 자기분열로 이어지는 비극에 대한 탁월한 묘사 덕에 멜로드라마의 악당에 그치지 않고 생생히 살아 있는 인물로 부각되고 물질주의적 사회에 대한 비판을 훌륭히 수행한다는 점을 살펴보았다. 그러나 하디(Hardy)의 지적대로 작품 후반부에 집중되는 조너스 부분의 성취는 너무 늦게 도입된 것이어서 작품 전체의 문제점을 상쇄하기에는 역부족으로 보인다("*Martin*" 116). 그래도 조너스라는 전형적 인물을 통해 이기심, 위선, 자기중심주의라는 도덕적 문제가 빅토리아조 사회라는 구체적인 시공간 속에서 드러나는 모습을 제시하고 이를 통해 사회적 현실의 중요한 측면을 비판할 수 있었던 디킨즈의 작가적 역량은 전형적 인물이 주위환경과 상호작용하는 속에서 자기 자신뿐 아니라 환경도 바꿔나가는 모습을 포착하는 후기작의 성취를 예시하는바, 이 같은 성취를 뒷받침하는 사회 각 부분의 상호관련성에 대한 인식의 진전을 짚어보는 것으로 결론에 대신하고자 한다.

『마틴 처즐윗』의 런던은 겉으로 보기에는 토저스 부인의 여인숙에서 바라보는 거리처럼 미로 같이 무질서하고 혼돈스럽지만, 작가는 우연히 만난 인물들이 서로 맺게 되는 관계를 포착해서 이 도시에 사는 거주자들이 다양한 방식으로 얽혀 있다는 사실을 전달한다. 예를 들어, 슈워츠바크(F. S. Schwarzbach)는 서로를 모르는 채, 그리고 상대가 그 당시 생각하고 있는 바를 모르는 채 스쳐 지나가던 톰과 내짓이 둘 다 조너스라는 인물을 똑같이 생각하고 있었다는 사실이 밝혀지는 38장의 처음 두 문단을 인용하면서 다음과 같이 설명한다.

> 서로 전혀 모르는 두 사람이 거리에서 스쳐 지나가고 살짝 닿을 순 있지만 인식하지도 못하면서 서로와 그리고 조너스 처즐윗이라는 동일인물과 밀접하게 연관될 수 있다는 사실, 한층 더

> 놀랍게도 스쳐 지나가는 바로 그 순간에 둘 다 그 인물을 생각하고 있었을 수 있다는 사실, 그리고 좀 더 나아가서 이 모든 것이 단순한 우연일 리 **없다는** 사실이 디킨즈가 이룩한 위대한 발견의 핵심이다.

> That two men, completely unknown to each other, can pass each other in the street, briefly touch, and yet without realising it be intimately involved with each other and the same individual, Jonas Chuzzlewit, and even more remarkably, both be thinking of him at that precise moment, and furthermore that all this should *not* be a mere coincidence, is the substance of the great discovery Dickens has made. (98-99, 강조는 원저자)

톰과 내짓이 스쳐 지나가는 38장의 첫 장면에서 포착되는 인물 간의 연결성은 40장에서 톰이 외국으로 도망가는 조너스에게 자신이 세 들어 사는 집주인 – 후에 내짓임이 밝혀진다 – 의 부탁을 받고 쪽지를 전달하는 대목으로 이어지고, 이는 또다시 조너스가 티그를 살해할 수밖에 없다고 결심하는 대목으로 이어진다는 점에서, 사회적 연결성에 대한 파악이 작품의 구성을 유기적으로 만들고 주제적 통일성을 높이는 데 기여한다는 사실을 확인할 수 있다.

요약하자면, 조너스가 티그를 살해하면서까지 자신을 속박하는 세력에서 벗어나고자 했지만 티그를 해치운 후 오히려 더 큰 두려움에 떨다가 자기분열을 맛보는 역설은 『마틴 처즐윗』에서 제시되는 문제가 사회의 구조적인 차원에서 비롯하는 것이기 때문에 개인적인 시혜나 한두 명의 악당을 손본다고 해서 해결될 문제가 아니라는 점을 부각시킨다. 그리고 조너스를 통해 단적으로 드러나는 이 작품의 성취는 후기작의 성취에 비해 여전히 부분적인 차원에 그치는 것이지만, 장차 본격화될 발전을 앞질러 보여준다는 점에서 그 의의를 찾을 수 있을 것이다.

참 고 문 헌

이영희. 「찰스 디킨즈의 '아메리칸 드림'과 그 문학적 재현」. 『근대영미소설』 6.1 (1999): 271-96.

장남수. 「『골동품 가게』에 제시된 사회적 현실의 문제」. 『현대영미어문학』 31.4 (2013): 73-91.

Barickman, Richard, Susan MacDonald, and Myra Stark. *Corrupt Relations.* New York: Columbia UP, 1982.

Bowen, John. *Other Dickens: Pickwick to Chuzzlewit.* Oxford: Oxford UP, 2000.

Dickens, Charles. *Martin Chuzzlewit.* Ed. Patricia Ingham. London: Penguin, 2004.

Engel, Monroe. *The Maturity of Dickens.* Cambridge, Mass.: Harvard UP, 1959.

Fiedler, Leslie A. "*Martin Chuzzlewit:* A Great Bad Book." *Charles Dickens: Critical Assessments* Vol. II. Ed. Michael Hollington. Mountfield: Helm Information, 1995. 471-82.

Forster, John. *The Life of Charles Dickens* Vol. I. 1872-74; London: J. M. Dent & Sons, 1969.

Hardy, Barbara. *Dickens and Creativity.* London and New York: Continuum, 2008. [*Dickens*로 표기]

______. *"Martin Chuzzlewit." Dickens and the Twentieth Century.* Ed. John Gross and Gabriel Pearson. London: Routledge and Kegan Paul, 1962. 107-20. ["*Martin*"으로 표기]

Hisup, Shin. "Writing the City: Changing Urban Scenes in Dickens's *Martin Chuzzlewit* and *Dombey and Son.*" 『19세기영어권문학』 17.1 (2013): 161-85.

Kincaid, James R. *Annoying the Victorians.* New York & London: Routledge, 1995. [*Annoying*으로 표기]

______. *Dickens and the Rhetoric of Laughter.* Oxford: Oxford UP, 1971. [*Laughter*로 표기]

Lucas, John. *The Melancholy Man.* 1970; Brighton: The Harvester Press, 1980.

Marcus, Steven. *Dickens: From Pickwick to Dombey.* New York: Basic Books, 1965.

Meckier, Jerome. *"Martin Chuzzlewit:* Mr Bevan Reconsidered." *The Dickensian* 110.2 (2014): 131-35.

Miller, J. Hillis. *Charles Dickens.* Cambridge, Mass.: Harvard UP, 1958.

Morgentaler, Goldie. *"Martin Chuzzlewit." A Companion to Charles Dickens.* Ed. David Paroissien. Oxford: Blackwell, 2008. 348-57.

Morris, Pam. *Dickens's Class Consciousness.* Basingstoke and London: Macmillan, 1991.

Pykett, Lyn. *Charles Dickens.* Basingstoke and New York: Palgrave, 2002.

Schwarzbach. F. S. *Dickens and the City.* London: The Athlone Press, 1979.

Stone, Harry. *Dickens and the Invisible World.* Bloomington and London: Indiana UP, 1979.

Webb, Igor. "Charles Dickens in America: The Writer and Reality." *Dickens Studies Annual* 39 (2008): 59-96.

빅토리아조 가정의 이상과 실제: 『마틴 처즐윗』

I. 들어가는 말

빅토리아 시대를 대표하는 소설가인 디킨즈는 크리스마스 시즌에 발표한 이야기를 통해 따뜻한 난로 주위에 화목하게 모여 있는 가족의 모습을 중시하는 작가로 대중에게 각인되었지만 실제 작품을 보면 행복하고 평화로운 가정보다 불화하거나 깨어진 가정을 다루는 경우가 적지 않다. 즉, 디킨즈 본인이 "가정의 예언자" "가정의 찬미자"(Waters 120)로 자처했을 뿐 아니라 동시대 사람들도 그를 "아늑하고 행복한 가정의 모습을 제공하는 작가"(같은 글 같은 면)로 인식하고 환영했으나 작품에서 다정하고 화기애애한 가정을 묘사한 경우는 손에 꼽을 정도인 것이다. 예컨대, 월간 『프레이저즈 매거진』(*Fraser's Magazine*)에 게재된 『데이빗 커퍼필드』(*David Copperfield*, 1849-50)의 서평자는 이 작품의 대중적 인기를 "가정의 신성함에 대한 작가의 깊은 존중, 그리고 집의 수호신에 대한 작가의 열렬한 숭배"(Collins 244) 때문이라고 설명했지만, 우리는 『데이빗 커퍼필드』를 혼인제도 자체에 의

문을 표하는 작품으로 읽을 수도 있을 듯하다. 전작(前作)인 『돔비 부자 상사』(*Dombey and Son*, 1846-48)가 정략결혼 내지 금전을 노린 결혼에서 비롯하는 결혼의 실패를 다룬다면 『데이빗 커퍼필드』는 사랑하는 연인 간의 결혼도 하자나 실패에서 자유로울 수 없다는 인식을 통해 결혼제도 자체를 문제시하고 있다(Hager 179-80면 주1).

"사회적 갈등에 대한 만병통치약으로 단란한 가정을 옹호하는 디킨즈라는 평판과 행복한 가정이 그의 작품에 제시된 경우가 드물다는 사실 사이에 존재하는 묘한 차이 내지 부조화"(Furneaux 372)라고 규정할 수 있는 이러한 모순적 현상[1]은 빅토리아 시대에서 디킨즈만 보여주는 자가당착이 아니다. 예컨대, 빅토리아 여왕은 공적으로 자기의 결혼생활을 찬양하고 여왕으로서의 위치보다 아내로서의 위치를 중시하는 식으로 "가정의 영역과 그 기쁨을 가장 공개적으로 옹호한 사람 중의 한 명"(Hager 1)이었지만, 1858년 5월에 딸 비키(Vicky)에게 개인적으로 보낸 편지에서 결혼에 대해 "도박"(같은 책 같은 면)이라고 표현하면서 기혼여성의 삶과 결혼에 대해 부정적 견해를 표현하였다. 따라서 우리는 디킨즈가 보여주는 예의 '모순적 현상'을 화목한 가정이 상징하는 사회적 이상에 압도되지 않고 그 이면에 놓인 어두운 현실

---

1) 미치(Helena Michie)는 디킨즈의 주요한 특징으로 "가족애의 대변자"라는 평판에도 불구하고 "그의 작품에 온전한 가족이 희귀하다는 사실"(133-34)을 지적한다. 플린트(Kate Flint)는 디킨즈 작품에서 서로 상충하는 동력으로 "한편으론 진정한 가정이 제공할 수 있는 가정적 만족 그리고 정서적 도움과 안정에 대한 매력, 그러나 다른 한편으론 가정이 억제할 수 있는 학대, 조종, 그리고 잔인에 대한 효과적이고 상상적인 관여"(40)를 꼽는다.

에 주목하여 자기 시대를 지배하는 가치와 이념에 대해 근본적인 질문을 던지고자 한 노력의 소산으로 이해할 수 있을 것이다.

남녀의 혼인과 가정생활이야말로 18세기 이래 영국소설에서 즐겨 다루던 소재이지만 디킨즈는 초기작 『피크윅 문서』(*The Pickwick Papers*, 1836-37)부터 미완성으로 남아 있는 『에드윈 드루드의 비밀』(*The Mystery of Edwin Drood,* 1870)에 이르기까지 특히 이혼 내지 실패한 결혼에 주목하였다. 여기서 흥미로운 측면은 실패한 결혼 플롯에 대한 관심이 빅토리아 사회의 제도와 가치에 대한 비판의식이 두드러지는 후기작뿐 아니라 초기작에서도 예외가 아니라는 점인데, 이는 독자들이 초기작에서 흔히 주목하는 작가의 유머와 활력이 가정과 결혼이라는 제도의 실패에 대한 그의 비판의식과 별도로 존재하는 것이 아니라는 진실을 알려주는 증거일 수 있다. 『피크윅 문서』에서 바델 부인(Mrs. Bardell) 대 피크윅 소송 사건을 통해 파혼 문제를 다루고 「떠돌이광대의 이야기」("The Stroller's Tale")나 「죄수의 귀향」("The Convict's Return")이라는 삽입이야기에서 아내가 자기를 죽이려 한다고 믿는 남편이나 아버지를 살해한 아들 같이 실패한 결혼이나 깨어진 가정 플롯을 다룬 디킨즈는, 『올리버 트위스트』(*Oliver Twist*, 1837-39)에서 몽스(Monks) 부모의 결혼, 『니콜러스 니클비』(*Nicholas Nickleby*, 1839)에서 금전을 노리고 이루어졌거나 추진되는 여러 쌍의 혼인, 『골동품 가게』(*The Old Curiosity Shop*, 1840-41)에서 어린 넬(little Nell)의 비극을 초래하는 시발점에 해당한다고 할 수 있는 넬 부모의 결혼

등을 통해 결혼이 행복을 보장하는 것이 아니라 파국을 잉태하는 괴물 같은 것일 수 있다는 진실을 폭로한다(Hager 55-89). 특히 『골동품 가게』를 보면, 넬의 행복과 안전에 가장 커다란 위협은 순전한 악당으로 제시되는 퀼프(Quilp)가 아니라 도박 자금을 충당하고자 넬의 돈을 훔쳐가는 넬의 할아버지에게서 비롯하는바, 가정 파괴가 외부가 아니라 내부에서 시작된다는 작가의 냉정한 현실인식을 보여준다.

그러나 초기작에서 결혼의 실패가 대체적으로 작품의 주변부에 배치되거나 복잡한 플롯 속에 숨겨져 있었다면, 후기작을 여는 『돔비 부자 상사』에서는 돔비(Dombey)가 이디스(Edith)와 감행하는 실패한 결혼이 작품의 중심으로 이동한다. 그리고 가부장적인 남편이 아내를 순치시키기 위해 초기작에서는 『골동품 가게』의 퀼프나 『마틴 처즐윗』(*Martin Chuzzlewit*, 1843-44)의 조너스(Jonas Chuzzlewit)처럼 노골적인 폭력에 의존하였다면 후기작에서는 돔비, 머드스톤(Mursdtone), 바운더비(Bounderby), 가우언(Gowan) 등 육체적 학대보다 심리적, 정서적 학대에 의지하는 변화를 보여준다. 『블리크 하우스』(*Bleak House*, 1852-53)에서 젤러비 부인(Mrs. Jellyby)은 부자가 되고 가족의 감정을 돌보며 가정을 지키는 것을 행복에 핵심적인 요소로 간주하는 근대세계의 가치관과는 전혀 다른 가치관을 보여주며(Furneaux 375), 『어려운 시절』(Hard Times, 1854)에서 루이자(Louisa Gradgrind)와 스티븐 블랙풀(Stephen Blackpool)을 사로잡고 있는 관심사는 바운더비나 주정뱅이 아내와의 실패한 결혼을 감내하는 문제가 아니라 결혼의 구속에서 벗어나는 문제이다. 이제는 초기작처럼 결혼의 실패를 줄거리로 삼는 게 아니라 줄거리를 생성시키는 조건으로 결혼의 실패를 당연히 받아들이게 되었다고 주장할 수도 있는 것이다(Hager 161). 본고에서는 디킨즈의 초기작에서 후기작으로 이행하는 시기에 속하는 작품인 『마틴 처즐윗』에서 결혼의 실상으로 제시된 바를 살펴보고 빅토리아조 가정에서 행복의 가능성 여부를 검토하고자 한다. 이에 앞서 19세기 영국사회에서 화목한 가정의 이상을 구성하는 핵심이념이라고 할 수 있는 가정이데올로기에 대해 우선 살펴본다.

II. 빅토리아조 가정이데올로기

빅토리아 시대 사람들의 가정과 일터에 대한 생각을 기본적으로 지배하고 있는 관념은 일터라는 공적인 영역과 가정이라는 사적인 영역은 완전히 분리된 별개의 공간이며, 여성은 바깥세상에서 경쟁에 지친 남성이 휴식하고 재충전한 후 작업장으로 복귀할 수 있게끔 "가정의 천사"로서 가정을 따스하고 화목한 장소로 유지해야 한다는 생각이다. 러스킨(Ruskin)은 『참깨와 백합』(*Sesame and Lilies*)의 「여왕의 정원」("Of Queen's Garden")이라는 장(章)에서 "바깥생활의 걱정이 안으로 침입해 들어오고 바깥세상의 변덕스럽고 알 수 없으며 사랑도 없고 적대적인 사회가 문지방을 넘어 들어오도록 허락되는 한 그곳은 가정이 아니다"(Furneaux 382면에서 재인)라는 선언을 통해, 경쟁과 이윤논리가 지배하는 공적세계와 별도로 존재하는 공간으로 가정을 설정하였다. 사적 공간인 가정이 상업과 정치의 세계가 낳는 해악을 완화하고 해독할 수 있는 "여왕의 정원"이 되려면, "정원"을 지키는 주부는 안팎의 불쾌한 사건이나 감정에 영향 받지 않을 뿐 아니라 스스로 좋은 감정을 갖고 그 감정을 가족에게 온전히 전파할 수 있는 완벽한 존재여야 한다.

가정이데올로기에서 여성에게 가정의 천사를 기대하는 것은 여성 스스로 천사 이미지에 맞춰 자신을 감시하고 다그칠 뿐 아니라 여성이 가정이라는 한정된 공간에서 이탈하지 않도록 관리하고 감독할 권한을 남성에게 부여한다는 의미하기도 한다. 실제, 가정이데올로기를 구성하는 두 가지 핵심원리는 "아버지는 지혜와 권위를 지닌 존재로서 언제나 누구보다도 잘 아는 인물로 상정하고, 어머니는 좋은 감정만을 전파하고 불쾌한 감정을 흡수할 줄 아는 가정의 모범적 여성으로서 행복하도록 규정되어 있는 존재"(Furneaux 385)라는 것인데, 현실적으로는 폭군 같은 남성과 남편이든 부친이든 가부장의 지시에 복종하는 수동적인 여성으로 귀결되기 십상이었다. 『마틴 처즐윗』의 전작인 『바너비 러지』(*Barnaby Rudge*, 1841)에 등장하는 아버지들은 존 윌릿(John Willet)처럼 억압적이고 어리석거나 존 체스터(John Chester)나 살인자 러지(Rudge)처럼 전적으로 악한 존재들이다. 작중인물 중 인자하고 유능한 가부장의 이상에 근접하는 인물인 바든(Gabriel Varden)은 남편으로서, 아버지로서, 그리고 고용주로서 연속적으로 '실패'를 거듭하여 고든폭동(Gordon Riot)의 혼란 속에서 실질적으로는 무기력하고 무능력한 모습을 노출한다(Slater, *CD* 164). 가부장제의 실패에 대한 이 작품의 문제의식은 부자관계의 메타포를 통해 국민에 대한 국가의 책무라는 문제를 제기하고(같은 책 163), 이는 폭동이라는 국가적 혼란의 상황과 겹쳐져서, 가부장제의 실패를 개인적이고 정치적인 차원에서 동시에 고발하는 작품의 성과로 이어진다.

가만히 따져보면 가정이데올로기에서 상정하는 별개의 영역(separate sphere)이라는 관념부터가 현실에 존재할 수 없는 허구에 불과하다. 『바너비 러지』에서 겉보기에 다정하고 화목한 가정의 모습을 연출하는 공간인 골든키(The Golden Key)는 게이브리얼 바든이 가족 및 하인과 같이 살고 있는 가정집일 뿐 아니라 싸이먼(Simon)이라는 도제를 데리고 자물쇠 등의 쇠붙이를 제작하는 작업장이기도 하다. 이곳이 공적세계에 영향 받지 않는 사적인 공간에 그칠 수 없는 현실은 골든키가 폭동 중에 폭도들에 의해 파괴되는 현실이 증언한다. 초기작에서 "별개의 영역 이데올로기가 지닌 허구성"(Furnneaux 382)을 전면적으로 폭로하는 공간으로는 단연 『마틴 처즐윗』의 앤서니 처즐윗 회사(The Firm of Anthony Chuzzlewit and Son, Manchester Warehousemen, and so forth)를 빼놓을 수 없다. 다음 인용문은 조너스의 식사 초대를 받고 그의 집에 들른 펙스니프(Pecksniff) 자매의 눈에 비친 집안 모습이다.

> 쉽게 짐작할 수 있는 대로 사업이 이 집에서 이루어지는 주된 일이었다. 실제 그래서 사업은 편의시설을 어깨로 밀쳐 문밖으로 밀어냈고 집안 물건들과 어디서나 부딪쳤다. 그래서 형편없는 침실에는 좀먹은 편지들이 줄을 지어 벽에 걸려 있었고, 천

을 펴는 롤러와 오래된 견본의 조각들과 훼손된 잡동사니들이 바닥에 흩어져 있었다. 앙상한 침대 틀과 세면대, 그리고 카펫 조각은 부차적인 사물로 구석에 모여 있었는데, 이것들은 이윤을 낳지 못하면서 인생의 제일 중요한 일에 고춧가루를 뿌리기 때문에 무례한 필수품이라고 생각할 수밖에 없었다.

> Business, as may be readily supposed, was the main thing in this establishment; insomuch indeed that it shouldered comfort out of doors, and jostled the domestic arrangements at every turn. Thus in the miserable bed-rooms there were files of moth-eaten letters hanging up against the walls; and linen rollers, and fragments of old patterns, and odds and ends of spoiled goods, strewn upon the ground; while the meagre bedsteads, washing-stands, and scraps of carpet, were huddled away into corners as objects of secondary consideration, not to be thought of but as disagreeable necessities, furnishing no profits, and intruding on the one affair of life. (175-76)

위 인용문에서 보듯 앤서니 부자가 기거하는 가정은 바깥세상을 지배하는 경쟁과 이윤의 논리가 집안 곳곳에 들어와 있고, 자는 곳과 씻는 곳도 "이윤"의 논리 앞에서 구석자리로 밀려나 있으며, 사업상 주고받은 서신이 침실까지 점령한 상태이다. 러스킨의 이상이 실현되지 못하는 곳은 앤서비 부자의 가정만이 아니다. 『마틴 처즐윗』의 핵심주제인 이기심과 탐욕의 문제를 이 작품에서 이들 부자와 더불어 최고로 대표하는 인물은 펙스니프인데, 펙스니프의 집도 가정과 사업장의 구별이 없는 "가업이고 회사"(Bowen 197)인 것이다.

『마틴 처즐윗』의 세계를 지배하는 인물은 마틴 할아버지(Old Martin), 앤서니와 조너스 부자, 펙스니프 같이 이기적이고 악한 가부장들로서 이들은 『피크윅 문서』의 피크윅 같은 자비로운 가부장보다 가부장제의 본질에 좀 더 닿아 있다고 하겠다. “가부장제는 품성과 기질, 그리고 의도적 동기의 차이를 폐기시키고 심지어 무화시키는 식으로 타락시키는” (Barickman 101) 속성을 갖고 있는 것이다. 이 세계 속에서 여성인물들은 독자적인 주도성을 갖지 못하고[2] 남성이 주도하는 거래 속에서 교환 가능한 대상으로 위축된다(같은 책 103). 조너스에게 결혼이란 펙스니프와의 경제적 거래이며 마지막 순간에 더 큰 수익을 올리기 위해 신부를 채러티(Charity Pecksniff)에서 머씨(Mercy Pecksniff)로 대체하는 것은 지극히 정상적인 계산의 결과일 뿐이다. 펙스니프는 마틴 할아버지의 유산을 차지하고자 하는 그의 계획에서 메리(Mary Graham)가 “장애물”(451)로 부각되자 메리의 의사와 상관없이[3] 메리와 결혼하여 그 장애물을 제거하고자 한다. 머씨는 조너스와의 불행한 결혼생활에서 탈출하여 “더 밝고 좋은 미래”(773)를 약속하는 마틴 할아버지의 보호를 받으며, 그의 “딸과 부인, 간호사와 애인을 대리하는 존재” (Barickman 103)로 메리를 대치하게 된다. 이 사회에서 여성은 남성의 결정에 따라 운명이 결정되는 종속물에 불과한 것이다.

---

2) 『마틴 처즐윗』 에서 생기와 활력, 에너지와 주도성을 유지하면서 엄청난 입담을 보여주는 여성인물은 갬프 여인(Mrs. Gamp)이 유일하다. 빅토리아조의 여성상과 반대되는 갬프 여인의 특징에 대해서는, Barickman 106-08.

3) 메리의 마음을 확인할 필요성조차 느끼지 못하는 펙스니프에 대해, 서술자는 “이 경우 그녀 마음의 소망을 고려하는 문제는 펙스니프 씨의 도덕률과는 아무 관련이 없는 일이었다”(452)라고 풍자한다.

III. 머씨와 채러티의 운명

『마틴 처즐윗』에 제시된 조너스[4]와 머씨의 결합은 이 사회에서의 결혼이 남성의 일방적인 권력 행사에 불과한 것이라는 진실을 생생히 보여준다. 작품에서 머씨가 조너스에 대한 자기 생각을 처음 밝히는 순간은 자매가 머물고 있는 토저스 부인(Mrs. Todgers)의 여인숙으로 그가 찾아와서 외출할 필요가 생겼을 때이다. 여인숙에 머무는 젊은 남자들이 언니 채러티보다 자기에게 관심을 표하는 "빛나는 승리"(174)를 거두어서 승리감을 만끽하고 있는데 그 승리를 뒤로 하고 여인숙을 나서는 게 마땅치 않은 머씨는 조너스가 "아주 불편하고 끔찍하며 불쾌한 사람"(174)이라고 비아냥거리고, 식탁에서는 "당신은 아주 괴물이어서 … 당신 옆에 바싹 붙어 앉는다면 식욕이 떨어질 거 같다"(177)라고 조롱하기도 한다. 머씨는 조너스와 이야기를 나눌 때마다 그를 "괴물"(174, 177, 321)이라거나 "그리핀"(381, 382)[5]이라고 칭하며 경멸과 반감을 감추지 않는다. 머씨가 혐오해 마지않는 조너스와의 혼인을 결국 받아들이는 까닭은 "친정아버지가 결혼을 강제했었다"(773)라고 서술자가 종장(終章)에서 덧붙인 말에서

4) 조너스가 물질적 계산과 이익에 밝은 인물로 성장하게 된 과정, 유산을 차지하기 위해 아버지를 '살해'하고 부친 살해를 빌미로 복종을 강제하는 티그(Montague Tigg)마저 살해한 후 공포에 사로잡히고 급기야는 자기분열로 이어지는 심리, 그리고 물질주의적 사회의 가치 및 원리를 체화한 존재로서 조너스가 지닌 전형성 등에 대해서는, 장남수 303-15. 본고 3장은 필자의 선행 논문과 일부 중복되는 논의를 담고 있다.

5) 그리핀(griffin)은 사자의 몸통에 독수리와 머리와 날개를 가진 신화 속의 동물이다.

단서를 찾아야 할 터인데, 그와의 결혼생활에 대해 머씨가 처음부터 별다른 희망을 품고 있지 않았다는 진실은 어렵지 않게 짐작할 수 있다.

조너스는 자신이 결혼한다면 "그것은 순전히 당신을 평생 증오하고 괴롭히기 위해서이다"(323)라고 도발하는 머씨와 어째서 결혼을 감행하는 것인가. 일차적으로는 채러티의 지참금보다 머씨의 지참금이 더 많다는 경제적 이유 때문이지만 금전적 계산 못지않게 조너스를 사로잡은 생각은 자기를 무시한 머씨에게 복수해야겠다는 다짐이다. "머지않아 네 년이 톡톡히 값을 치르도록 하겠다"(382)라는 조너스의 발언이 일시적인 다짐이 아닌 것은 권력과 지배욕이야말로 조너스에게서 결코 떼어놓을 수 없는 그의 본질적 욕구이기 때문이다. 그가 아버지 앤서니의 유산 상속을 갈망하며 "아버지와 무덤 사이에 놓인 거리가 줄어드는 것을 매일 매시간 가늠"(369)했던 것이나, 티그의 앵글로-벤갈리 보험회사(Anglo-Bengalee Insurance Company)에 투자하는 것이나, 금전에 대한 욕망 이상으로 금전이 약속하는 권력에 대한 욕망이 작용한 탓이다. 조너스의 본성에 대해 서술자는 "그는 권력을 탐했다. 그리고 마음속으로는 월계관을 쓰고 있는 역사상의 어느 정복자에 못지않게 폭군이었다"(427)라고 기록하고 있다.

결혼한 다음날부터 머씨는 "누가 주인이고 누가 노예인지 알아야겠다!"(435)라며 육체적, 언어적 폭력을 서슴지 않는 조너스에게 곧바로 순치된다. 조너스를 조롱하던 결혼 전의 '기백'은 이미 사라졌고 공포에 절은 채 눈물과 회한 속에서 하루하루를 지낼 뿐이다. 관찰력이 예리한 베일리 2세(Bailey junior)는 머씨를 보고 "슬프고 이상하게 변했던 것이다! 워낙 초췌하고 풀이 죽어서, 심하게 말을 더듬고 공포에 절어서, 그리고 대단히 침울하고 굴욕적이고 낙심해서 그녀가 관 속에 조용히 누워 있는 모습을 보았어도 덜 놀랐을 것이다"(433)라고 여길 정도이다.

이들 부부의 결혼생활에서 절망과 후회로 시간을 보내는 것은 남편의 폭력에 노출된 머씨만의 운명이 아니다. 체념 속에서 흐느끼는 아내를 향해 술을 먹은 채 "네 년이 내게 늘 가하던 지독한 모욕과 늘 치던 지독한 장난, 그리고 늘 보여주던 지독한 모욕 중에서 내가 백배로 갚아주지 않을 것은 아무것도 없어. 그렇지 않으면 뭐 하려고 네 년과 결혼했겠니?"(435)라고 의기양양하게 소리치던 조너스는 곧바로 다음과 같이 욕설을 이어간다.

> "오호라!" 그가 말했다. "귀가 먹은 거야? 내 말이 안 들려, 응? 네 년에게는 도리어 잘된 일이지. 네 년이 싫어졌어. 원할 때마다 짓밟겠다고 어리석게도 짐을 묶어서 등에 지고 있는 셈이기 때문에 나 자신도 싫어졌는걸. … 결혼하지 말고 독신으로 지낼 걸 그랬어. **아는** 친구들과 섞이고 독신으로 지냈어야 해. 그렇게 하지 않아서 지금 네 년에게 꼼짝 못하고 묶여 있잖아. 쳇!"

> "Oho!" he said, "you're deaf, are you? You don't hear me, eh? So much the better for you. I hate you. I hate myself, for having been fool enough to strap a pack upon my back for the pleasure of treading on it whenever I choose. … I wouldn't; I'd keep single. I ought to be single, among the friends *I* know. Instead of that, here I am, tied like a log to you. Pah!" (435, 강조는 원저자)

결혼을 후회하는 듯한 조너스의 발언은 머씨를 굴복시키고자 결혼했지만 자기 자신도 "짐을 묶어서 등에 지고 있는" 꼴이 된 아이러니한 상황을 자각한 데서 비롯한다. 마커스(Steven Marcus)의 지적대로 "아버지 밑에서 배운 절대적 지배력을 행사하겠다는 조너스의 의지는 자기 자신에게 향해지게 된다. 즉, 주인이 된 줄 알았는데 노예가 되었다는 걸 알게 된 것이다"(233-34).[6] 주인이 되고자 했지만 결국 노예로 귀결된 조너스 운명의 아이러니는 티그와의 관계에서도 반복되고, 조너스는 "새장에 갇히고 빗장이 질러지고 덫에 걸린 채로 파멸이라는 최고로 깊은 구덩이에 빠진 … 느낌"(562)에서 벗어나지 못하는 비극을 맛본다. 가부장적인 부친의 강제 때문에 경멸하는 상대와 별 기대도 없이 혼인하여 비참과 굴욕을 맛보는 머씨의 운명이나, 아버지에게서 익힌 지배욕과 권력욕을 주체하지 못하고 자기를 조롱한 여자에게 복수하기 위해 결혼을 감행한 결과, 그 지배욕이 자기에게 향해서 또다시 '노예'처럼 매이게 된 조너스의 운명이나, 둘 다 빅토리아조의 가정이데올로기를 구성하는 핵심 이념인 가부장제가 낳은 비극을 대표한다고 하겠다.

작품에서 부친이 강제하는 결혼을 하는 머씨에 비해, 그녀의 언니인 채러티는 스스로 배우자를 선택하는 능동적인 모습을 보여준다. 자매는 아버지 펙스니프를 닮아서 이기적이

6) 배릭먼은 조너스는 머씨와의 혼인에서 "어떤 성적인 즐거움을 얻는 일보다 자신의 남성성을 자기 아버지와 자기 자신에게 입증하는 일에 좀 더 몰두한다"라고 지적하고, 연이어서 "그가 혼인에서 얻는 진짜 기쁨은 아버지에 의해 굴욕감을 느꼈듯이 자기 아내에게 굴욕감을 주고 학대하는 것이다"라고 주장한다(Barickman 104).

고 위선적이며 물질적이라는 공통점도 있지만, 또다른 한편으로는 여러모로 대조되는 성격과 행동을 지니고 있다. 다시 말해, 이들 자매는 "상대방과 공감하고 사랑하고 의지하면서도 상대방을 정정하고 역(逆)정정해서 말하자면 해독시키는 것 같았는데"(23), 모친이 없는 집안에서 아버지의 사랑마저 기대할 수 없었던 둘 사이의 경쟁은 종종 주위남자의 관심을 누가 먼저 차지하느냐, 하는 문제로 드러난다.

다음 인용문은 사소하다면 사소하지만 자매의 미묘한 경쟁심과 신경전을 잘 보여주는 대목 중의 하나이다. 자매가 런던을 떠나기 2, 3일 전, 여인숙에서 구두도 닦고 심부름도 해주는 소년인 베일리 2세가 채러티에게 어떤 남자가 찾아왔다고 알린다. 토저스 부인의 여인숙에 머무는 자매에게 조너스가 시내 관광을 시켜주고 식사를 대접하겠다고 찾아온 것이다.

> "하지만 아는 남자가 없는걸, 베일리." 펙스니프 양이 말했다. "네가 착각한 게 틀림없는 거 같아.
>
> "베일리 군은 아주 터무니없는 그런 생각을 듣자 빙긋 웃었다. 그러고 나서 여전히 상냥하게 아가씨들을 바라보았다.
>
> "메리," 채러티가 말했다. "**도대체** 누구일까? 이상하지 않니? 그 남자에게 정말로 가고 싶지 않아. 워낙 이상하니까."
>
> 동생은 이러한 호소가 방문자가 찾아와서 그녀를 찾았다는 자부심에서 생겨난 걸로, 그리고 우월성을 내세우는 구실이자 자신이 순회판매원들의 주목을 끌었던 데에 대한 보복으로 의도된 걸로 솔직하게 간주했다. 그래서 동생은 대단히 사랑스럽고 우아하게 정말로 아주 이상하다고 대답했다. 또한 우스꽝스러운 미지의 이 사내가 도대체 뭐 하자는 건지 도저히 모르겠다고 대답했다.

"짐작도 못하겠어!" 채러티가 다소 날카롭게 말했다. "아무리 그래도 동생이 화낼 필요는 없을 거 같아."

"고마워." 메리가 바느질을 하며 노래를 부르다가 대꾸했다. "아주 잘 알았어, 언니."

"멍청한 것, 네 머리가 이상해진 거 같아." 체리가 말했다.

"But I don't know any gentleman, Bailey," said Miss Charity. "I think you must have made a mistake."

Mr. Bailey smiled at the extreme wildness of such a supposition; and regarded the young ladies with unimpaired affability.

"My dear Merry," said Charity, "who *can* it be? Isn't it odd? I have a great mind not to go to him really. So very strange you know!"

The younger sister plainly considered that this appeal had its origin in the pride of being called upon and asked for; and that it was intended as an assertion of superiority, and a retaliation upon her for having captured the commercial gentlemen. Therefore, she replied, with great affection and politeness, that it was, no doubt, very strange indeed; and that she was titally at a loss to conceive what the ridiculoous person unknown could mean by it.

"Quite impossible to divine!" said Charity, with some sharpness, "though still, at the same time, you needn't be angry my dear."

"Thank you," retorted Merry, singing at her needle. "I am quite aware of that, my love."

"I am afraid your head is turned, you silly thing," said Charity. (171, 강조는 원저자)

여인숙의 남자들이 누구에게 먼저 관심을 표하느냐, 하는 경쟁에서 완패한 채러티는 누군가가, 특히 어떤 남자가 자기를 찾아왔다는 사실로 위로를 받고, 그 사실을 빌미로 열패감을 만회하고 더 나아가서 가능하다면 역전시키고 싶은 것이다. 하지만 언니의 마음속을 훤히 꿰뚫어 보고 있는 동생은 조금의 동요도 없고, 동생의 태평함이 한층 더 거슬리는 언니는 열패감만 오히려 가중된다.

동생에 대한 채러티의 경쟁심을 차치하더라도 조너스가 자기를 버리고 머씨에게 청혼했다는 것은 채러티로선 견딜 수 없는 모욕이고 충격이다. 그 동안 조너스는 자매와 같이 있을 때 자기에게만 말을 걸었고, 집에 갔을 때 조너스의 요청에 따라 "그 집의 부인처럼"(181) 차를 준비한 것도 채러티 자신이었기 때문이다. 머씨에게 조너스를 뺏겼다고 생각한 채러티는 "모욕을 받아서 화가 난 여자"(323)처럼 복수를 위해 조너스를 능가하는 남자와 결혼하고자 한다. 그녀가 택한 남자는, 원래 머씨를 짝사랑했고 머씨가 결혼하자 "크리슈나의 마차가 자기를 으깨었고 또한 자바 섬의 치명적인 우파스 나무가 자기를 말라죽였다"(48)라고 한탄하며 지독한 우울증에 빠져 있던 모들(Augustus Moddle)이다. 모들은 젊고 재산도 있을 뿐 아니라 조너스보다 잘 생겼고 말도 잘하고 매너도 좋으며, 무엇보다도 "다루기 쉽고 약혼자의 기분을 맞추게 만들 수 있는"(481) 존재였던 것이다.[7] 머씨를 잊지

7) 조너스와 머시 부부의 집에 토저스 부인, 갬프 여인뿐 아니라 톰 핀치(Tom Pinch)와 그의 여동생인 루스(Ruth)가 방문했을 때 채러티는 결혼 상대인 모들의 "부드러움, 상냥함 그리고 헌신"(667)과 자기를 버리고 머씨와 결혼한 "혐오스러운 그 남자"(같은 면)를 큰소리로 대조시킨다. 동생의 면전에서 동생을 굴복시키고 우월감을 충족시키고자 하는 매정함과

못하는 모들은 채러티의 옆얼굴, 특히 코가 머씨의 코를 닮았고 무엇보다도 머씨 때문에 "말라죽어버린 마음"(484)을 채러티가 받아줄 수 있다고 하자 채러티와 결혼하는 데 동의한다. 둘의 관계를 주도하고 결혼을 서두르는 것은 채러티이다. 신혼집에 들일 가구를 둘러보는 채러티와 모들에 대해, 서술자는 "펙스니프 양은 불행한 모들을 포로로 잡고 그가 가구를 구경하도록 제단으로 끌고 가는 양처럼 데리고 다니는 티를 노골적으로 냈다. 모들은 저항하지 않았으며 완전히 체념하고 조용히 있었다"(654)라고 설명한다. 채러티가 추진하던 둘의 결합은, 식을 올리기로 한 당일에 모들이 다른 사람의 아내를 사랑하고 있다는 편지를 남기고 태즈메이니어(Tasmania)로 가버리는 바람에 성사되지 못한다.

부친의 강요로 마지못해 결혼하는 머씨와 스스로 배우자를 택하고 혼인을 주도해나간 채러티는 겉으로 보면 사회가 강요하는 운명에 맞서 상반되게 행동한 것처럼 여겨질 수 있다. 그러나 둘 다 사회의 왜곡된 가치를 답습하는 삶, 니체가 말한 '귀족' 내지 '강자'로서 "스스로 **가치를 창조**"(Nietzsche 176, 강조는 원저자)하는 삶이 아니라, '약자'로서 사회가 허용한 틀 내에서만 움직이고 남의 시선과 평가를 늘 의식하는 '노예' 같은 삶을 살았다는 점에서 동일하다고 할 수 있다. 채러티의 비극은 여성에게 결혼 이외의 삶을 상상할 수 없게 만들었던 사회적 압력을 고려해야 제대로 이해할 수 있는 문제일 텐데, 가정이데올로기의 제약에서 벗어

천박성이 뚜렷한데, 그 자리에 있던 톰 핀치도 "그녀 마음속에서 작동하는 비열한 동기"(같은 면)에 몸서리친다.

나기가 거의 불가능한 일이었다는 현실을 강조할 필요가 있겠다. 예컨대, 밀(John Stuart Mill)은 『여성의 종속』(*The Subjection of Women*)이라는 책에서 결혼을 노예제에 비유하며 기혼여성의 종속적 처지를 누구보다도 비판하였다. 그러나 그가 말하는 남성, 여성이 늘 남편과 아내를 의미하였다는 사실은(Hager 1-3) 이 시대 사람들에게, 특히 여성에게 결혼 이외에 다른 가능성을 상상하기 어려웠다는 진실을 일깨워준다. 가정이데올로기가 강제하는 결혼관에 매여 있는 한, 남성의 청혼을 받던지 남성에게 먼저 청혼하던지 행복한 삶은 주어지지 않는 것이고, 머씨와 채러티의 운명은 가부장제에서 다수 여성이 겪을 비극을 기본적으로 예시하는 것이다.

IV. 마무리에 대신하여

머씨와 조너스, 채러티와 모들이 이루었거나 이루고자 했던 가정뿐 아니라 펙스니프의 가정, 앤서니 처즐윗 부자의 가정, 그리고 마틴 처즐윗과 그 할아버지의 가정 등, 『마틴 처즐윗』에 등장하는 가정 중에서 행복하고 화목한 가정이데올로기의 이상을 실제로 구현하는 가정은 없다고 할 수 있다.[8] 이미 이루어진 가정이 실패하는 걸로 제시된다면 결혼

8) 장의사인 모울드(Mould)가 사랑스러운 아내, 천사 같은 두 딸과 함께, "대로의 떠들썩한 소음"과 "시내의 분쟁"이 미치지 못하는 "아늑한 모퉁이"(384)에서 일구는 가정이 이 작품에 등장하는 유일하게 화목한 가정이지만, 모울드의 가정이 작품의 진행에 영향을 미치는 곳은 아니다. 그리고 사족 같이 덧붙이자면, 모울드의 집도 가정집과 사무실을 겸하는 공간이다.

을 통해 앞으로 꾸미게 될 가정의 모습은 어떠할 것인가. 작품에는 마틴과 메리, 존(John Westlock)과 루스, 마크(Mark Tapley)와 루핀 부인(Mrs. Lupin)이 곧 결혼할 거라는 내용이 제시되는데, 이중에서 작중 비중이 제일 큰 마틴 처즐윗과 메리 그레이엄의 미래에 대해 생각해보는 걸로 마무리에 대신하고자 한다.

작품 제목에 나오는 주인공(titular character)이기도 한 마틴은 처음 등장하는 장면에서부터 난롯불을 독차지하여 옆 사람은 온기를 느끼지 못하게 만든다거나 미국으로 가는 배 안에서 주변사람들의 고통에 무감각한 채 자기 편의만 좇는 이기적인 모습을 보여준다. 따라서 그가 충분히 반성하고 변화한다면 이기심과 자기중심주의를 비판하고자 한『마틴 처즐윗』의 주제를 제대로 감당하는 인물로 부각될 수 있을 것이다. 그러나 마틴은 "인물로서의 생동감이나 심리적 깊이라는 면에서"(장남수 307) 한계가 뚜렷한바, 그의 이기심을 보여주는 예화부터가 너무 사소한 것이어서, 이기심 내지 위선과 그것의 자본주의적 형태인 물질적 탐욕과 금전숭배의 문제를 비판하고자 하는 작품의 무게를 견디어내기에 불충분하다. 이뿐만 아니라 33장에서 그가 저간의 생각과 행동을 돌아보고 반성하는 변화를 기술하는 작가의 언어 역시 지나치게 추상적이어서(Ingham xii) 독자는 마틴의 변화가 진정으로 새로운 앞날로 이어질 수 있을지 회의할 수밖에 없다. 실제, 영국에 돌아온 그는 메리와 결혼하고 할아버지의 유산을 상속받게 되지만 구체적인 행동을 통해 주변 사람들과 환경에 긍정적인 영향을 미치는 것은 아니다. 이와 반대로 메리는 작중에서 가부장제가 여성에게 기대하는 자질을 최고로 지니고 있는 인물 중의 한 명이다. 그녀는 지적이고 아름다울 뿐 아니라 불화하고 있는 채러티와 머씨를 화해시킬 수 있는 "상냥한 자질"(377)을 갖추고 있고, "가혹한 고난과 가난"(230)을 겪고도 "한결같고 자기희생적이며 성실하고 헌신적"(같은 면)이다. 그러나 마틴과 혼인하여 밝은 미래를 개척하기에는 생명력이 부족한 일차원적인 인물에 그치는 느낌인바(Slater, *DW* 233) 『마틴 처즐윗』이 제시하는 어두운 세계를 감당하기에는 에너지와 활력이 부족하다. 작가가 마틴과 메리의 결합으로 작품을 매듭짓지 않은 것부터가 둘의 결합이 밝은 미래를 보장하기에는 부족하다는 사실을 인식하고 있었다는 반증일 수 있겠다(Dabney 46-49).

사실, 『마틴 처즐윗』이 제시하는 세계는 마틴과 메리같이 일차원적인 인물이 감당하기에는 턱없이 복잡한 세상이다. 톰 핀치가 자비롭고 친절한 주인이라고 생각하는 펙스니프의 모습과 "지상에서 최고의 악당"(198)이고 위선자인 그의 실제 사이에 큰 차이가 있는 곳이고, 탐정 내짓(Nadgett)은 석탄상, 주류상, 수금인, 회계사 등 여러 명함을 갖고 필요에 따라 자신의 정체를 손쉽게 바꿔가는 곳이며, 동일한 인물이 티그 몬태규나 몬태규 티그로 또는 베일리 2세나 젊은 베일리(young Bailey)로 이름을 바꿔서 살아가는 곳이기도 하다. 또한 부친살해를 구상한 조너스의 계획은 실행되지도 않았는데 조너스 자신은 아버지를 살해한 줄로 착각하여 결국엔 자기분열을 맛보는 곳이고, 갬프 여인은 해리스 여인(Mrs. Harris)이라는 가상의 인물을 창조해서 자기 이익을 도모하는 곳이기도 하다. "도덕적 감수성과 야만성이 뒤얽혀 있고 미덕과 권력이 양립 불가능하다는 사실"(Ingham xxv)을 받아들여야 하는 『마틴 처즐윗』의 세계에서 단순하고 일차원적인 인물로 문제를 해쳐나갈 수는 없는 것이다.

마틴과 메리의 미래가 『마틴 처즐윗』이 제시하는 세계에 대해 만족스러운 대안을 구성하지 못한다면 우리는 머씨와 채러티에게 돌아갈 수밖에 없다. 그러나 이들의 삶은 앞에서 살펴본 대로 새로운 가치를 창조하는 삶으로 이어지지 못한 채 가부장제의 '노예'로 시종하는데, 이것을 이들 자매의 약점으로 돌릴 수는 없을 것이다. 오히려 "빅토리아조의 가정관을 직접적이고 가차 없이 비판"(Barickman 99)하는 『마틴 처즐윗』이라는 작품에서 가부장제의 폐해를 증언하고 가정과 결혼의 실상을 파헤치는 데 핵심적인 역할을 수행하는 성과를 인정해야 할 것이다.

참 고 문 헌

장남수. 「『마틴 처즐윗』 연구: 조너스 처즐윗을 중심으로」. 『현대영미어문학』 32.4(2014): 299-318.

Barickman, Richard, Susan MacDonald, and Myra Stark. *Corrupt Relations.* New York: Columbia UP, 1982.

Bowen. John. *Other Dickens: Pickwick to Chuzzlewit.* Oxford: Oxford UP, 2000.

Collins, Philip, ed. *Dickens: The Critical Heritage.* New York: Barnes & Noble, 1971.

Dabney, Ross H. *Love and Property in the Novels of Dickens.* London: Chatto & Windus, 1967.

Dickens, Charles. *Martin Chuzzlewit.* Ed. Patricia Ingham. London: Penguin, 2004.

Flint, Kate. "The Middle Novels: *Chuzzlewit, Dombey,* and *Copperfield.*" *The Cambridge Companion to Charles Dickens.* Ed. John O. Jordan. Cambridge: Cambridge UP, 2001. 34-48.

Furneaux, Holly. "Domesticity and Queer Theory." *The Oxford Handbook of Charles Dickens.* Ed. Robert L. Patten, John O. Jordan and Catherine Waters. Oxford: Oxford UP, 2018. 372-87.

Hager, Kelly. *Dickens and the Rise of Divorce: The Failed-Marriage Plot and the Novel Tradition.* 2010: London and New York: Routledge, 2016.

Ingham, Patricia. "Introduction." *Martin Chuzzlewit.* Ed. Patricia Ingham. London: Penguin, 2004. x-xxvi.

Jhirad, Susan. "Dickens' Feminist Heroines: Edith Dombey and Louisa Bounderby." *Dickens and Women ReObserved.* Ed. Edward Guiliano. Brighton: Edward Everett Root, 2020. 79-100.

Marcus, Steven. *Dickens: From Pickwick to Dombey.* New York: Basic Books, 1965.

Michie, Helena. "From Blood to Law: The Embarrassment of Family in Dickens." *Palgrave Advances in Charles Dickens Studies.* Ed. John Bowen and Robert L. Patten. Basingstoke and New York: Palgrave

Macmillan, 2006. 131-54.

Morgentaler, Goldie. *"Martin Chuzzlewit." A Companion to Charles Dickens.* Ed. David Paroissien. Oxford: Blackwell, 2008. 348-57.

Nietzsche, Friedrich. *Beyond Good and Evil.* Trans. R. J. Hollingdale. Harmondsworth: Penguin, 1973.

Slater, Michael. *Charles Dickens.* New Haven and London: Yale UP, 2009. [*CD*로 표기]

_____. *Dickens and Women.* London: J. M. Dent & Sons, 1983. [*DW*로 표기]

Stone, Harry. *Dickens and the Invisible World: Fairy Tales, Fantasy, and Novel-Making.* Bloomington and London: Indiana UP, 1979.

Waters, Catherine. "Gender, Family, and Domestic Ideology." *The Cambridge Companion to Charles Dickens.* Ed. John O. Jordan. Cambridge: Cambridge UP, 2001. 120-35.